Nedra Glover Tawwab

Wenn Familie krank macht

Nedra Glover Tawwab

WENN FAMILIE KRANK MACHT

Wie Sie mit ungesunden Familienbeziehungen umgehen, diese lösen oder loslassen können

Aus dem Englischen von Beate Brandt

VAK Verlags GmbH
Kirchzarten bei Freiburg

Titel der amerikanischen Originalausgabe:
Drama Free: A Guide to Manage Unhealthy Family Relationships
ISBN 9780593539279

Published in the United States by TarcherPerigee, an imprint of Penguin Random House LLC.

Aus Gründen der besseren Lesbarkeit wurde im Text in der Regel die weibliche und die männliche Form gewählt; alle Angaben beziehen sich selbstverständlich auf Angehörige aller Geschlechter.

Bibliografische Information der Deutschen Nationalbibliothek
Die Deutsche Nationalbibliothek verzeichnet diese Publikation in der Deutschen Nationalbibliografie; detaillierte bibliografische Daten sind im Internet über http://dnb.d-nb.de abrufbar.

VAK Verlags GmbH
Eschbachstraße 5
79199 Kirchzarten
Deutschland
www.vakverlag.de

2. Auflage 2024

Übersetzung: Beate Brandt
Lektorat: Irene Klasen
Layout & Satz: Ulrich Schmid, de·te·pe, Aalen
Covergestaltung: Kathrin Steigerwald, Hamburg
Covergrafik: © Jana Behr – stock.adobe.com
Druck: Friedrich Pustet GmbH & Co. KG, Regensburg
Printed in Germany
ISBN 978-3-86731-271-4

INHALT

Einführung 9

TEIL 1
DYSFUNKTIONALES VERHALTEN ABLEGEN 15

1 Wie sich dysfunktionales Verhalten zeigt 17
2 Grenzverletzungen, Co-Abhängigkeit und Verstrickungen 36
3 Sucht, Vernachlässigung und Missbrauch 49
4 Familiäre Muster 69
5 Generationsübergreifende Traumata 83

TEIL 2
HEILUNG 95

6 Dysfunktionalität durchbrechen 97
7 Gedeihen, statt nur zu überleben 113
8 Umgang mit Menschen, die sich nicht ändern wollen . . . 126
9 Beenden von Beziehungen, wenn der andere sich nicht ändert 138
10 Unterstützung außerhalb der Familie finden 161

TEIL 3
WACHSTUM 171

11 Abhilfe bei schwierigen Beziehungen zu Eltern 173
12 Abhilfe bei schwierigen Beziehungen zu Geschwistern . . 191
13 Abhilfe bei schwierigen Beziehungen zu Kindern 210

14 Abhilfe bei schwierigen Beziehungen zur erweiterten Familie . . . 236
15 Beziehungen zur Schwiegerfamilie . . . 246
16 Beziehungen in Patchwork-Familien . . . 264
17 Der Beginn eines neuen Kapitels . . . 275

Häufig gestellte Fragen . . . 280

Danksagung . . . 285

Weiterführende Literatur und Medien . . . 289

Stichwortverzeichnis . . . 295

Über Nedra Glover Tawwab . . . 301

Für uns alle, die wir lernen müssen, einen Umgang mit ungesunden Familienbeziehungen zu finden oder sie hinter uns zu lassen – wir selbst sind die Antwort, nicht die anderen, die wir nicht beeinflussen können.

EINFÜHRUNG

Beziehungen gehören zu den wichtigsten Faktoren für unsere seelische Gesundheit. Sie können sowohl schmerzhaft als auch heilsam sein. Im positiven wie im negativen Sinne wirken sie auf unser mentales und emotionales Wohlbefinden ein. Psychologen sind seit langem der Ansicht, dass gesunde Beziehungen lebensverlängernd wirken, während ungesunde zu körperlichen Problemen wie Krebs, Herzerkrankungen, Depressionen, Ängsten und Abhängigkeiten beitragen können. Wir sollten unser Verhältnis zu anderen also ernst nehmen und gesunde Verbindungen möglichst stärken. Das gilt zwar für alle Beziehungen in unserem Leben, aber kein Verhältnis ist so prägend für uns wie das zu unserer Herkunftsfamilie.

Mein erstes Buch *Set Boundaries, Find Peace: A Guide to Reclaiming Yourself* (auf Deutsch erschienen unter dem Titel „Grenzen machen uns frei: Ein Wegweiser, sich selbst treu zu bleiben"; Anm. d. Übersetzerin) half Menschen zu verstehen, wie wichtig es ist, in Beziehungen Grenzen zu setzen. Gesunde Grenzen geben uns inneren Frieden, auch wenn die anderen sich nicht verändern. Sie unterstützen uns beim Umgang mit Herausforderungen und Chaos in Beziehungen. Auch wenn es im vorliegenden Buch nicht schwerpunktmäßig um Grenzen geht, werde ich häufiger auf ihre Wichtigkeit in Bezug auf gelingende Familienbeziehungen eingehen.

Wenn Menschen eine Therapie beginnen, wollen sie häufig über die Verhältnisse innerhalb ihrer Familie sprechen. Aus therapeutischer Sicht liegen viele Probleme, die in Partnerschaften, Freundschaften und anderen Beziehungen auftreten, in der Familie begründet. Auch wenn viele der Ansicht sein mögen, dass nicht alles mit der Familie zusammenhängt, so ist dies doch oft der Fall.

Eine Frage, die im therapeutischen Kontext häufig fällt, lautet: „Wer war die erste Person, die dieses Gefühl bei Ihnen ausgelöst hat?“ In der Regel findet sich die Antwort, dass die erste prägende Erfahrung in der Familie stattfand. Wie sich Menschen in der Familie verhalten, so verhalten sie sich meist auch außerhalb davon.

Ungesunde Beziehungen kommen am häufigsten innerhalb von Familien vor. Wenn Sie mich fragen, warum, so liegt das meiner Meinung nach daran, dass wir in der Familie unsere Entwicklungsjahre und eine ganze Menge Zeit verbringen (wenn auch nicht immer physisch, so doch oft in Gedanken). Die Menschen in unserem Elternhaus sind viele Jahre lang unsere vornehmlichen Lehrer. Was aber passiert, wenn wir uns irgendwann für andere Ansichten, Traditionen oder Lebensweisen entscheiden als die, die in unserer Familie gelebt werden? Spannungen und Verstimmungen können die Folge sein.

In Wahrheit durften Sie während Ihrer Kindheit vermutlich nicht ganz Sie selbst sein, und Ihr wahres Ich schälte sich erst mit dem Erwachsenwerden heraus. Es ist wichtig herauszufinden, wer Sie sind, unabhängig davon, wozu man Sie formen oder zu sein überreden wollte. Machen Sie sich keine Sorgen, wenn das Spannungen erzeugt. In diesem Buch werde ich aufzeigen, wie Sie trotz Ihrer Familie Sie selbst sein können.

Einige werden vielleicht sagen: „Meine Kindheit hatte keinen Einfluss darauf, wer ich heute bin.“ Das ist leider ein Trugschluss. Sie können nicht einfach all die positiven Verhaltensweisen nehmen, die Sie sich angeeignet haben, und versuchen die anderen, die Sie lieber nicht besitzen würden, zu leugnen. Verhaltensmuster halten sich so lange hartnäckig, bis Sie sie bewusst verändern. Regelungen innerhalb der Familie sind stark darin, uns dazu zu bringen, bestimmte familiäre Verhaltensnormen zu übernehmen. So habe ich beispielsweise festgestellt, dass Menschen, die mit nur einem Elternteil aufwuchsen, Probleme damit haben, die Dynamiken in Zwei-Eltern-Familien zu verstehen. Wenn sie dann einen Partner haben, der sie bei der Kindererziehung unterstützt, kann es ihnen schwerfallen, die Beteiligung eines anderen Erwachsenen zu verstehen und zu akzeptieren.

Natürlich gibt es so etwas wie eine „perfekte" Kindheit nicht. Selbst wenn sie von außen perfekt erscheinen mag, weiß niemand, was hinter verschlossenen Türen vor sich geht. Für manche von uns sind die Beziehungen zur eigenen Familie die kompliziertesten, die wir haben. Menschen erzählen mir oft, dass sie ihr Verhältnis zu Eltern, Geschwistern und Familienmitgliedern wie Großeltern, Onkeln, Tanten, Cousins und Cousinen so dringend verändern oder verbessern möchten, wie keine andere Beziehung sonst. Ein weiterer wunder Punkt sind unsere Beziehungen zur Schwiegerfamilie oder das Miteinander innerhalb von Patchwork-Familien, z. B. wie man bereits erwachsenen Kindern ein Elternteil sein kann. Zudem sind die Erfahrungen, die wir in der eigenen Familie machen, prägend dafür, wie wir weitere Beziehungen im Leben angehen, also auch Freundschaften und Partnerschaften.

Wenn ich Lösungsvorschläge für Beziehungsprobleme gebe, werde ich häufig gefragt, ob meine Ratschläge auch für die Familie gelten – und das tun sie. Ich weiß, dass es schwierig sein kann, allgemeine Empfehlungen auf Familienbeziehungen zu übertragen. Wenn es um die Familie geht, machen wir womöglich ungesunde Ausnahmen, weil – es eben die Familie ist. Aber diesen Fehler sollten wir nicht machen. Erlauben Sie niemals jemandem, Sie schlecht zu behandeln, egal um wen es sich handelt.

In diesem Buch geht es nicht darum, andere Menschen für Ihr Leben verantwortlich zu machen. Stattdessen soll es Ihnen dabei helfen, die Fähigkeiten zu entwickeln, die Sie brauchen, um in dysfunktionalen Familienverhältnissen Ihre eigene Stimme zu finden. Es kann Angst machen, sich damit auseinander zu setzen, was Sie in Ihrer Familie erlebt oder durchlitten haben. Auch ich habe manchmal familiäre Probleme geleugnet oder heruntergespielt, um die familiären Normen zu wahren. Häufig sind Menschen nicht ehrlich in Bezug auf Erfahrungen, die sie in ihrer Familie gemacht haben, weil sie schwierige Gespräche fürchten oder nicht der

Notwendigkeit ins Auge blicken möchten, sich von ihrer Familie lösen zu müssen. Familiäre Bindungen abzustreifen ist nur eine Option von vielen und schwierige, aber zielgerichtete Gespräche können positive Veränderungen bewirken.

Ich möchte Ihnen zeigen, wie Sie besser mit schwierigen Familienbeziehungen umgehen – und wie Sie die Verbindung trennen, wenn es nicht mehr anders geht. Sie brauchen sich kein toxisches Verhalten gefallen zu lassen, aber vielleicht müssen Sie auch nicht gleich alle Bande kappen. Das hängt davon ab, wie viel Sie zu tolerieren und vergeben bereit sind und wie intensiv das verletzende Verhalten ist. Dysfunktionale Beziehungen äußern sich nicht nur durch Misshandlungen oder Vernachlässigung – auch böswilliger Klatsch und Tratsch, ein ungesundes Verhältnis zur Schwiegerfamilie, das Abgestempelt werden als schwarzes Schaf oder der Umgang mit einem drogenabhängigen Familienmitglied gehören dazu.

Die praktischen Tipps zu häufig auftretenden Problemen, die ich gebe, und das Durchleuchten komplexer Themen soll Ihnen vor allem helfen, zwei Fragen für sich zu beantworten:

- Wie kann ich eine gute Beziehung zu meiner Familie haben, auch wenn es ein tieferliegendes Problem gibt?
- Wie kann ich mich von Familienmitgliedern lösen, wenn ich die Beziehung nicht länger aufrechterhalten will?

Halten Sie ein Notizbuch oder die App auf Ihrem Handy bereit, weil es während des Lesens hilfreich sein kann, die Inhalte dieses Buchs zu reflektieren, zu verarbeiten und die Erfahrungen auf Ihr Leben zu übertragen. Schreiben hat eine klärende Wirkung und kann Ihnen dabei helfen, Ihre Gedanken auf einer tieferen Ebene zu ordnen.

In **Teil 1: Dysfunktionales Verhalten ablegen** erkläre ich, wie ungesundes Verhalten sich äußert und beschreibe typische Dynamiken, wie beispielsweise Traumata, Grenzverletzungen, Co-Abhängigkeiten, Verstrickungen und Sucht. Wir werden erkunden, warum Menschen dazu neigen, Chaos zu wiederholen und ungesunde Muster fortzuführen sowie die Auswirkungen generationsübergreifender Traumata beleuchten.

In **Teil 2: Heilung** gehe ich auf die zwei Möglichkeiten ein, die Sie haben, wenn Sie den Zyklus durchbrechen wollen. Lernen Sie, mit Menschen umzugehen, die nicht bereit sind, sich zu ändern oder, wie Sie Beziehungen abbrechen, weil Menschen nicht bereit sind, sich zu ändern. Sie erhalten einen Leitfaden, wie Sie glücklich leben und gedeihen, anstatt nur zu überleben, und wie Sie sich ein stützendes System außerhalb der Familie aufbauen können.

Teil 3: Wachstum hilft Ihnen dabei, Probleme zu lösen, die in verschiedenen Formen von Beziehungen – Eltern, Geschwister, erweiterte Familie, erwachsene Kinder, Schwiegereltern und Patchwork-Familien – auftreten können.

Wenn beim Lesen dieses Buchs Dinge hochkommen, die Sie allein nicht bewältigen können, suchen Sie sich therapeutische Hilfe, um diese Probleme anzugehen. Starke Reaktionen sind ein Zeichen dafür, dass tiefere emotionale Schichten erreicht werden, die mit therapeutischer Unterstützung entschlüsselt werden können. Zu solchen Reaktionen zählen beispielsweise Schlafstörungen, das erneute Durchleben früherer Erfahrungen, ständig kreisende Gedanken oder intensive Gefühle der Trauer. Eine Therapie kann Hilfestellungen bieten, die Themen in diesem Buch durchzugehen, besonders dann, wenn die Verarbeitung für Sie allein nicht mehr zu bewältigen ist. Dieses Buch ist ein informatives und therapeutisches Werkzeug, kann jedoch nicht die Beziehung zu einem Therapeuten ersetzen, wenn Sie einen benötigen. Wenn sich etwas für Sie nicht richtig anfühlt, Sie keinen Zugang zu therapeutischen Maßnahmen haben oder Sie eine starke emotionale Reaktion erleben, dann machen Sie eine Pause und kehren Sie wieder zurück, wenn Sie sich besser in der Lage fühlen, den Inhalt zu verarbeiten.

Jedes Kapitel beginnt mit einer kurzen beispielhaften Geschichte, die auf dem Austausch mit Klienten oder Mitgliedern meiner Instagram-Community basiert. Anschließend folgt eine klinische Einordnung und am Ende findet sich jeweils eine Übung mit Fragen zur Reflektion, die Ihnen helfen sollen, die Erkenntnisse auf Ihre Erfahrungen im realen Leben anzuwenden. Im Verlauf dieses Buches verwende ich den Begriff „Elternteil" oder „Eltern" für biologische Eltern, primäre Bezugspersonen, Adoptiveltern und andere Erwachsene, die hauptsächlich für Sie verantwortlich waren. In vielen der Geschichten finden sich Anteile aus meinem persönlichen und beruflichen Leben.

Kultur prägt unsere Vorstellung von Familie. In einigen Kulturen kann das Ansprechen ungesunder Familiengewohnheiten oder der Wunsch nach Veränderung als ein Verstoß gegen die kulturellen Werte angesehen werden. Als Erwachsene können wir uns eine eigene Identität schaffen, auch innerhalb familiärer Bindungen. Sie dürfen Teile Ihrer bestehenden Familienkultur ändern – wie beispielsweise unangekündigte Besuche, das Betreuen betagter Eltern, wenn Ihre eigenen Kinder Sie brauchen, oder das Beschäftigen von für die Aufgabe nicht qualifizierten Familienmitgliedern in Ihrem Betrieb. Sie haben es in der Hand, Ihre eigene Geschichte zu schreiben, und es zugleich Ihrer Familie zu überlassen, ihre Kultur weiterzuführen. Sie verhalten sich nicht anstößig oder undankbar, Sie versuchen nur, sich ein Leben zu erschaffen, das Ihren Wünschen entspricht.

Familiäre Beziehungen sind diejenigen, die uns am stärksten beeinflussen. Die Wunden sind tief, und die Beziehungen sind angefüllt mit Erwartungen. Ganz gleich, ob Sie Ihre Familie als tatsächlich dysfunktional betrachten oder ob es Ihnen nur um das Lösen einzelner Probleme geht – Ich hoffe, dass dieses Buch Ihnen zeigen wird, dass Sie nicht allein sind und die Macht besitzen, zu entscheiden, wie Sie sich Beziehungen mit anderen wünschen. Sie können entscheiden, wie Sie Ihr Leben leben wollen. Glauben Sie daran, dass Sie alles in sich tragen, was Sie dafür brauchen, mutige und gesunde Entscheidungen zu treffen. Ich weiß, dass Sie das schaffen, weil ich beobachtet habe, wie viele andere, einschließlich ich selbst, gesunde Beziehungen aufgebaut haben.

TEIL 1

DYSFUNKTIONALES VERHALTEN ABLEGEN

KAPITEL 1

WIE SICH DYSFUNKTIONALES VERHALTEN ZEIGT

Carmen wuchs mit beiden Eltern auf. Ihr Vater Bruce war tagsüber aus dem Haus, um zu arbeiten, doch sobald er abends zurückkam, betrank er sich und neigte zu Wutausbrüchen. Carmens Mutter April verschanzte sich meist in ihrem eigenen Zimmer, fern ab von Carmen und ihren Geschwistern. Auch sie „trank zu viel“, aber die Auswirkungen waren nicht so schlimm wie bei Carmens Vater.

Wenn die Eltern in Streit gerieten, blendeten Carmen und ihre Geschwister den Krach aus, indem sie den Fernseher lauter stellten. Carmen verbrachte viel Zeit bei Freunden, um ihrem Zuhause zu entfliehen. In den Familien ihrer Freunde erlebte sie, dass nicht alle Eltern sich betranken, ständig stritten oder ihre Kinder emotional vernachlässigten.

Mit zunehmendem Alter lernte Carmen, sich immer mehr auf ihre erweiterte Familie zu verlassen. Wenn sie sich mit Freunden treffen wollte und jemand sie fahren musste, wendete sie sich an ihre Großmutter. Schließlich konnte sie nicht riskieren, dass ihre Eltern sich betrunken hinters Steuer setzten. Wenn sie Kleidung für die Schule brauchte, rief sie ihre Tante an, die gerne mit ihr einkaufen ging. Was Carmen allerdings fehlte, war jemand, mit dem sie über ihr Familienleben reden konnte. Ihre Freunde kannten diese Probleme von ihren Eltern nicht, und ihre erweiterte Familie umging die Probleme ihrer Eltern, indem sie versuchte, so gut wie möglich einzuspringen.

Carmen war einsam und schämte sich. Viele Jahre lang glaubte sie, dass sie das Problem sei, weil niemand sonst beunruhigt über das Verhalten ihrer Eltern zu sein schien. Ihre Geschwister arrangierten sich damit, und vom Rest der Familie hörte sie Sätze wie: „So sind Deine Eltern eben. Du musst sie trotzdem gernhaben." Carmen liebte ihre Eltern, aber ihr Verhalten quälte sie. Ihre Probleme verfolgten sie sogar bis in ihr Erwachsenenleben.

Die meiste Zeit schluckte Carmen ihren Frust herunter. Wenn sie doch einmal aufbegehrte, machte ihre Familie ihr regelmäßig ein schlechtes Gewissen, warf ihr vor, sich komisch zu verhalten oder gemein zu sein. Sie wollte, dass jemand ihre Probleme ernst nahm und ihr bestätigte, dass es in Ordnung war, mehr von ihrer Familie zu erwarten.

Was bedeutet es, eine dysfunktionale Familie zu haben?

Für Carmen bedeutete es, Eltern zu haben, die alkoholabhängig waren, ihr keine emotionale Zuwendung gaben und manchmal verbal ausfallend wurden. In dysfunktionalen Familien sind Misshandlungen, chaotische Zustände und Vernachlässigung die Norm, akzeptierte Umgangsformen. Ungesundes Verhalten wird übersehen, unter den Teppich gekehrt oder sogar gefördert. Wie im Fall von Carmen ist es schwer, die Dysfunktionalität festzustellen, bis man andere, gesündere Verhaltensweisen kennenlernt. Doch selbst wenn man diese besseren Modelle erlebt, kann es schwer sein, sich von den gewohnten dysfunktionalen Mustern zu lösen. Wenn Sie in einer dysfunktionalen Familie aufgewachsen sind, dann hielten Sie wahrscheinlich folgende Verhaltensweisen für ganz normal:

1. Vergeben und Vergessen (ohne dass das Verhalten geändert wird)
2. Einfach weitermachen, als sei nichts passiert
3. Vertuschen der Probleme vor anderen
4. Leugnen, dass es ein Problem gibt
5. Dinge geheim halten, über die gesprochen werden müsste

6. Vorgeben, es ginge einem gut
7. Zurückhalten der eigenen Gefühle
8. Mit Leuten zusammen sein, die sich schädlich verhalten
9. Einsatz von Gewalt, um zu bekommen, was man will

Wenn Menschen Ihnen sagen, dass es ein Problem gibt, glauben Sie ihnen

Viel zu häufig gehen Menschen in die Defensive und meiden Veränderungen, anstatt das Problem zuzugeben und auf eine Lösung hinzuarbeiten. In Carmens Fall reagierten ihre Eltern bei jedem ihrer Versuche, ungesunde Verhaltensweisen anzusprechen, abwehrend oder warfen ihr vor, undankbar und unzufrieden zu sein. Niemand in der Familie war bereit, sich ihre Sorgen anzuhören – vermutlich, weil die Bereitschaft fehlte, die bestehenden Probleme anzugehen.

Carmen war nicht allein und dennoch war niemand bereit, ihr zur Seite zu stehen. Sie erlebte die gleichen Dinge wie der Rest der Familie, war aber mutig genug darauf hinzuweisen, dass etwas nicht stimmte. Sie wollte wissen, wie sie die Probleme angehen konnte, die alle anderen scheinbar problemlos bewältigten oder ignorierten.

ACE-Studie

Die Schwere eines Kindheitstraumas wird häufig durch die ACE-Studie ermittelt, die belastende Kindheitserfahrungen (auf Englisch *Adverse Childhood Experiences*, oder kurz: ACE) auswertet. Dabei werden unter anderem folgende Themen berücksichtigt:

- Kontakt mit häuslicher Gewalt
- Sexueller Missbrauch
- Drogenmissbrauch im Haushalt
- Physische Misshandlung
- Verbale Misshandlung

- Emotionale Vernachlässigung
- Psychische Erkrankung im Haushalt
- Inhaftierung eines Elternteils

Kindheitstraumata beeinflussen unsere Fähigkeit, Emotionen zu verarbeiten und auszudrücken, und sie erhöhen die Wahrscheinlichkeit der Entwicklung nicht anpassungsfähiger Strategien zur Emotionsregulation (beispielsweise in Form des Unterdrückens von Gefühlen). Insbesondere Kindern, die Gewalt erlebt haben, fällt es schwer zwischen sicheren und bedrohlichen Zeichen zu unterscheiden.

Dass Missbrauch und Vernachlässigung dysfunktionale Aspekte innerhalb der Familiendynamik sind, ist weithin bekannt. Aber familiäre Beziehungen unterliegen noch einer Vielzahl weiterer Einflüsse. Traumata werden auf einer Skala von 0 bis 10 eingeordnet, wobei Kindheitstraumata bereits bei einem Wert von 2 starke Auswirkungen haben können. Dabei sind in der ACE-Liste Faktoren wie schwierige finanzielle Verhältnisse, häufige Umzüge oder generationsübergreifende Traumata, die ebenfalls einen Einfluss auf die seelische Gesundheit haben, nicht einmal enthalten. Ich bin davon überzeugt, dass Ihr ACE-Wert (meiner liegt bei 7) oder ein in der Kindheit erlebtes Trauma nicht Ihre gesamte Zukunft prägen müssen. Wir sind machtvolle Wesen und können Entscheidungen treffen, die im ersten Moment schwer sind, uns aber langfristig nutzen.

Was wir in der Kindheit erleben, nehmen wir mit in unser Erwachsenenleben, denn wenn ein Trauma einmal aktiviert ist, entsteht häufig ein Teufelskreis. Kinder, die Obdachlosigkeit erlebt haben, haben häufig höhere ACE-Werte und werden als Erwachsene mit höherer Wahrscheinlichkeit selbst obdachlos.

Weitere Faktoren, die zu einer dysfunktionalen Kindheit beitragen:

- Mit sich selbst beschäftigte Eltern
- Emotional unreife Eltern
- Tyrannische Eltern

- Verstrickungen in der Familie
- Kompetitive Beziehungen in der Familie
- Umkehr der Eltern-Kind-Beziehung (Parentifizierung)

(Ich werde in Kapitel 2 und 3 näher auf diese Faktoren eingehen.)

Der fesselnde Dokumentarfilm *The Boys of Baraka* handelt von einem Programm für schwarze Jungen aus dem US-amerikanischen Baltimore. Zwanzig gefährdete junge Männer verbrachten zwei Jahre in einem ländlichen Internat in Kenia, um ihre kulturellen Wurzeln kennenzulernen, Gemeinschaft und Strukturen zu erleben und gemeinsam zu lernen. Während ihrer Zeit in Afrika verbesserten sich nicht nur ihre schulischen Leistungen, sondern auch ihr emotionales und soziales Verhalten. Als dem Projekt die finanziellen Mittel ausgingen, kehrten die Jungen nach Baltimore zurück. Sobald sie wieder in ihrem alten Umfeld waren, das sich nicht verändert hatte, litten viele von ihnen wieder unter den Folgen des Aufwachsens in dieser ungesunden Umgebung. Sie nahmen Drogen, wurden straffällig und fanden nicht aus diesem Kreislauf heraus. Die Atmosphäre, in der sie lebten, begrenzte ihre Möglichkeiten, sich zu entwickeln und zu wachsen, und aufgrund fehlender Hoffnung kehrten sie zu vertrauten Mustern zurück. Trotzdem - mit den richtigen Werkzeugen können wir Kindheits- und Familientraumata in uns heilen.

Umfeld

Wo Sie aufwachsen, mit wem zusammen Sie aufwachsen und das, was Sie in Ihrem Zuhause erleben, hat lebenslange Auswirkungen auf die Person, die Sie werden. Traumata haben langfristige Folgen für Körper, Geist, Beziehungen, finanzielle Stabilität sowie Ihre emotionale und psychische Gesundheit. Die ersten achtzehn Lebensjahre beeinflussen Ihr gesamtes restliches Leben auf tiefgreifende Weise. In ihrem zusammen mit Dr. Bruce Perry verfassten

Buch *What Happened to You?: Conversations on Trauma, Resilience, and Healing* (auf Deutsch erschienen unter dem Titel *Was ist Dein Schmerz: Gespräche über Trauma, seelische Verletzungen und Heilung*) erzählt Oprah Winfrey über ihr Kindheitstrauma und wie diese Erfahrungen sie prägten. Ihre Mutter schlug sie bereits beim kleinsten Vergehen und diese Misshandlung machte sie zum „People Pleaser", einer Person, die es unbedingt allen recht machen will. Sie brauchte Jahre, um zu verstehen, dass ihr Verhalten als Erwachsene in ihren Erfahrungen als Kind wurzelte.

Dinge, die Sie als Kind von Ihrer Familie übernehmen:

- Umgang mit Geld
- Kommunikationsfähigkeit
- Beziehungsaufbau zu anderen
- Werte
- Umgang mit Alkohol, Medikamenten usw.
- Umgang mit den eigenen Kindern
- Umgang mit Ihrer psychischen Gesundheit

Es gibt so viel in Ihrer Kindheit, das Therapeuten zu verstehen hilft, wie Sie das Problem entwickelt haben, mit dem Sie im Erwachsenenalter zu kämpfen haben. Eine Frage, die ich gerne stelle, lautet: „Wann haben Sie dieses Gefühl zum ersten Mal gehabt?", oder auch: „Wer war die erste Person, die Ihnen dieses Gefühl vermittelt hat?". Meist geht es dann automatisch in die Kindheit. Wir tragen die Last der Jahre, in denen wir ganz machtlos waren, als müssten wir auf ewig so weitermachen. Als Erwachsene können wir jedoch unsere Geschichte neu schreiben.

Als Erwachsene können wir unsere Geschichte neu schreiben.

Resilienz

Resilienz ist die Fähigkeit, das was passiert ist, anzunehmen. Wir können über unser Umfeld hinauswachsen, wenn die richtigen schützenden Faktoren vorhanden sind. Dazu zählen beispielsweise:

- Starke Bindungen zu verantwortungsvollen Erwachsenen
- Positiver erzieherischer Einfluss
- Starke Werte oder Zielstrebigkeit
- Fähigkeit zur Selbstregulation, eine positive Perspektive und Findigkeit
- Gesunde soziale Kontakte
- Unterstützung durch Gleichaltrige und Mentoren
- Fortlaufende strukturierte Programme, die einen stärkeren Kontakt zu gesunden Beziehungen ermöglichen

Wir hören häufig, dass wir ein Produkt unserer Umgebung sind, aber wir können auch ein Produkt gesunder Beziehungen außerhalb unseres Zuhauses sein. Carmens Verständnis, dass etwas in ihrem Zuhause nicht stimmte, entstand durch die gesunden alternativen Lebens- und Verhaltensweisen, die sie außerhalb davon erlebte.

Ich wuchs in Detroit, Michigan, auf und erinnere mich, dass an den öffentlichen Schulen, die ich dort besuchte, Programme angeboten wurden, die uns Großstadtkindern helfen sollten, mit möglichen Problemen in der Familie umzugehen. So hörte ich beispielsweise in der Grundschule auf, Abfall einfach auf die Straße zu werfen, weil man uns beibrachte, dass das schädlich für die Umwelt war. Gemeinsam säuberten wir die Nachbarschaft rund um unsere Schule. Auch wenn die Reinigungsaktion keine nachhaltige Wirkung hatte, ist mir im Kopf geblieben, dass es nicht richtig ist, Müll einfach auf die Straße zu werfen.

Menschen, die mich nicht näher kennen, gehen meist davon aus, dass ich in einem Haushalt mit beiden Eltern aufgewachsen bin und eine Kindheit ohne Trauma hatte. Beides trifft nicht zu. Ich hatte zum Glück Zugang zu unterschiedlichen Perspektiven und gesunden Beziehungen und hoffte, dass sich mein Leben ändern würde, wenn ich erst erwachsen war.

Seien Sie (zumindest sich selbst gegenüber) ehrlich in Bezug auf Ihre Kindheit

Ehrlichkeit ist kein Verrat, sie ist mutig. Hören Sie auf, Ihre Erfahrungen zu beschönigen, und erlauben Sie der Wahrheit, Sie zu befreien. Häufig stellen wir Beziehungen und Erlebnisse falsch dar, weil wir Angst haben, die Wahrheit zuzugeben. Aber das Leugnen hindert Sie nur daran, sich von Ihrer Vergangenheit zu befreien.

Dinge, die wir ungern über ein Familienmitglied zugeben:

- Es ist egoistisch und versucht auf allen möglichen Wegen das durchzusetzen, was es will.
- Es hört nicht wirklich zu.
- Es ändert sich, aber nur vorübergehend.
- Es ist gemein, häufig grundlos.
- Es nimmt mehr als es gibt.
- Es ist nicht perfekt.

Warum wir nicht über familiäre Probleme sprechen

Der Glaube, dass Familienprobleme widerspiegeln, wer wir sind

Sie sind nicht das, was Ihnen passiert ist. In der Kindheit wurden Sie mit vielem konfrontiert, das Sie nicht beeinflussen konnten. Es war nicht Ihre Aufgabe, Ihr Umfeld zu managen. Daher sollten Sie sich auch nicht die Schuld für das geben, was in diesem Umfeld geschehen ist. Ihre Erfahrungen haben Sie geformt, aber als Erwachsener haben Sie die Macht zu entscheiden, ob Sie ein Produkt dieser Erfahrungen sein oder über sie hinauswachsen wollen, um etwas anderes für sich zu erschaffen.

> Sie sind nicht das, was Ihnen passiert ist.

Verlegenheit und Scham

Wenn Sie sich wegen Ihrer Familiengeschichte schämen, dann kann es hilfreich sein, sich mit Menschen auszutauschen, die ähnliche Erfahrungen gemacht haben. Das erfordert allerdings Ehrlichkeit. Sie müssen mutig genug sein, die Wahrheit zu sagen. Scham existiert so lange, wie wir Dinge vor anderen verborgen halten und wenn die Geheimnisse ans Tageslicht dürfen, verabschiedet sich auch die Scham. Seine Privatsphäre zu schützen ist hingegen keine Geheimniskrämerei; Sie können so viel oder so wenig mit anderen teilen, wie es für Sie passt. So dürfen Sie auch prüfen, wem Sie sich gerne öffnen möchten. Manchmal hält man Dinge zurück, um die Menschen zu schützen, die einen verletzt haben. Es kann also auch sein, dass Sie verhindern möchten, dass andere sich schämen, nicht nur Sie selbst.

Der Versuch, die Probleme zu ignorieren

Das Ignorieren großer familiärer Probleme verzögert die Heilung ungesunder Muster – schließlich können Sie sich schwer von Dingen erholen, die „nie passiert sind“. Wenn Sie sie ignorieren, dann setzen sich die schädlichen Verhaltensweisen fort, weil Sie und Ihre Familie nicht willens sind, die Existenz der Teufelskreise zuzugeben, die erkannt und durchbrochen werden müssen.

Das Ignorieren großer familiärer Probleme verzögert die Heilung ungesunder Muster.

Der Glaube, dass niemand uns versteht

Prominente, Lehrer, Freunde, Kollegen und viele andere könnten innerhalb ihrer Familie ähnliches erlebt haben. Die Annahme, dass Sie mit Ihrem Problem allein dastehen, verhindert, dass Sie Menschen finden, die Sie verstehen. Verletzlichkeit schafft Gemeinschaft. Indem Sie authentisch und offen sind, ziehen Sie Menschen an, die wie Sie sind. Manchmal findet man genau die Menschen, die zu einem passen, nachdem man die eigene Geschichte offen dargelegt hat.

Angst vor Beurteilung

Einige Menschen werden Ihre Geschichte nicht verstehen, und Sie wiederum werden nicht immer die Geschichten anderer verstehen. Lernen Sie zu akzeptieren, dass manche Menschen Sie einfach nicht verstehen werden. Wenn Ihnen das gelingt, wird Ihr Leben leichter. Es ist sinnvoll, wenn es einem wichtig ist, was andere denken. Aber wenn es Ihnen zu wichtig wird, untergräbt das Ihre Fähigkeit, positive Veränderungen einzuleiten.

Der Entwicklung von Trauma zuschauen

Eine schrecklich nette Familie war eine meiner Lieblingsserien. Die Hauptfigur, Al Bundy, ist ein verdrossener Schuhverkäufer, dessen beste Zeit – die in der High-School – schon lange vorbei ist. Verheiratet ist er mit Peg, und die beiden haben zwei Kinder: Bud und Kelly. Die Kinder sind Zeugen, wie die Eltern sich gegenseitig beharken, und werden häufig ohne Essen allein zuhause gelassen. Ich erinnere mich an eine Folge, in der Bud und Kelly hungrig sind und in der Küche nach Essen suchen. Sie finden hinter dem Kühlschrank ein altes Stück Schokolade und brechen in Jubel aus. Es ist eine Comedy-Serie, und ich fand viele der Dynamiken zum Schreien komisch. Im Rückblick allerdings wurde mit klar, dass es in der Serie viel um Vernachlässigung, verbale Gewalt und ungesunde Eltern-Kind-Beziehungen ging – Themen, die ich damals noch nicht fassen konnte.

Wenn wir nicht verstehen, was wir sehen, dann neigen wir dazu, in ungesunden Situationen zu verharren. Es kann normal und unausweichlich erscheinen, dass die Menschen um uns herum wahrscheinlich das gleiche Schicksal erleiden. Deshalb ist es so wichtig, einen anderen Blickwinkel zu entwickeln, der es uns ermöglicht, unser Erleben zu verstehen.

Was, wenn es Jahre braucht, bis wir aufwachen?

Solange Sie atmen, ist es nicht zu spät, Ihre Sichtweise und Ihr Verhalten zu ändern. Allgemein wird angenommen, dass es uns mit zunehmendem Alter immer schwerer fällt, uns zu ändern. Wie heißt es so schön? „Was Hänschen nicht lernt, lernt Hans nimmermehr". Weit gefehlt! Wenn Sie bereit sind, neue Informationen aufzunehmen, können Sie sich verändern. Es kommt also vor allem auf die Bereitschaft an. Durch das Lesen dieses Buchs haben Sie bereits bewiesen, dass Sie willens sind, neue Sichtweisen kennenzulernen und zu nutzen.

Manchmal sind die Probleme völlig offensichtlich, aber weil wir so stark von den Werten und Dogmen in der Familie indoktriniert sind, kann es trotzdem eine Weile dauern, bis wir begreifen, auf welche Weise unsere Familie dysfunktional ist. Wir können aber wie Carmen damit beginnen, andere zu beobachten und die Unterschiede zu unserem eigenen Zuhause zu bemerken.

Wenn ich aus der Schule kam, schaltete ich regelmäßig die *Oprah Winfrey Show* ein. Als ich vor kurzem ein paar alte Episoden erneut anschaute, wurde mir bewusst, dass ich damals zwar noch nicht bereit für einige Themen war, es aber dennoch wichtig für mich war, damit in Berührung zu kommen. In ihrer Talkshow behandelte Oprah vieles: Missbrauch, Vernachlässigung, Werbeartikel, Interviews mit Stars, und beinahe jedes andere vorstellbare Thema. Sie gab mir eine Terminologie an die Hand, die mir half, Dinge in meinem Leben und dem anderer benennen zu können. Wenn Sie genau genug darauf achten, dann haben viele der Dinge, die Sie beobachten und lesen, mit Ihrem eigenen Leben zu tun. Medien sind eine Möglichkeit, ein Bewusstsein für unsere eigene Situation zu entwickeln.

In jedem Fall ist es nie zu spät, Ihr Gehirn neu zu verdrahten. Sie lernen ständig neue Dinge und haben immer die Wahl, dieses Wissen in Ihr Leben und Ihr Verhalten einfließen zu lassen. In diesem Buch möchte ich Ihnen zeigen, welche Änderungen Sie an sich selbst vornehmen können, um Ihr Leben und Ihre Beziehungen zu verändern. Sie sind ein wichtiger Bestandteil all Ihrer Beziehungen. Daher können Ihre Sichtweise, Ihr Verhalten und Ihre Erwartungen häufig die Mechanismen einer Beziehung verändern, auch wenn die andere Person sich nicht ändert.

Einen Satz werden Sie in diesem Buch häufiger zu hören bekommen: *Sie können andere nicht verändern.* Wenn ich mir eine Superkraft wünschen dürfte, dann würde ich gerne andere Menschen verändern können. Aber niemand von uns verfügt über diese

Fähigkeit. Trotzdem glauben wir häufig, dass dies die Lösung ist, wenn wir Beziehungsprobleme haben. Nach der Lektüre dieses Buchs werden Sie verstanden haben, dass es ausreicht, wenn *Sie* sich verändern.

Sich selbst zu verändern, genügt.

Bei Null anfangen

Im Film *Arielle, die Meerjungfrau* gibt es eine Szene, in der Arielle eine Gabel als Kamm verwendet. Sie hat noch nie zuvor einen Kamm gesehen, also fehlt ihr jeglicher Bezugsrahmen. Wenn Ihr Bezugsrahmen dysfunktional ist, dann erfordert der Wechsel zu einem gesünderen Muster häufig, dass Sie ganz von vorne anfangen. Ich habe Eltern erlebt, die geschockt darüber waren, wie schwer es ihnen fiel, ihre dysfunktionalen Muster im Umgang mit ihren eigenen Kindern zu brechen. In diesem Fall haben Eltern verschiedene Möglichkeiten:

- Sie können sich über die eigenen Kinder aufregen, weil sie uneinsichtig und hilfsbedürftig sind.
- Sie können sich über die eigenen Eltern aufregen, weil diese nicht geduldiger mit *Ihnen* waren.
- Sie können Strategien erlernen, wie man Kinder auf gute Weise erzieht und besser mit Stress umgeht.

All dies sind verständliche Reaktionen. Sie dürfen aufgebracht sein, während Sie Erziehungskompetenz aufbauen und lernen, mit der Belastung umzugehen, die das Elternsein mit sich bringt. Es ist in Ordnung, beim Blick in die Vergangenheit wütend oder traurig zu sein, während Sie nach vorne blicken und mit Ihrem Leben vorankommen. Bitte beachten Sie, dass ich nicht gesagt habe, dass Sie die Vergangenheit „hinter sich lassen“ sollen. Mein Schwerpunkt liegt darauf, dass Sie nach vorne blicken und vorankommen.

Es wird Momente geben, in denen der Blick in die Vergangenheit Sie schmerzt, aber bleiben Sie nicht dort hängen. Denken Sie daran, dass Sie im jetzigen Moment leben und die Vergangenheit nur noch einmal durcharbeiten und überdenken können. Sie können vergangene Situationen nicht erneut leben oder ungeschehen machen. Verwenden Sie Ihre Energie also lieber darauf, Veränderungen anzustoßen, die Sie heute und in der Zukunft auf gesunde Weise unterstützen. Besuchen Sie die Vergangenheit, aber bleiben Sie nicht dort.

Besuchen Sie die Vergangenheit, aber bleiben Sie nicht dort.

Wir folgen eher unseren Gewohnheiten, als dass wir etwas Neues lernen

„So bin ich eben“ sagen die meisten Menschen, wenn sie nicht bereit oder willens sind, sich zu verändern. Aber wir haben immer eine Wahl. Der erste Schlüssel ist immer das Bewusstwerden, gefolgt von der Bereitschaft, den ersten Schritt hin zu einer Veränderung zu tun. Wir müssen nicht zweimal den gleichen Fehler machen.

Die meisten Verhaltensweisen, die Sie im Erwachsenenalter in Beziehungen zeigen, haben Sie unbewusst gelernt, indem Sie die Beziehungen in Ihrer Ursprungsfamilie oder unter Gleichaltrigen beobachtet haben. Nur die wenigsten von uns beschäftigen sich mit wissenschaftlichen Daten, um herauszufinden, was funktioniert und was nicht. In der Regel wiederholen wir, was wir beobachten. Nachahmung ist der Weg, wie wir mit der Welt um uns herum in Kontakt treten. Wenn Sie erlebt haben, dass Ihre Eltern sich während eines Streits anschreien, dann wird Schreien sehr wahrscheinlich eine der Standardstrategien in Ihren eigenen Konfliktsituationen sein.

Im Gegenzug können Menschen sich auch entscheiden, Streitigkeiten komplett aus dem Weg zu gehen, um zu vermeiden, dass sie schreien, weil sie sich nicht darüber im Klaren sind, dass sie bei Konflikten auch anders reagieren können. Ich habe so oft gehört, dass Menschen Konflikte hassen, weil sie als Kinder erlebt haben, wie ihre Eltern aufeinander losgegangen sind. Wenn wir mit ungesunden Rollenvorbildern aufgewachsen sind, glauben wir, dass wir im Streitfall unausweichlich ebenfalls laut oder gemein werden.

Sie haben eine Wahl

Als Sie noch ein Kind waren, haben Ihre Erziehungsberechtigten wahrscheinlich Ihre Beziehungen zu Familienmitgliedern, Freunden, Schulkameraden und so weiter kontrolliert. Sobald Sie erwachsen sind und unabhängig von Ihren Eltern für sich selbst sorgen können, also etwa im Alter zwischen 18 und 23, können Sie frei entscheiden, wie Sie Ihre Beziehungen zu anderen gestalten und zu wem Sie eine Beziehung haben möchten. Selbst wenn anderen missfällt, mit wem Sie zusammen sind, ist das nicht mehr als eine Meinung. Sie müssen das Unbehagen aushalten, das diese Meinung womöglich verursacht, aber Sie müssen sich von anderen nichts mehr vorschreiben lassen.

Es ist immer Ihre Entscheidung. Sie können sich Dinge beibringen, die Sie als Kind nicht gelernt haben. Sie können die Wahl treffen, ganz anders zu reagieren. Und Sie können Sie selbst sein. Ihre Superkraft ist die Fähigkeit zu entscheiden, wie Sie in der Welt auftreten möchten.

Wie Kindheitsprobleme Beziehungen im Erwachsenenalter beeinflussen

Familiäre Beziehungen können festlegen, wie Sie sich in anderen Beziehungen verhalten. Sie können folgende Probleme auslösen:

Ängste und Sorgen
Wenn es in Ihrer Familie üblich war, sich über das Verhalten von anderen Sorgen zu machen, dann werden Sie sich auch außerhalb Ihrer Familie in Beziehungen über das Verhalten von anderen Sorgen machen.

Hochstapler-Syndrom (auch: Impostor-Syndrom)
Wenn man Ihnen implizit oder explizit vermittelt hat, dass Sie nicht gut genug sind, dann werden Sie die Botschaft „Ich bin es nicht wert" überall mit sich herumtragen.

Schwierigkeiten beim Kommunizieren von Wünschen und Bedürfnissen
Wenn man Sie dafür ausgelacht, herabgesetzt oder bestraft hat, dass Sie ein Bedürfnis geäußert oder Gefühle gezeigt haben, dann tragen Sie diese Programmierung mit in andere Beziehungen.

Selbstsabotage
Wenn Sie in einem dysfunktionalen Kreislauf gefangen sind, kann Ihr Gefühl des Unwerts dazu führen, dass Sie sich ständig unbewusst selbst sabotieren und davon abhalten, eine gute Zeit oder glückliche Beziehungen zu haben.

Vertrauensprobleme
Wenn die Menschen, die Sie eigentlich bedingungslos hätten lieben sollen, Ihr Vertrauen missbraucht haben, dann kann es schwer fallen zu glauben, dass andere Menschen Sie lieben oder für Sie da sein könnten.

Bindungsprobleme
Vermeidung ist eine Strategie, die Menschen nutzen, um sich sicher zu fühlen. Wenn Sie ungesunde Familienverhältnisse erlebt haben, dann ist es verständlich, dass Sie Angst haben, Verbindungen zu anderen aufzubauen und zu erhalten.

Beziehungen haben Einfluss auf Ihre psychische Gesundheit

Psychische Probleme können ansteckend und belastend sein. Wenn Sie in einem Haushalt mit einer depressiven Person aufgewachsen sind, dann werden Sie wahrscheinlich selbst Depressionen entwickeln, und zwar nicht unbedingt wegen einer genetischen Veranlagung, sondern weil es das ist, was Sie beobachtet haben. Eltern, die unter Depressionen leiden, gehen anders mit ihren Kindern um. Sie formen die physische und emotionale Anschauung des Kindes, das automatisch einige der von den Eltern gezeigten Eigenschaften übernehmen wird.

Genauso ist es mit Ängstlichkeit. Viele Erwachsene haben gelernt, ängstlich zu sein und sich Sorgen zu machen, weil sie ihre ängstlichen Eltern beobachtet haben und von ihnen erzogen wurden. Man lernt und übt das, was man sieht. Kinder sind sehr gut darin, die versteckten emotionalen Botschaften von Erwachsenen zu lesen. Ich habe schon Erwachsene sagen hören: „Dass mein Vater betrunken war, als er nach Hause kam, konnte ich an der Art erkennen, wie er seinen Mantel ausgezogen hat.“ Kinder lesen intuitiv den Raum.

Wenn Sie das Gefühl haben, ständig die Emotionen anderer erfassen zu müssen, ist das sehr anstrengend, denn dann sind Sie andauernd auf der Hut. Als Erwachsener kann das Lesen verdeckter emotionaler Hinweise zu Misstrauen gegenüber anderen sowie Angst vor Verletzlichkeit oder dem Muster, andere beschützen zu müssen, führen.

Misstrauen

Ohne Vertrauen ist eine gesunde Beziehung nicht möglich. Ein integraler Bestandteil einer gesunden Beziehung besteht darin zu glauben, dass die andere Person ihrer Verpflichtung Ihnen gegenüber nachkommen wird. Die einzige Möglichkeit Vertrauen zu erlernen, besteht darin, eine andere Person in Ihre Welt zu lassen und zu hoffen, dass sie Ihren Erwartungen gerecht wird. Es kann Angst machen sich darauf einzulassen, dass jemand für Sie da ist, wenn Sie dies als Kind nicht erlebt haben. Lassen Sie mich Ihnen versichern, dass es möglich ist, Vertrauen zu erlernen. Dazu müssen Sie zunächst Ihrer Fähigkeit vertrauen, die richtigen Menschen auszuwählen.

Verletzlichkeit vermeiden

Es ist richtig, sein Herz zu schützen. Aber es gibt am Ende keinen Schutz vor Enttäuschung. Sie können lediglich versuchen, sie vorherzusehen oder zu vermeiden. Es ist verständlich, dass man die Folgen steuern möchte, aber in einer gesunden Beziehung wird niemand Sie ausnutzen. Arbeiten Sie also daran, emotional gesunde Menschen auszuwählen, damit Sie Ihren Schutzschild fallen lassen können.

Andere beschützen

Sich um andere Sorgen zu machen, mag so aussehen, als wolle man jemanden beschützen, aber es ist belastend für Sie selbst und hilft den anderen letztendlich wenig. Sie können niemanden vor dem Schaden bewahren, den er oder sie sich selbst antut. Sie können nicht Ihr eigenes Leben leben und gleichzeitig ständig auf eine andere Person aufpassen.

ÜBUNG

Schnappen Sie sich Ihr Notizbuch oder ein Stück Papier, und beantworten Sie für sich die folgenden Fragen:

- Welche dysfunktionalen Familienmuster haben Sie in Ihren Beziehungen als Erwachsener übernommen?
- Haben Sie sich jemals machtlos gefühlt, wenn es darum ging, innerhalb der Familie Veränderungen anzustoßen?
- Mit wem können Sie ungezwungen über Ihre Kindheit sprechen, und warum fühlen Sie sich mit dieser Person so wohl?

KAPITEL 2

GRENZVERLETZUNGEN, CO-ABHÄNGIGKEIT UND VERSTRICKUNGEN

Die Zwillinge – so wurden sie allgemein genannt, obwohl sie mittlerweile schon 32 Jahre alt waren. Sie wurden von allen immer noch als eine Einheit betrachtet. Selbst untereinander fiel es ihnen oft schwer, die Gedanken der einen von denen der anderen zu unterscheiden. Dann wollte die jüngere von beiden, Briana, heiraten. Ihr Verlobter Thomas beschwerte sich darüber, dass ihre Zwillingsschwester Chelsea aus seiner Sicht stets an erster Stelle stand. Wann immer eine wichtige Entscheidung zu treffen war, sprach Briana zuerst mit Chelsea. Thomas sorgte sich darüber, wie ihre Ehe aussähe, wenn Briana bei jeder Entscheidung zuerst Rat bei ihrer Schwester suchen würde.

Obwohl nur fünf Minuten älter, war Chelsea der Boss. Ihre oberste Priorität war, sich um ihre kleine Schwester zu kümmern. Manchmal beschwerte Briana sich darüber, dass Chelsea sich zu sehr einmischte, doch am Ende gab sie stets nach. Chelsea mochte ihren zukünftigen Schwager, aber ihr fiel auch auf, dass Briana seit der Verlobung mit Thomas zunehmend auf Abstand ging. Früher hatten die Schwestern zweimal täglich telefoniert, viele Textnachrichten ausgetauscht und sich regelmäßig jeden Donnerstagabend getroffen. Mittlerweile waren es ein Anruf am Tag oder alle zwei Tage und auch die Textnachrichten waren eher sporadisch. An den Donnerstagen schauten die Schwestern nun ihre Lieblingssendungen zusammen mit Thomas an, statt sich allein zu treffen. Chelsea litt unter diesen Veränderungen, während Briana glücklicher wirkte als je zuvor.

Chelsea kam in die Therapie, nachdem sie ihre Schwester auf die zunehmende Distanz zwischen beiden angesprochen hatte. Es war das erste Mal in ihrer Beziehung, dass Briana nicht tat, was „der Boss" ihr sagte. Chelsea warf daraufhin Thomas vor, zu bestimmend zu sein und die Schwestern auseinander bringen zu wollen. In unserer gemeinsamen Arbeit beschäftigte Chelsea sich vor allem mit Grenzen und lernte, wie wichtig sie sind, damit Menschen gesunde Rollen in Beziehungen einnehmen können.

Grenzen

Grenzen sind Erwartungen und Bedürfnisse, die uns helfen, uns in Beziehungen wohl und geschützt zu fühlen. Durch Worte und Verhaltensweisen grenzen wir uns gegenüber anderen ab. In dysfunktionalen Familien zeigen sich Probleme mit Grenzen vor allem in Form von Co-Abhängigkeiten und Verstrickungen. Je nach Situation fühlen wir uns wohler damit, durch unser Verhalten Grenzen aufzuzeigen oder sie mit Worten auszudrücken.

Briana setzte die folgenden Verhaltensgrenzen:

- Sie sprach seltener mit ihrer Schwester.
- Sie schrieb seltener Textnachrichten.
- Sie traf sich nicht mehr regelmäßig mit ihr allein.
- Sie war nicht mehr rund um die Uhr für die Bedürfnisse ihrer Schwester verfügbar.

Für Briana war es die einfachere beziehungsweise weniger aggressive Vorgehensweise, über ihr Verhalten Grenzen zu setzen. Hätte sie verbale Grenzen gesetzt, hätte es vielleicht so geklungen: „Thomas und ich bauen uns ein gemeinsames Leben auf und sind dabei herauszufinden, wie das für uns aussehen kann. Vielleicht ist Dir aufgefallen, dass ich nicht mehr so verfügbar bin." Oder: „Ich bin dabei, eine bedeutsame Bindung einzugehen und möchte eine solide Beziehung zu Thomas aufbauen. Das bedeutet für uns beide, dass wir uns nicht so oft am Tag austauschen." Oder: „Ich wünsche mir als Erwachsene mehr Eigenständigkeit. Deshalb werde ich von nun an mehr unabhängige Entscheidungen treffen."

Chelsea könnte jeder dieser Aussagen als kränkend empfinden, und zwar aus dem einfachen Grund, dass sie das bedrohen, was sie sich für ihre Beziehung zu Briana wünscht. Alternativ könnte Chelsea den Wunsch ihrer Schwester nach mehr Autonomie und der Arbeit an ihrer Beziehung zu Thomas respektieren und neue Wege finden, Briana zu unterstützen.

Was geschieht, wenn man in einer dysfunktionalen Familie Grenzen setzt?

Das Setzen von Grenzen in schwierigen Familienverhältnissen bedroht das Ökosystem der Dysfunktionalität. Veränderungen in Form neuer Grenzen stellen eine Herausforderung dar.

Ablehnung

„Es liegt nicht an mir, es liegt an Dir", oder, anders gesagt: „Du bist falsch, weil Du Dich veränderst. Alles lief gut, bis Du mit dieser Idee ankamst, dass sich etwas verändern muss."

Veränderung ist Teil jeder gesunden Beziehung. Wir alle verändern uns im Lauf der Zeit, oder sollten es zumindest zu unserem eigenen Besten tun. Auf dem Weg vom Kind zum Erwachsenen werden wir zu einer anderen Person. Nicht selten gehen wir Dinge, die wir schon lange verändern wollten, erst dann an, wenn wir die notwendige Unterstützung bekommen. Veränderungen können sich in Freundschaften, Freundeskreisen, bei der Arbeit oder in partnerschaftlichen Beziehungen zeigen.

Briana schien glücklich damit, ihre Beziehung aufzubauen und Dinge anders zu machen. Obwohl Chelsea diesen Teil von Briana bislang nicht kannte, bedeutet dies nicht notwendigerweise, dass Thomas der Grund für die Veränderung war. Vielleicht bot er Briana einfach nur den Rückhalt, den sie benötigte, um eine andere Person zu werden als die, die ihre Schwester kannte.

Scham

„Du bist ein schlimmer Mensch."

Beschämung ist ein Angriff auf Ihren Charakter und zielt mitten ins Herz Ihrer Emotionen. In dysfunktionalen Familien wird Scham als Taktik eingesetzt, um den anderen zu kontrollieren. Meist stellen die Eltern Regeln auf, und wenn das Kind sich nicht daran hält, bekommt es zu hören, dass es schlimm oder ungezogen sei.

Scham erzeugt Schuldgefühle, und diese bewegen Menschen dazu, sich zu fügen. Jemanden als schlimmen Menschen darzustellen, nur weil er etwas anderes möchte, ist eine Form der Kontrolle. Es ist durchaus normal, wenn man möchte, dass Menschen die eigene Meinung wertschätzen. Aber mit jemandem unterschiedlicher Ansicht zu sein und daraufhin dessen Charakter anzugreifen ist falsch und ungesund.

Abblocken (Widerstand)

„Ich höre, was Du sagst, und es ist mir völlig egal."

Widerstand bedeutet, dass man die Bitte eines anderen komplett ignoriert, in passiv-aggressives oder aggressives Verhalten verfällt oder ein Anliegen in Frage stellt.

Das kann in etwa so aussehen:

- Einfach mit dem weitermachen, was man gerade tut
- Jemanden unter Druck setzen, damit er oder sie die Meinung ändert
- Jemanden einschüchtern, um ihn zu einer Veränderung zu bewegen

Feindseligkeit

„Ich bin sauer, weil Du etwas anderes willst."

Traurigkeit, Angst, Schmerz und Enttäuschung sind die Emotionen, die der Feindseligkeit zugrunde liegen. Latente Feindseligkeit in Beziehungen ist gefährlich, weil es zu plötzlichen Wutausbrüchen kommen kann, wenn wir sie am wenigsten erwarten. Wenn Chelsea und Briana ihr Problem nicht lösen, werden vermutlich beide in ihrer Beziehung immer wieder Probleme mit Grenzsetzungen erleben.

Co-Abhängigkeit

In gesunden Beziehungen unter Erwachsenen müssen Sie nicht für andere die Verantwortung tragen. Sich für das Leben, die Stimmungen, die Grenzen und die Gefühle einer anderen Person verantwortlich zu fühlen, wird Co-Abhängigkeit genannt. Unter Erwachsenen drückt sie sich beispielweise dadurch aus, dass man sich berechtigt fühlt, sich in das Leben anderer und die Art, wie sie es führen, einzumischen.

Andere Menschen zu brauchen ist richtig, aber wenn man mit ihnen zu eng verstrickt ist und das Gefühl dafür verliert, wer man selbst ist, dann steckt man in einer Co-Abhängigkeit. Es sich (ungefragt) zur Aufgabe zu machen, die Probleme anderer zu lösen, die sie sich selbst eingebrockt haben, oder das Gefühl für die eigenen Bedürfnisse zu verlieren und sich stattdessen um diejenigen anderer kümmern, ist ebenfalls Co-Abhängigkeit. Gegenseitige Nähe ist gesund, aber Ihre eigene Identität und Ihre Gefühle mit denen anderer zu verstricken ist es nicht.

Beispiele für Co-Abhängigkeit

- Ihr Bruder verliert seinen Job und Sie beginnen, ohne dass er Sie darum bittet, seine Miete zu zahlen, weil Sie wissen, dass er diese Hilfe brauchen wird.
- Ihre Mutter ist abhängig von Schmerzmitteln, und da Sie nicht möchten, dass sie diese illegal erwirbt, geben Sie ihr Ihre eigenen.
- Ihre Cousine ruft an, weil sie mit Ihnen über ein Eheproblem reden möchte, aber anstatt ihr einfach zuzuhören, kommen Sie gleich mit Lösungen und bieten ihr an, dass sie bei Ihnen wohnen kann.

Im Falle einer Co-Abhängigkeit gehen Sie davon aus, dass die andere Person ihre Hilfe benötigt. Vielleicht war dies irgendwann in der Vergangenheit tatsächlich einmal der Fall, und so entstand ein Unterstützungsmuster, das immer weiterläuft.

Beispiele aus meiner Co-Abhängigkeit:

- Ich habe Ausreden für andere gefunden.
- Ich habe wieder in Ordnung gebracht, was andere angerichtet hatten.
- Ich habe versucht, die Probleme anderer zu lösen.
- Ich habe mich selbst vernachlässigt, um mich um andere zu kümmern.
- Ich habe mir Sorgen um die Probleme anderer gemacht, als wären es meine eigenen.
- Ich habe versucht, Menschen zu Veränderungen zu überreden oder zu zwingen.
- Ich war frustriert, weil Menschen sich einfach nicht veränderten.
- Ich habe Menschen geholfen, obwohl es mich im Grunde überfordert hat.
- Ich habe anderen gegenüber meinen Frust und Ärger über die Probleme anderer Leute ausgelassen.
- Ich habe härter an Lösungen für Probleme anderer gearbeitet als sie selbst.
- Ich habe die Wirkung, die andere auf mich hatten, heruntergespielt, weil ich sie nicht verletzen wollte.

Allzu leicht fallen wir in das Muster, uns um andere zu kümmern, die im Grunde sehr gut auf sich selbst aufpassen können. Manchmal möchte die Person, der Sie Ihre Hilfe angedeihen lassen wollen, gar nichts verändern. Sie haben immer die Wahl, Menschen in die Eigenverantwortung zu entlassen oder Dinge für sie zu regeln. Sie können Co-Abhängigkeit in den Griff bekommen, indem Sie Menschen beibringen für sich selbst zu sorgen, einen höheren Grad an Selbstständigkeit zu erreichen und weniger Erwartungen an Ihre Unterstützung zu haben. Wenn jemand alkohol- oder drogenabhängig ist, finanzielle Probleme hat oder ständig im Leben scheitert, dann mag es so wirken, als sei die Übernahme seiner oder ihrer Probleme die einzige Lösung. Das ist es aber nie.

Zeigen Sie Menschen, wie sie sich um sich selbst kümmern können

Über Instagram erreichte mich einmal folgende Frage: „Wie komme ich von dem Gefühl los, für meine Geschwister sorgen zu müssen? Es macht mich wütend, aber ich stecke aus alter Gewohnheit in der Rolle fest. Wir sind zwar mittlerweile alle erwachsen, aber ich fühle mich immer noch verpflichtet, mich um die anderen zu kümmern."

Vielleicht sind Sie in einer Familie großgeworden, in der die Erwachsenen ihre Aufgaben nicht erfüllten, sodass Sie als eine Art Elternersatz eingesprungen sind. Aber ist dieses Maß an Fürsorge wirklich noch notwendig? Als Erwachsener steht es an, in die Rolle des unterstützenden Geschwisters zu wechseln.

Wenn Menschen die notwendigen Werkzeuge fehlen, dann zeigen Sie ihnen, wie man etwas tut, anstatt es für sie zu übernehmen. Wir gehen oft davon aus, dass wir Menschen am besten unterstützen, indem wir ihnen Dinge abnehmen. Langfristig ist es jedoch der beste Weg, wenn wir anderen zeigen, wie sie für sich selbst sorgen können. Nehmen wir jemandem die Möglichkeit für sich selbst zu sorgen, dann verpflichten wir uns mehr oder weniger lebenslang dazu, ihn oder sie zu unterstützen. Die traurige Wahrheit ist: Einige Menschen (einschließlich unserer Nächsten und Liebsten) haben kein Interesse daran, auf gesunde Weise für sich selbst zu sorgen oder ihnen fehlt die Willenskraft dazu.

Zu viel Unterstützung rächt sich. Für andere da zu sein und unser eigenes Leben nur auf Sparflamme zu führen, ist extrem anstrengend und schlecht für unsere Psyche.

Geben Sie Menschen die Chance, sich zu entwickeln

Menschen verändern sich. Wir alle werden älter und entwickeln uns weiter. Familienmitglieder verwandeln sich vor unsere Augen in andere Menschen, aber nicht immer wandelt sich auch unser Blick auf sie.

Ich hatte sieben Cousins und Cousinen und war für eine Weile die Jüngste. Viele von ihnen sahen und sehen mich als das „Baby“. In vielerlei Hinsicht ist das nett, denn sie haben viele schöne Erinnerungen an mich als Baby und Kleinkind. Als ich erwachsen wurde, bekam ich immer wieder Sätze zu hören wie „Ich kann nicht glauben, dass mein Baby heiraten wird“ oder „Ich kann nicht glauben, dass mein Baby in einen anderen Bundesstaat zieht.“ Solche Kommentare sind in Ordnung, aber wie ist es, wenn Menschen so etwas zu hören bekommen, wie „Du bist noch nicht bereit, zu heiraten.“ oder „Du kannst nicht einfach von Deiner Familie wegziehen.“? Manchmal können die Geschichten, die andere Menschen uns über uns erzählen, uns davon abhalten das Leben zu führen, das wir uns wünschen.

Von Geburt an wachsen wir heran und lernen, in der Welt zurechtzukommen. Menschen können über das Bild hinauswachsen, das Sie von ihnen haben. Am gesündesten ist es, wenn Sie gemeinsam mit ihnen wachsen. Eine Person klein zu halten, indem man ihr ein schlechtes Gewissen macht, wenn sie nicht die Gleiche bleibt, führt nur dazu, dass sie die Veränderungen heimlich vornimmt oder ohne Ihre liebevolle Unterstützung.

Lernen Sie, mit Erwartungen umzugehen

Wo liegen Ihre Grenzen? Sicherlich haben Sie eine ungefähre Vorstellung von dem, was Sie an Unterstützung leisten können und was es sie kostet. Bevor Sie sich darauf einlassen anderen zu helfen, werden Sie sich Ihrer Grenzen genau bewusst, ebenso wie der Tatsache, dass es viele Wege gibt, andere zu unterstützen. Erstellen Sie eine Liste, was neben einer Unterstützung durch Sie ebenfalls hilfreich sein könnte. Stellen Sie darüber hinaus die zentrale Frage: „Wie kann ich Dich unterstützen?" Vielleicht hat die Person eine ganz andere Vorstellung davon, was sie braucht, als Sie. Machen Sie es sich zur Gewohnheit, vorab zu fragen.

Sagen Sie sich selbst: „Ich kann Menschen zuhören, ohne davon auszugehen, dass meine Hilfe benötigt wird. Es ist nicht meine Aufgabe Probleme zu lösen, die sie allein bewältigen können. Wenn Menschen meine Unterstützung benötigen, können sie mich darum bitten. Wenn ich um Hilfe gebeten werde, dann werde ich sie auf eine Weise leisten, die nicht auf meine Kosten geht."

Wenn Sie in den Fängen der Co-Abhängigkeit gefangen sind, versuchen Sie es einmal mit folgenden Affirmationen:

- Ich lerne, Nein zu sagen.
- Ich bin bereit zuzulassen, dass andere Menschen sich um sich selbst kümmern.
- Ich existiere auch getrennt von den anderen.
- Ich setze meine Grenzen.
- Ich lasse mein Überengagement für die Probleme anderer Menschen los.
- Ich entdecke, dass Menschen ihr eigenes Leben bewältigen können.
- Ich bin bereit, einen Schritt zurückzutreten und den Dingen ihren Lauf zu lassen.
- Ich verdiene es, mich um mich selbst zu kümmern.
- Ich bin für mich selbst verantwortlich.

Verstrickungen

Verstrickungen bedeuten, dass es keine Abtrennung zwischen Ihnen und anderen Personen gibt. Sie teilen den gleichen Blickwinkel auf alles, leben auf die gleiche Weise und ziehen auch untereinander nur wenige Grenzen.

In dysfunktionalen Familien bewirken Verstrickungen, dass alles stets beim Alten bleibt. Stellt jemand den Status Quo doch einmal in Frage, wird diese Person zum Sündenbock, Regelbrecher und zur Bedrohung erklärt. Eine Familie ist ein kulturelles System. Wenn ein Familienmitglied versucht neue Traditionen zu schaffen, Rollen zu verändern oder Grenzen zu setzen, fühlt sich das an, als würde das gesamte System angegriffen.

> Eine Familie ist ein kulturelles System.

Für Chelsea war Brianas Wunsch nach einer eigenen Identität eine Bedrohung ihrer Zwillingsschwester-Dynamik. Als ältere von beiden konnte Chelsea die Beziehung lange Zeit steuern, aber als Briana sich veränderte, hatte sie das Gefühl ihren Einfluss zu verlieren. Chelsea musste einen Weg finden, sich mit den Veränderungen in der Beziehung zu arrangieren, die aus Brianas Wunsch nach mehr Autonomie resultierten.

Beispiele für Verstrickungen:

- Ein erwachsenes Kind, das in einem christlichen Haushalt aufgewachsen ist, beschließt zum Islam überzutreten. Alle Familienmitglieder wenden sich von ihm ab.
- Ein Geschwister schreibt sich an einer weit entfernten Uni ein und bekommt heftige Gegenreaktionen aus der Familie, weil er / sie nicht auf eine nahe gelegene Hochschule geht.
- Eine Mutter übernimmt die gesamte Planung der Verlobungsfeier ihrer Tochter, ohne deren eigene Wünsche oder Vorstellungen zu berücksichtigen.

Bei der Suche nach Eigenständigkeit innerhalb der Familie werden erwachsene Familienmitglieder häufig von Schuldgefühlen geplagt, weil sie gegen das kulturelle System vorgehen.

Daher hier einige wichtige Leitsätze für Erwachsene, die im Konflikt mit ihrer Familie liegen:

Sie können Ihre Familienmitglieder lieben und sich dennoch über Dinge ärgern, die sie getan oder unterlassen haben.
Beides kann zugleich zutreffen und viele Beziehungen sind kompliziert. Wenn Sie sich für die Möglichkeit öffnen, dass mehrere Gefühle parallel existieren, fällt es Ihnen leichter, die positiven und negativen Aspekte Ihrer Familienbande anzuerkennen.

Sie können Ihre Eltern lieben und sich dennoch darüber ärgern, wie sie Sie erzogen haben.
In Beziehungen ärgern wir uns häufig über Menschen, die wir lieben, oder sind enttäuscht von ihnen. Jemanden zu lieben bedeutet, bereit zu sein, verletzt zu werden.

Es ist in Ordnung, innerhalb der Familie Grenzen zu setzen.
Grenzen sind ein gesunder Bestandteil jeder Beziehung. Klären Sie in Bezug auf alle Bereiche, die Auswirkungen auf ihre seelische Gesundheit haben – Freunde, Partner, Arbeit, soziale Medien und Familie – Ihre Grenzen und Erwartungen.

Durchsetzungsfähig zu sein ist nicht unhöflich.
In einer Umfrage bei Instagram wollte ich wissen, was Menschen getan hatten, das von anderen als unhöflich oder grob angesehen wurde, und bekam unter anderem folgende Antworten:

„Man warf mir Unhöflichkeit vor, als ich sagte, dass ich nicht zum Einkaufen mitkommen möchte.“

„Jemand wollte Geld von mir leihen und ich sagte Nein, weil ich selbst keines hatte.“

„Meine Freundin bat mich um meine Meinung, und ich war ehrlich.“

Unhöflichkeit oder Grobheit ist eine Art bewusster Sabotage. Wenn Sie beispielsweise sehen, dass jemand hinter Ihnen ebenfalls einen Raum betreten will und sie ihm oder ihr bewusst die Tür vor der Nase zuschlagen, dann ist das unhöflich. Manchmal ist das, was wir als Unhöflichkeit empfinden, aber auch einfach nur Ehrlichkeit, wie beispielsweise, wenn wir Grenzen setzen, eine Bitte ablehnen, eine andere Meinung vertreten oder unseren eigenen Weg gehen.

Sie sind kein Snob oder Verräter, wenn Sie Ansichten haben, die von denen Ihrer Herkunftsfamilie abweichen.
Im Versuch, Sie zu beschämen oder Ihr Verhalten zu kontrollieren, können Menschen Ihnen Etiketten verpassen, in der Hoffnung, dass Sie sich schlecht fühlen und nachgeben.

Wenn Menschen anderer Meinung sind, dann bedeutet dies nicht, dass Sie Unrecht haben.
Sie müssen nicht beweisen, dass Sie Recht haben. Ich weiß, dass es nicht schön ist, wenn man missverstanden wird, aber Sie müssen sich über kurz oder lang damit anfreunden, dass nicht alle Sie verstehen werden. Seien Sie sich dessen bewusst, dass selbst die Menschen, die Sie lieben, nicht immer einer Meinung mit Ihnen sein werden.

Wenn Sie wollen, dass es Ihnen gut geht, sollten Sie das regeln, was in Ihrer Macht steht, aber niemals das Leben oder den Lebensstil anderer Menschen. Selbst wenn Sie eine andere Person lieben und denken Sie wüssten, was das Beste für sie wäre, dürfen Sie nicht versuchen, die Kontrolle zu übernehmen.

Autonomie ist ein wichtiger Teil gesunder Beziehungen. Sie unterstützen andere oft am besten, indem Sie es ihnen erlauben, ganz sie selbst zu sein. Das Wissen, dass Sie selbst entscheiden, auf welche Weise Sie Menschen unterstützen, gibt Ihnen die Freiheit, eigene Ideen darüber zu entwickeln, was in Ihren Beziehungen möglich ist.

ÜBUNG

Schnappen Sie sich Ihr Notizbuch oder ein Stück Papier, und beantworten Sie für sich die folgenden Fragen:

- In welcher Form zeigen sich Co-Abhängigkeit oder Verstrickungen in Ihren Familienbeziehungen?
- Was geschieht in Ihrer Familie, wenn jemand sich gegen das wendet, das als „normal" angesehen wird?
- Gibt es ein Familienmitglied, das Ihre Ansichten über die Dysfunktionalität in der Familie teilt?

KAPITEL 3

SUCHT, VERNACHLÄSSIGUNG UND MISSBRAUCH

Ellen, alleinerziehende Mutter von drei Kindern, erinnert sich an ihren Sohn Anthony als aufgeweckten, liebevollen und lebhaften kleinen Jungen. Er war das mittlere Kind und schien immer ein wenig mehr Aufmerksamkeit als seine beiden Geschwister zu benötigen. In der Mittelstufe dann, kurz nachdem Ellen und ihr Ehemann sich scheiden gelassen hatten, begann er auffällig zu werden. Er wurde ihr gegenüber aggressiv, schwänzte die Schule, bekam immer schlechtere Noten und legte sich mit seinen Geschwistern an. Bei seinem Vater allerdings benahm er sich vorbildlich, auch wenn die beiden sich nach der Scheidung nur noch selten sahen.

Im Alter von 17 Jahren wurde Anthony medikamentenabhängig. Ellen machte sich Vorwürfe, weil sie glaubte, sie hätte ihn nach der Scheidung besser unterstützen müssen. Aber sie stand unter Stress und versuchte das Leben als Alleinerziehende mit drei Kindern irgendwie auf die Reihe zu bekommen und ihre eigene mentale Gesundheit zu bewahren.

Aus Ellens anderen Kindern, Allyson und Justin, wurden selbstständige und erfolgreiche Erwachsene, während Anthony immer wieder in Schwierigkeiten geriet. Allyson und Justin beschwerten sich, dass ihre Mutter sich immer nur um Anthony kümmere, anstatt auch einmal anzuerkennen, was sie alles erreicht hatten. Ihre Erfahrungen mit ihrem Bruder waren größtenteils negativ, also wollten sie nichts mehr mit ihm zu tun haben. Er log, zettelte Streit an, bestahl sie als Teenager, und vor allem verursachte er ihrer Mutter jede Menge Stress und Kummer.

Ellen unterstützte Anthony regelmäßig finanziell und versuchte ständig, seine Probleme zu lösen.

Für Allyson und Justin war sie nicht im gleichen Maße da, weil sie nicht das Gefühl hatte, dass die beiden ihre Hilfe benötigten. Sie träumte davon, nach fünfundzwanzig Arbeitsjahren in Rente zu gehen, aber das Geld, das sie zur Unterstützung von Anthony aufwenden musste, ließ sie an der Umsetzbarkeit dieses Plans zweifeln.

In all dieser Zeit war Anthonys Vater keine Hilfe. Er sagte lediglich: „Der Junge ist erwachsen" und scherte sich gar nicht um die Auswirkungen, die die Scheidung auf seinen Sohn hatte.

Ellen fühlte sich für Anthony verantwortlich, weil niemand sonst da war, der sich um ihn kümmerte. Ihre größte Sorge war, dass er aufgrund seines Drogenkonsums im Gefängnis oder auf der Straße landen würde. Folglich versuchte sie ihn vor dem zu schützen, was sie als unausweichliche Zukunft für ihn ansah, wenn sie ihm nicht half. Sie verstand nicht, warum Allyson und Justin sich so sehr über ihre Unterstützung ihres Bruders aufregten und auch nicht, warum niemand bereit war, ihr zu helfen. Im Versuch, Anthony zu retten, zerstörte sie die Beziehung zu sich selbst und ihren beiden anderen Kindern.

Wir können Menschen nicht vor sich selbst retten

Schuldgefühle können Eltern dazu bringen mehr zu tun, als sie passender- und vernünftigerweise tun sollten. Das Narrativ, das sie sich erzählen, lautet: „Wenn ich nur ____, dann wäre dies nie passiert" oder „Wenn ich ____ unterlassen hätte, dann wäre dies nie passiert." Die Wahrheit ist, dass niemand von uns die Zukunft vorhersagen oder die Vergangenheit ändern kann. Ellen kann nicht wirklich wissen, was während seiner Kindheit mit Anthonys Psyche passiert ist, geht aber davon aus, dass es ihre Schuld ist. Also fühlt sie sich dafür verantwortlich, ihn zu retten, was jedoch nicht möglich ist – sie kann ihn lediglich dabei unterstützen, sich Hilfe wegen seines Medikamentenmissbrauchs zu suchen.

Es ist oft traurig und herzzerreißend, wenn man zusehen muss, wie ein Familienmitglied mit Suchtproblemen zu kämpfen hat. Es ist aber auch befreiend, sich darüber klar zu werden, dass man niemanden suchtfrei machen kann. Sie können sich nur *wünschen,* die Person würde es schaffen. In Familien mit Suchtkranken sind in der Regel alle Familienmitglieder in irgendeiner Form von den Auswirkungen betroffen. Man sagt nicht umsonst, dass Sucht eine Familienkrankheit ist.

Solange Ellen den Verlust ihres kleinen fröhlichen Jungen betrauerte, konnte sie ihn nicht wie einen Mann behandeln, der in der Lage ist, sich selbst Hilfe zu suchen. Sie verharmloste den Grad seiner Abhängigkeit und stellte ihm die notwendigen Ressourcen zur Verfügung, damit er weitermachen konnte und niemals die Konsequenzen seiner Handlungen zu spüren bekam. Vielleicht musste Anthony nicht ganz unten ankommen, um sich zu besinnen, aber er musste spüren, welche Folgen sein Drogenkonsum für sein Leben hatte.

Eine Definition von Sucht

Sucht oder Abhängigkeit wird definiert als die Unfähigkeit, Drogen, Alkohol, Glücksspiel, zwanghaftes Einkaufen und so weiter nach Belieben aufzugeben. Wenn jemand ein Verhalten, das ungünstige Auswirkungen auf sein Leben, seine Beziehungen und seine Psyche hat, nicht nach Belieben einstellen kann oder ohne dieses Verhalten nicht funktionsfähig ist, liegt mit hoher Wahrscheinlichkeit eine Abhängigkeit vor. Auch wenn Studien immer wieder Neues zum Thema herausfinden, gilt es doch mittlerweile als belegt, dass sowohl Drogen- und Alkoholabhängigkeit als auch Spiel- oder Spielsucht mit der Arbeitsweise des Gehirns zusammenhängen.

So stellte eine Studie der *Canadian Association for Neuroscience* fest: „Funktionsstörungen in Bereichen des Gehirns, die zur Verfügung stehende Optionen bewerten, können dazu führen, dass schädliche Verhaltensweisen gewählt werden." Die Studie kam zu dem Schluss, dass ungesunde Entscheidungsmuster zu Sucht führen können.

Bei der Abhängigkeit von Alkohol und Drogen beziehungsweise Medikamenten spricht man mittlerweile häufig von Drogen- oder Alkohol*missbrauch*. Das Stigma, das mit den Begriffen Alkoholismus und Drogensucht verbunden ist, führt dazu, dass sich viele Abhängige eher mit dem Begriff des „Missbrauchs" identifizieren. In diesem Buch werde ich mehrere unterschiedliche Begriffe verwenden, je nachdem, welchen Fall ich gerade beschreibe.

Probleme mit Alkohol und Drogen in Familien können beispielsweise so aussehen:

Unfähigkeit, sich um den Haushalt oder die Kinder zu kümmern
Beispiel: Tabitha sorgte abends selbst für sich, weil ihre Mutter sich stets betrank, wenn sie von der Arbeit nach Hause kam.

Auswirkungen auf die täglichen Abläufe
Beispiel: Tabitha fuhr mit einer Klassenkameradin zur Schule, weil ihrer Mutter wegen wiederholten Fahrens unter Alkoholeinfluss der Führerschein entzogen worden war.

Ungesunde Beziehungen
Beispiel: Tabithas Mutter hatte ständig wechselnde toxische Beziehungen, weil sie sich in betrunkenem Zustand regelmäßig mit ihren Partnern stritt, die sich dann nach einer Weile genervt von ihr trennten.

Ständige körperliche Belastung
Beispiel: Tabitha musste ihre Mutter an jedem Werktag wecken, weil diese morgens so verkatert war, dass sie den Wecker nicht hörte.

Ständiger Geldmangel
Beispiel: Bei Tabitha und ihrer Mutter wurden häufig Gas oder Strom abgestellt. Mit zehn Jahren konnte Tabitha es kaum erwarten fünfzehn zu werden, damit sie endlich arbeiten und einen Beitrag zum Bezahlen der Rechnungen leisten konnte.

Psychische und emotionale Probleme
Beispiel: Tabitha war ständig unruhig, wenn ihre Mutter nicht zu Hause war, weil sie befürchtete sie könnte in Schwierigkeiten oder Gefahr sein.

Kinder aus Haushalten, in denen Alkohol- oder Drogenmissbrauch vorkommen, leiden mit höherer Wahrscheinlichkeit unter:

- Problemen in der Schule
- Problemen mit engen Beziehungen im Erwachsenenalter
- Psychischen Problemen – vor allem Ängsten und Depressionen
- Schwierigkeiten, ihre Gefühle zu erkennen und zu kommunizieren
- Verschlossenheit, Scham und Misstrauen

Wenn beide Elternteile starke Trinker sind, sind die Auswirkungen in der Regel gravierender, als wenn nur ein Elternteil betroffen ist. Kinder spüren die Folgen bei beiden Eltern und haben keinen ihnen nahestehenden Erwachsenen, der sich um ihre Bedürfnisse kümmert.

Typische Beziehungsprobleme, mit denen Kinder von suchtkranken Eltern im Erwachsenenalter zu kämpfen haben:

- Kritisches Hinterfragen von Trinkgewohnheiten oder Ähnlichem, selbst wenn diese sich im normalen Rahmen bewegen
- Vertrauen
- Abhängigkeitsverhältnisse
- Kontrolle
- Ausdrücken von Gefühlen
- Ausdrücken von Bedürfnissen

Probleme mit Spielsucht können in Familien beispielsweise so aussehen:

Verspielen der Familienersparnisse
Beispiel: Isaac wusste, dass seine Eltern Geld für seine Ausbildung gespart hatten. Als die Zeit fürs College gekommen war, stellte er fest, dass sein Vater das für ihn zurückgelegte Geld verspielt hatte.

Leugnen der Spielsucht
Beispiel: Isaacs Vater gab nie zu, dass er ein Problem mit Spielsucht hatte, obwohl er regelmäßig viele Stunden im nahegelegenen Casino verbrachte.

Gefährden der Familie durch Überschuldung
Beispiel: Nachdem Isaacs Vater nahezu alle finanziellen Reserven aufgebraucht hatte, begann er, sich Geld von Kredithaien zu leihen.

Kaufsucht kann sich in Familien beispielsweise so auswirken:

Einkaufen als Methode, um mit Stress oder Problemen umzugehen
Beispiel: Nachdem Sharons Mutter gestorben war, begann sie immer ausgedehntere und kostspieligere Shopping-Touren zu unternehmen, ohne die erstandene Kleidung jemals zu tragen. Das Einkaufen diente allein dazu, sie von ihrem Kummer abzulenken.

Leben über die finanziellen Verhältnisse
Beispiel: Sharon ignorierte Rechnungen, um andere bezahlen zu können.

Geld ausgeben, um durch finanzielle Probleme ausgelöste Schuldgefühle loszuwerden
Beispiel: Als ihr klar wurde, dass sie ihre Rechnungen nicht zahlen konnte, fühlte Sharon sich so schuldig, dass sie eine weitere Shopping-Tour unternahm, um sich von dem Problem abzulenken.

Mangelnde Ausgabenkontrolle
Beispiel: Sharons Partner beschwerte sich darüber, dass sie sich Geld von ihm leihen musste, um ihre Kreditkartenrechnungen

begleichen zu können, während er gleichzeitig den Großteil der laufenden Haushaltskosten zahlte.

Wie sieht es mit anderen Süchten aus?

Kann man handysüchtig sein? Ja.
Kann man sexsüchtig sein? Ja.
Kann man koffeinsüchtig sein? Ja.

Sie können praktisch alles missbrauchen, das negative Auswirkungen auf Ihr Leben hat. Das bedeutet aber nicht, dass alles, was wir regelmäßig tun, gleich eine Sucht sein muss. Wenn jemand beispielsweise täglich ein alkoholisches Getränk konsumiert, bedeutet das nicht, dass diese Person alkoholabhängig ist. Die Häufigkeit sagt oft nichts darüber aus, ob jemand von etwas abhängig ist oder nicht. Noch einmal zur Erinnerung: Eine Abhängigkeit liegt dann vor, wenn man nicht in der Lage ist, eine Gewohnheit zu ändern, vor allem, wenn diese negative Folgen hat. Nicht jedes Laster ist problematisch. Es ist wichtig zu wissen, auf welche Weise ein Verhalten Ihr Leben und Ihre Beziehungen beeinflusst und ob Sie es ablegen können, wenn es negative Auswirkungen hat.

Verhaltensweisen von Familienmitgliedern, die Substanzen missbrauchen

Beim Beispiel am Kapitelanfang hatte die Medikamentensucht von Anthony Folgen für alle in der Familie. Als Reaktion auf Substanzmissbrauch können Familienmitglieder mit den folgenden Problemen zu kämpfen haben.

Abwehrhaltung

Menschen gehen schnell in eine Abwehrhaltung, wenn sie mit einem Problem konfrontiert werden, das sie nicht wahrhaben wollen. Sie wechseln vielleicht das Thema oder erfinden kuriose Entschuldigungen, wie zum Beispiel: „Ich war gar nicht betrunken. Ich bin einfach nur kurz an der Ampel eingeschlafen." Das Einnehmen einer Abwehrhaltung zeigt, dass die Person nicht bereit ist, die Verantwortung für ihr Handeln zu übernehmen, was es schwierig macht, über das Problem zu sprechen.

Leugnen

Nicht nur die abhängige Person kann die Augen vor der Wahrheit verschließen, auch Familienmitglieder können dies tun. Wenn wir uns einem Problem nicht stellen wollen, dann verschafft uns Leugnen kurzfristig Erleichterung. Sprechen andere Familienmitglieder das Thema aber offen an, sind Konflikte vorprogrammiert. Es kann besonders frustrierend sein, wenn eindeutige Beweise dafür vorliegen, dass es ein Problem gibt – beispielsweise, wenn jemand seinen Job aufgrund der Abhängigkeit verliert. Leugnen ist ein ungesunder Bewältigungsmechanismus, der dysfunktionale Systeme eher erhält, statt sie zu ändern.

Schuldzuweisungen

Wer anderen die Schuld zuweist, übernimmt keinerlei Verantwortung für das eigene Leben. Natürlich haben die Dinge, die uns geschehen, Auswirkungen auf unser Leben, aber wir haben immer die Wahl, wie wir langfristig damit umgehen.

Wenn jemand in Abwehrhaltung geht, anderen die Schuld zuweist oder leugnet, dass ein Problem vorliegt, kann das so klingen:

- Ich habe das nicht so gemeint.
- Du machst es doch genauso.
- Du bist zu empfindlich.
- Warum musst Du aus allem immer ein Problem machen?
- Ich habe es getan, aber die anderen auch, und auf die bist Du nicht sauer.

- Ich habe das nicht gewollt.
- Reg Dich nicht so auf, es ist doch kein großes Ding.
- Immer musst Du aus allem ein Drama machen.

Emotionale Unreife

Das biologische Alter und das emotionale Alter sind nicht immer identisch. Manchmal werden Menschen älter, ohne erwachsen oder reifer zu werden. Süchtige verhalten sich nicht wie andere Menschen ihrer Altersgruppe. Selbst wenn sie ihre Abhängigkeit überwinden, kann es ihnen weiterhin an Reife mangeln. Kinder von Abhängigen fragen mich häufig: „Warum können sie nicht verantwortungsbewusster werden? Sie sind erwachsen und sollten es besser wissen." In diesen Fällen hat es ihnen geholfen, eher das Verhaltensalter ihrer Eltern oder Betreuungspersonen zu betrachten als deren tatsächliches biologisches Alter. Ein Elternteil kann 65 Jahre alt sein und gleichzeitig über die emotionalen Fähigkeiten eines Zwölfjährigen verfügen.

Selbstsucht

Selbst wenn ich jemandem unabsichtlich Schaden zufüge, bleibt es ein Schaden. Auch wenn es bei der Sucht einer Ihnen nahestehenden Person nicht um Sie geht, kann sie negative Folgen für Ihr Leben haben. Abhängigkeit bringt einen Menschen dazu, sich stärker auf sich selbst zu fokussieren und weniger auf die Bedürfnisse der Menschen um ihn herum. Selbst wenn die Abhängigkeit überwunden ist, kann diese Ichzentriertheit bestehen bleiben. Weil sich in der Welt eines ehemaligen Süchtigen so lange alles um ihn selbst gedreht hat, muss er erst lernen, auf andere einzugehen.

> Auch unbeabsichtigt zugefügter Schaden ist ein Schaden.

Manipulation

Manchmal manipulieren Süchtige Menschen, um das zu bekommen, was sie brauchen. Dazu wecken sie bei anderen Schuldgefühle oder drohen mit Liebesentzug, bis ihre Forderungen erfüllt werden. Dann sagen sie beispielsweise: „Ich habe sonst niemanden, den ich fragen kann“, oder: „Ich brauche das Geld heute noch, sonst drehen sie mir den Strom ab“, oder: „Ich komme zur Party, wenn Du mir bei der Miete hilfst.“

Emotionale Vernachlässigung

Wenn emotionale Fürsorge, Aufmerksamkeit und Zuwendung fehlen, dann spricht man von emotionaler Vernachlässigung. Sie erfolgt oft unbeabsichtigt und hat dennoch schwere Folgen. Nicht beachtet zu werden trifft uns genauso sehr, wie willentlich zugefügter Schaden. Es ist eine häufig auftretende Form des Kindheitstraumas, speziell in Familien, in denen es Substanzmissbrauch und physische Gewalt gibt. Die Wunden sind unsichtbar, und dennoch leiden viele Menschen unter den Auswirkungen emotionaler Vernachlässigung, ohne zu verstehen, woraus ihr Leid sich ableitet.

Wie Eltern ihre Kinder emotional vernachlässigen (altersunabhängig)

Nicht da sein, wenn sie gebraucht werden

Kinder benötigen die Anleitung von Erwachsenen. Wenn sie diese nicht bekommen, müssen sie Dinge allein herausfinden oder sich an Gleichaltrigen orientieren, die meist nicht viel klüger sind als sie. Bei Kellie beispielsweise setzte ihre erste Periode in der Schule ein. Niemand hatte je mit ihr darüber geredet, wie das sein würde und was sie tun sollte. Als sie das Blut sah, dachte sie, dass sie irgendwie verletzt sein müsse. Die Schule rief ihre Mutter an, die ihr einfach nur Binden vorbeibrachte, ohne eine weitere Erklärung und ohne zu fragen, wie es Kellie ging.

Kinder als kleine Versionen ihrer selbst ansehen

Jedes Kind ist einzigartig. Auch wenn die Menschen, die sie erziehen, Einfluss auf sie ausüben, können Kinder sich doch vom Rest der Familie unterscheiden. Kindern zu erlauben, anders zu sein, gibt ihnen das Selbstvertrauen, so zu sein, wie sie sind.

Alle in Franklins Familie hatten gut bezahlte Jobs mit Zusatzleistungen und einem regelmäßigen Einkommen, während Franklin selbst Freude an Kunst, Schauspiel und Tanz hatte. Er konnte sich keinen Lebensweg ohne diese Leidenschaften vorstellen. Doch wann immer er Tanz und Theater erwähnte, winkten seine Eltern ab, meinten, damit könne man kein Geld verdienen und weigerten sich, seine Ziele zu unterstützen.

Emotionen abtun

Kinder haben Gefühle in Bezug auf die Erwachsenen und die Ereignisse in ihrem Leben. Wenn die Bedürfnisse eines Kindes nach emotionaler Unterstützung ignoriert werden, dann vermittelt dies dem Kind den Eindruck, seine Gefühle würden nichts gelten. Studien haben gezeigt, dass bereits eine erwachsene Person, die auf die Gefühle des Kindes eingeht, positive Auswirkungen auf dessen Leben haben kann.

Als Wills Eltern sich scheiden ließen, war er zwölf Jahre alt. Will lebte bei seiner Mutter und sah seinen Vater nun nicht mehr jeden Tag, sondern nur noch zweimal im Monat. Die Abwesenheit des Vaters machte ihm sehr zu schaffen, aber niemand sprach mit ihm über die Trennung oder fragte ihn, wie es ihm damit ging.

In ihrem Buch *Notes from your Therapist* („Notizen von Ihrer Therapeutin“, nicht auf Deutsch erschienen, Anm. d. Verlags) spricht Allyson Dinneen davon, wie sie emotionale Vernachlässigung erlebt hat. Als sie noch klein war, kam Allysons Mutter bei einem Flugzeugabsturz ums Leben, aber niemand sprach mit ihr darüber.

Das Leben ging einfach weiter, so als wäre ihre Mutter einfach nur irgendwohin verschwunden. Allyson jedoch konnte das nicht einfach so hinnehmen. Selbst wenn es so scheint, als wäre etwas schwer zu erklären, muss man schwierige Gespräche mit Kindern führen und sie immer wieder fragen, wie es ihnen geht.

Von Kindern erwarten, dass sie sich komplett um sich selbst kümmern

Kinder sind keine geeigneten Betreuungspersonen – weder für sich selbst noch für ihre jüngeren Geschwister. Selbst wenn Kinder ihrem Alter entsprechend allein gelassen werden, sollten sie genau wissen, was sie tun und lassen sollen. Wenn Kinder sich um sich selbst oder jüngere Familienmitglieder kümmern müssen, dann weist man ihnen in jungen Jahren die unzumutbare Verantwortung von Erwachsenen zu. Es ist verständlich, dass unterstützungsbedürftige Eltern ältere Kinder für bestimmte Aufgaben mit heranziehen. Schädlich wird es dann, wenn Schule und Freizeitaktivitäten darunter leiden oder die Zeit fehlt, selbst ein Kind zu sein.

Samantha konnte nie an außerschulischen Aktivitäten teilnehmen, weil sie ihre beiden jüngeren Geschwister von der Schule abholen musste. Wenn ihre Mutter am Wochenende ausgehen wollte, musste sie auf die beiden Kleinen aufpassen. Zwar liebte sie ihren Bruder und ihre Schwester, ärgerte sich aber darüber, kein eigenes Leben zu haben, weil ihrer Mutter die Unterstützung durch einen zweiten Erwachsenen fehlte.

In dysfunktionalen Familien bedeutet der Satz „Du bist sehr reif für Dein Alter“ häufig Folgendes:

- Du weißt, wie Du möglichst wenig Ärger machst.
- Du hilfst Erwachsenen beim Bewältigen von Krisen.
- Du bist ein *People Pleaser*, der es anderen stets recht machen möchte und sich um ihr Wohlergehen sorgt.
- Du bist der/die Vertraute eines Erwachsenen.
- Du hast die Pflichten eines Erwachsenen übernommen.
- Du verstehst mehr als die anderen um Dich herum.

- Du weißt, wie man sich unsichtbar macht.
- Du verursachst keine Probleme.
- Du verhältst Dich nicht mehr Deinem Alter entsprechend und hast Aufgaben von Erwachsenen übernommen.

Kindern nicht erlauben, Verletzlichkeit zu zeigen

Menschen sind emotionale Wesen, und es ist normal für Kinder, Gefühle zu zeigen. Wenn etwas Schlimmes geschieht, dann weinen und schreien sie. Das ist kein „schlechtes Benehmen", sondern dient dem Ausdruck von Gefühlen. Es ist die Aufgabe fürsorglicher Erwachsener, Kindern beizubringen, wie man Emotionen annimmt und verarbeitet, anstatt sie zu unterdrücken, damit andere sich besser fühlen.

Beim Begräbnis seiner Großmutter sagte ein Onkel dem zwölfjährigen Todd, er solle „aufhören zu weinen und stark sein". Todd hatte gerade seine geliebte Großmutter verloren, die eine seiner wichtigsten Bezugspersonen gewesen war.

Wenn Kinder ihren Gefühlen Ausdruck verleihen, sollte man ihnen nie vermitteln, sie sollten sie unterbinden. Natürlich kann man ein Kind, dass vor Kummer laut schreit, dazu anleiten einen ruhigeren Ausdruck für seine Gefühle zu finden. Es kann auch hilfreich sein, ihre Gefühle zu benennen und ihnen einen sicheren Raum zu geben, in dem sie sie ausdrücken können.

Wenig oder gar kein Interesse an der Persönlichkeit der Kinder zeigen

Kinder möchten von ihren Eltern gesehen werden und schätzen es sehr, wenn die Eltern sie gut kennen. Einige Eltern sind jedoch emotional unreif oder so stark mit sich selbst beschäftigt, dass sie vergessen, für andere da zu sein. Das betrifft dann auch die eigenen Kinder.

Leahs Eltern hatten keine Ahnung, was ihrer Tochter gefiel. Sie erinnerten sich lediglich gerne an das, was sie als Kleinkind geliebt hatte. Leah hatte das Gefühl, ihnen ständig sagen zu müssen, was sie mochte. Als sie etwa dreizehn Jahre alt war, hörte sie auf, sich dauernd zu wiederholen und ließ ihre Eltern einfach glauben, was sie wollten.

Merkmale emotional unreifer Eltern

- Man fühlt sich allein, wenn man mit ihnen zusammen ist.
- Die Beziehung ist einseitig (es geht immer nur um sie).
- Sie tun Ihre Emotionen ab oder reden sie klein.
- Die Bindung mit ihnen ist sehr oberflächlich.
- Sie machen Sie für Probleme verantwortlich, die sie verursacht haben.
- Sie reagieren sehr emotional.
- Verletzlichkeit darf nicht sein.
- Sie verlangen absoluten Gehorsam.
- Sie respektieren keine Grenzen.
- Sie erwarten, dass Sie instinktiv erraten, wie es ihnen geht.
- Sie versuchen, Sie zu triggern.
- Sie machen Sie verantwortlich für ihre Gefühle.
- Sie sorgen dafür, dass ihre Probleme wichtiger als Ihre erscheinen.
- Sie sind nicht in der Lage, Ihren Gefühlen oder Problemen Raum zu geben.
- Sie bringen Sie durch Scham oder ein schlechtes Gewissen dazu, das zu tun, was sie wollen.

Emotionale Distanz

Emotionen auszudrücken ist sowohl für Kinder als auch für Erwachsene gesund, und Kinder lernen durch Beobachten. Wenn die Erwachsenen um sie herum ihren Gefühlen keinen Ausdruck verleihen, dann halten die Kinder sie ebenfalls zurück – oder sie verurteilen sich dafür, sie auszudrücken. Das Fehlen von Emotionen ist nicht gesund.

Tammie sah niemals einen Erwachsenen aus ihrer Familie weinen. Alle schienen sich stets sehr gut im Griff zu haben. Also nahm sie sich ein Beispiel an ihnen und ließ kein Gefühl für längere Zeit zu, auch wenn es ihr sehr schwerfiel.

Fehlende Regeln oder Strukturen

Auch wenn es verlockend klingen mag, keine Regeln zu haben, ist dies für Kinder mit einem Mangel an Sicherheit verbunden. Strukturen sind ein guter Weg, wie Eltern für die Gesundheit und das Wohlbefinden ihrer Kinder sorgen können. Kinder können nicht wissen, was das Beste für sie ist, daher benötigen sie Erwachsene, die Regeln aufstellen und ihnen so Sicherheit geben.

Latoyas Mutter war „cool" und redete gerne über Sex – und zwar so, als würde sie mit einer Freundin sprechen und nicht mit ihrer Tochter. Latoyas Freunde durften bei ihr zu Hause rauchen, trinken und abhängen. Ihre Mutter meinte dazu nur: „Kids müssen ihre Grenzen selbst austesten, indem sie merken, wenn es zu viel war." Latoya wünschte sich eine Mutter, die ihr Grenzen setzte und keine weitere Freundin.

Fehlende Verfügbarkeit

Elektronische Geräte fesseln die Aufmerksamkeit von Erwachsenen und Kindern gleichermaßen. Auch wenn Eltern physisch anwesend sind, können sie mental und emotional abwesend sein, weil sie sich lieber mit ihren Geräten beschäftigen, als wirklich zuzuhören und sich einzulassen. Zusammen am Abendbrottisch zu sitzen, während alle auf ihr Handy starren, hat nichts mit gemeinsam verbrachter Zeit zu tun. Es ist also sinnvoll, den Gebrauch von Handys und anderen elektronischen Geräten sowohl bei Kindern als auch bei Erwachsenen einzuschränken.

Wenn Marie versuchte, mit ihrem Vater über etwas zu reden, hing er meist am Handy und spielte entweder ein Spiel oder war in den sozialen Medien unterwegs. Versuchte sie ihm eine Frage zu stellen, gab er nur kurze Antworten und vermittelte ihr das Gefühl zu stören.

Körperliche Vernachlässigung

Wenn es Kindern an Nahrung, einem Dach über dem Kopf oder passender Kleidung mangelt, dann liegt eine körperliche Vernachlässigung vor. Eric kam im Winter ohne warme Jacke zur Schule. Sein Lehrer fand eine passende unter den Fundsachen und gab sie Eric, damit er nicht frieren musste.

Körperliche Vernachlässigung kann verschiedene Gesichter haben:

- Keine zum Wetter passende Kleidung haben
- Kein Zugang zu Strom, Gas oder fließendem Wasser haben
- Keine regelmäßigen Mahlzeiten
- Keine ausreichende zahnärztliche Versorgung haben
- Kein sicheres Zuhause haben
- Kein festes Zuhause haben
- Fehlende Beaufsichtigung
- Fehlende Sicherheit
- Keine Pflege körperlicher Bedürfnisse

Körperliche Misshandlung

Kindern Ohrfeigen zu geben oder sie zu schlagen, ist eine körperliche Misshandlung, die eine Strafverfolgung nach sich ziehen kann. Körperliche Misshandlungen und sexuelle Gewalt hinterlassen sichtbare Narben, am Körper wie in der Psyche. Deshalb gibt es auch Gesetze, die Kinder davor schützen sollen. Leider reichen diese allein nicht aus, um Schäden zu verhindern.

Kinder, die körperlich oder emotional missbraucht werden, haben ein erhöhtes Risiko in Bezug auf:

- Selbstmord
- Essstörungen
- Chronische Schmerzen
- Migräne
- Gewalt in Beziehungen im Erwachsenenalter

- Sucht und Abhängigkeiten
- Schwere Formen von PMS
- Myome
- Schwierige Beziehungen

Emotionale und verbale Gewalt

Beschimpfen, Erniedrigen, Schikanieren und Bedrohen sind Formen verbaler Gewalt, ebenso wie Fluchen und der Gebrauch von Schimpfwörtern, um Kinder mundtot zu machen. Selbst wenn ein Kind sich falsch verhält, darf es nie beschimpft werden. Worte können ebenso sehr schmerzen wie Schläge. Wenn Menschen permanent beschimpft werden, dann haben sie mit einem niedrigen Selbstwert zu kämpfen und fühlen sich anderen unterlegen.

Emotionale und verbale Gewalt kann sich auf vielerlei Weise zeigen:

- Jemanden mit Schweigen strafen
- Anderen die Schuld für die eigenen Gefühle geben
- Andere manipulieren, um ein Ziel zu erreichen
- Jemanden bewusst beschämen
- Jemanden verspotten, wenn er seine Gefühle zeigt
- Jemanden ignorieren, wenn er Gefühle oder Gedanken ausdrückt
- Bitten um Zuwendung ignorieren
- Jemandem sagen, wie er sich fühlen oder nicht fühlen soll
- Jemanden an der Wahrnehmung seiner Realität zweifeln lassen
- Versuche ignorieren, in Kommunikation zu treten

Wenn Sie in Ihrer Kindheit emotionalen Missbrauch oder emotionale Vernachlässigung erlebt haben, ist die Wahrscheinlichkeit hoch, dass Sie

- sich fragen, ob Sie sich jemals normal vorkommen werden,
- damit zu kämpfen haben, Ihren Eltern zu verzeihen,
- Angst haben, Grenzen zu setzen,
- sich einsam fühlen, weil niemand weiß, wie Sie sich wirklich fühlen,

- nach Antworten suchen, warum Ihnen dies passiert ist,
- psychische Probleme haben,
- oft unter Ängsten leiden,
- sich unbewusst selbst sabotieren,
- Angst davor haben, ein Elternteil zu werden,
- Probleme damit haben, feste Bindungen einzugehen,
- Sich wie ein Betrüger vorkommen, wenn Ihr Leben glatt verläuft,
- sich Sorgen darüber machen, dass Sie dysfunktionale Familienmuster wiederholen könnten.

Familiäre Beziehungen sind die einzigen Beziehungen, bei denen erwartet wird, dass wir Missbrauch, Vernachlässigung und Verlassenwerden ignorieren oder vergeben und vergessen. Wenn Menschen in Beziehungen bleiben, in denen Gewalt oder Vernachlässigung vorgekommen sind, haben sie häufig mit Unmut, Wut, Trauer, Angst und Schwermut zu kämpfen. Selbst wenn sie nicht länger Missbrauch oder Vernachlässigung ausgesetzt sind, bedeutet dies nicht, dass sie die Folgen davon bewältigt haben. Dies kann auch wenn sie erwachsen geworden sind ein Thema in ihren Beziehungen bleiben. So können beispielsweise Eltern, die süchtig waren, als ihre Kinder klein waren, auch dann noch abhängig sein, wenn die Kinder das Erwachsenenalter erreicht haben. Beziehungen zu den Verursachern von Traumata aufrechtzuerhalten, kann Symptome von Depressionen, Ängsten, posttraumatischen Belastungsstörungen, bipolaren Störungen und anderen Problemen mit psychischer Gesundheit verschlimmern. Viele Erwachsene quälen sich in ihren Beziehungen zu Familienmitgliedern, die ihnen in ihrer Kindheit geschadet haben. Was solche Erlebnisse betrifft, gibt es kein Vergessen. Wir können sie ignorieren, leugnen oder verdrängen, aber vergessen werden Traumata aus der Kindheit meist nicht. Selbst wenn keine bewusste Erinnerung vorhanden ist, reagieren Körper und neurologisches System auf das Trauma.

Es gibt kein Vergessen.

Es ist an dieser Stelle wichtig zu erwähnen, dass Missbrauch und Vernachlässigung sich durch alle Schichten der Gesellschaft ziehen. Kinder aus wohlhabenden Familien sind hiervon genauso betroffen.

Kinder von süchtigen Eltern denken oft:

- „Die Drogen sind ihnen wichtiger als ich."
- „Der Alkohol ist ihnen wichtiger als ich."

Sucht ist keine bewusste Entscheidung, und süchtige Menschen fühlen sich oft machtlos. Ihre Eltern können Sie lieben und trotzdem Probleme mit Drogen oder Alkohol haben, denn die Sucht hat nichts mit Ihnen zu tun. Ihre Eltern können Sie lieben und trotzdem nicht aufhören, ungesunde Gewohnheiten zu pflegen. Kinder von Süchtigen denken so oft: „Wenn sie mich liebten, würden sie damit aufhören." Die Wahrheit ist, dass die Unfähigkeit, mit etwas aufzuhören bedeutet, dass es sich um eine Sucht handelt und sie es eben nicht können.

Sobald Sie einmal verstanden haben, dass das Verhalten nicht gegen Sie gerichtet ist, beginnen Sie zu erkennen, dass Ihre Eltern gegen etwas ankämpfen, das sie nicht steuern können. Wenn Sie Ihre Probleme mit Ihren Eltern bearbeiten wollen, müssen Sie sie als Menschen betrachten. Sie haben nicht damit aufgehört, weil sie es nicht konnten, und vielleicht können sie es immer noch nicht. Sie sind gut genug, und die Suchterkrankung anderer, auch die Ihrer Eltern, hat zwar Auswirkungen auf Sie, aber sie ist nicht Ihre Schuld und hat nichts mit Ihnen zu tun.

ÜBUNG

Schnappen Sie sich Ihr Notizbuch oder ein Stück Papier, und beantworten Sie für sich die folgenden Fragen:

- Inwieweit haben Sucht oder Anhängigkeiten Auswirkungen auf Ihre Familie?
- Haben Sie eine Beziehung zu einem Familienmitglied aufrechterhalten, das Sie in Ihrer Kindheit verletzt hat?
- Wurden in Ihrer Familie Probleme aus der Kindheit mit der verursachenden Person besprochen?

KAPITEL 4

FAMILIÄRE MUSTER

Denise wuchs bei ihrer Großmutter auf. Ihre Mutter war eher so etwas wie eine wesentlich ältere Schwester für sie. Sie war sechs Monate alt, als sie zu ihrer Großmutter kam, weil ihre Mutter sich nicht gleichzeitig um sie kümmern und arbeiten ihr eigenes Leben leben konnte.

Zehn Jahre später heiratete ihre Mutter und bekam vier weitere Kinder, von denen ebenfalls eines bei der Großmutter aufwuchs. Jedes der Kinder hatte eine ganz eigene Beziehung zur Mutter, aber keine davon war wie eine Mutter-Kind-Beziehung.

Ihre Mutter machte zu keinem Zeitpunkt Anstalten, Denise zu sich zu holen. Die Großmutter betrachtete Denise als ihre Tochter und hatte nicht vor, etwas daran zu ändern. Ihren Vater kannte Denise nicht.

Sowohl Mutter als auch Großmutter waren bei ihren jeweiligen Großeltern aufgewachsen, sodass dies eine Art Brauch in der Familie war, insbesondere wenn man unverheiratet ein Kind bekam. Die Großmutter galt in ihren jungen Jahren als „wild" und gewann erst Stabilität und finanzielle Sicherheit, als sie älter wurde und heiratete. Da sie ihre eigenen Kinder nicht großgezogen hatte, hielt sie es für ihre Pflicht, die Mutter von Denise zu unterstützen und sich um die Enkelkinder zu kümmern. Sie konnte ihnen ein besseres Leben bieten als ihre Mutter.

Als Denise erwachsen war, wünschte ihre Mutter sich mehr Verbindung zu ihr. Aber wie sollte Denise eine Beziehung zu einer Person aufbauen, die sich den größten Teil ihres Lebens bewusst von ihr ferngehalten hatte? Denise verstand nicht, dass es ihrer Mutter nichts ausgemacht zu haben schien, dass sie ihre Kinder abgegeben hatte. Sie war weder drogenabhängig noch litt sie unter anderen Problemen, und trotzdem wuchsen ihre Kinder nicht bei ihr auf. Je stärker die Mutter versuchte, Teil von Denises Leben zu werden, umso mehr lehnte diese sie ab. Ihre Mutter konnte die Gefühle von Denise nicht verstehen, weil sie und ihre Mutter trotz einiger schwieriger Zeiten mittlerweile ein gutes Verhältnis hatten.

Warum Menschen ungesunde Familienmuster wiederholen

Zu Beginn meiner Berufslaufbahn kam eine Mutter mit ihrer Teenagertochter in eine meiner ersten Familientherapie-Sitzungen. Der Onkel, Bruder der Mutter, belästigte die Tochter sexuell, und es stellte sich heraus, dass er die Mutter im Teenageralter ebenfalls belästigt hatte. Als ich beobachtete, wie der Mutter das dysfunktionale Verhaltensmuster bewusst wurde, war ich voller Mitgefühl, denn so einen Zyklus möchte niemand aufrechterhalten.

Menschen sind sich nicht immer bewusst, dass ein solches Muster besteht. Sind sie es doch, werden diese Muster oft als tiefe Familiengeheimnisse angesehen. Manche Familien hoffen, dass eine dysfunktionale Situation einfach nur ein einmaliges Vorkommnis ist, das von selbst verschwindet, wenn man nicht darüber spricht. Aber Veränderungen kann es nur geben, wenn man ein Problem angeht.

Die Zeit heilt nicht alle Wunden. Eine besonders schmerzliche Sache, über die viel zu wenig gesprochen wird ist, wenn in der Kindheit die Liebe gefehlt hat, die man gebraucht hätte, und man zudem akzeptieren muss, dass die beteiligten Erwachsenen einem auch heute noch nicht das geben, was man wirklich bräuchte. Auch wenn wir andere nicht ändern können, kann die Versuchung sehr groß sein, es wenigstens zu versuchen. Und es kann sich scheinbar richtig anfühlen, obwohl es in Wirklichkeit nicht unsere Aufgabe ist. Lernen Sie, in Liebe zu sich selbst zu akzeptieren, dass eine wichtige Person aus Ihrer Kindheit Ihnen immer noch nicht das geben kann, was Sie benötigen.

Unwissenheit kann ein Segen sein, denn sie befreit uns von der Notwendigkeit, uns zu verändern. Manchmal fällt es uns leichter so zu tun, als kennten wir die Wahrheit nicht, weil wir nicht bereit sind, uns den Konflikten und hässlichen Wahrheiten innerhalb der Familie zu stellen. Muster ungesunden Verhaltens in Familien können sich über Jahre fortsetzen, weil wir Angst haben, ausgeschlossen zu werden, weil wir uns mit dem Status Quo abfinden oder aber, weil uns die Möglichkeiten fehlen, eine Veränderung herbeizuführen.

Unwissenheit kann ein Segen sein, denn sie befreit uns von der Notwendigkeit, uns zu verändern.

Angst, ausgeschlossen zu werden

Wir Menschen haben eine natürliche Sehnsucht nach Zugehörigkeit, weshalb wir nur schwer akzeptieren können, aus der Familie ausgeschlossen zu werden. Der Entschluss, ein Familienmuster zu durchbrechen, verursacht in der Regel Probleme. Selbst wenn ein Verhalten ganz offensichtlich falsch ist, kann es Familienmitgliedern schwerfallen, den Schaden zu akzeptieren, den sie angerichtet haben. Wenn jemand ein dysfunktionales Verhalten in der Familie offen anspricht, kann es passieren, dass andere in der Familie versuchen, das Problem zu leugnen.

Es ist mutig, ungesunde Muster anzusprechen. Leider halten die unabsehbaren und möglicherweise verheerenden Auswirkungen viele Menschen davon ab, dies zu tun.

Zufriedenheit mit dem Status Quo

Manche Menschen sehen bestimmte Familienmuster nicht als Problem. So könnte beispielsweise das Lästern über Familienmitglieder in einer Familie zum ganz normalen Alltag gehören. Vielleicht lacht man darüber oder spielt es herunter. Doch selbst wenn Menschen mit bestimmten Verhaltensweisen zufrieden sind, bedeutet dies nicht, dass diese gesund sind. Es bedeutet einfach nur, dass niemand über das notwendige Werkzeug verfügt, um das Muster zu verändern.

Was Sie vielleicht als Problem betrachten, kann für andere ganz normal sein. Nicht alle haben die gleiche Sicht auf Probleme. Sie können Menschen nicht überreden oder davon überzeugen sich zu ändern, selbst wenn Sie erkennen können, wie eine Veränderung ihr Leben verbessern würde. Sie können zwar sehen, wie die fehlende Veränderung sich auf ihr Leben auswirkt und wie ihr Verhalten Sie in Mitleidenschaft zieht, wirklich verändern können Sie aber nur sich selbst. In einigen Familien kann es sich besser anfühlen, mit der Dysfunktion zu leben, anstatt etwas daran zu ändern.

Fehlende Ressourcen

Ohne passende Rollenvorbilder oder Unterstützung ist es schwer zu wissen, wo und wie man beginnen soll. Vielleicht erkennen Sie ein Problem, aber zu versuchen, es zu lösen, kann ebenso furchteinflößend sein wie mitten in dem Problem selbst zu stecken.

Die Art und Weise, wie wir uns in familiären Beziehungen verhalten, hat viel mit Gewohnheiten zu tun. Aus der Gewohnheit heraus laden wir bestimmte Familienmitglieder zu bestimmten Anlässen ein. Jede Änderung Ihrer Einladungsliste kann unangenehme Fragen aus der Familie zur Folge haben. Familienbeziehungen sind miteinander verzahnt, sodass die Veränderung einer Beziehung Einfluss auf andere Beziehungen haben kann. Wenn Sie beispielsweise beschließen, dass Sie nicht mehr mit Ihrer Schwester reden, kann das die Art und Weise beeinflussen, wie Ihre Eltern

Absender:

Name

Straße / Hausnr.

PLZ

Ort

Land

Telefon

Telefax

E-Mail

Bitte ausreichend frankieren

Deutsche Post

ANTWORT

VAK Verlags GmbH
Eschbachstraße 5
79199 Kirchzarten
Deutschland

sich Ihnen gegenüber verhalten. Es kann also schwierig sein, Muster zu verändern, weil diese Entscheidung Auswirkungen auf alle hat.

Umgang mit Missbrauch in der Familie

Wenn es in Ihrer Familie einen Sexualtäter gibt, können Sie das Verhalten dieser Person nicht ignorieren. In viel zu vielen Familien wachsen Kinder inmitten von Menschen auf, die bereits anderen Familienmitgliedern Schaden zugefügt haben. Wir können nicht davon ausgehen, dass ein Täter irgendwann zu einer Person wird, der man Kinder anvertrauen kann.

In meinen sechzehn Jahren als Therapeutin habe ich viele Geschichten von Menschen gehört, die ihren Eltern vom Missbrauch durch Familienmitglieder erzählt haben, ohne dass diese oder andere Menschen im engeren Umkreis die Beziehung zu dieser Person abgebrochen hätten. Dadurch fühlt sich ein Kind in seiner eigenen Familie nicht sicher und emotional vernachlässigt.

Anstatt Ihren Kindern zu sagen: „Halt Dich von _____ fern", sollten Sie aktiv dafür sorgen, dass sie nicht in Berührung mit Personen kommen, denen nicht zu trauen ist. Kinder sind nicht verantwortlich dafür, sich vor bekannten Tätern in der Familie zu schützen. Es ist nicht ihre Aufgabe, die Beziehungen zu Menschen zu regeln, die ihnen Schaden zufügen könnten. Erwachsene, die Kindern schaden, sollten niemals Zugang zu Ihren Kindern haben.

Wenn ein Familienmitglied einem Kind Schaden zufügt, sollte es klar sein, dass rechtliche Schritte unternommen werden, um dieses Kind und andere Kinder vor Missbrauch zu bewahren. Sobald wir jedoch erwachsen sind, tragen wir selbst die Verantwortung dafür, uns zu schützen. Also können nur Sie entscheiden, wie Sie heute mit der Situation umgehen wollen. Als erwachsener Mensch können Sie Ihre Familie auf den Täter aufmerksam machen, Anzeige erstatten oder die Person meiden, mit der Sie Probleme haben.

Die Auswirkungen nicht geheilter Traumata auf Beziehungen im Erwachsenenleben

Menschen, die in dysfunktionalen Familien aufgewachsen sind, haben häufig im Erwachsenenleben Probleme in Beziehungen.

Zu den häufigsten zählen dabei:

- Probleme, anderen oder sich selbst zu vertrauen
- Abhängigkeitsprobleme (Konterdependenz oder Co-Abhängigkeit)
- Probleme mit Kontrolle
- Gefühlsblindheit (Alexithymie)
- Probleme, Bedürfnisse zu äußern

Vertrauensprobleme sich selbst und anderen gegenüber

Jonathans Mutter hatte ständig etwas an ihm auszusetzen. Nie schien er die Dinge gut genug zu machen, denn sie fand stets einen Fehler oder ein Beispiel dafür, wie er es hätte besser machen können. Obwohl er in seiner Schulzeit immer zu den Klassenbesten zählte, erwartete seine Mutter immer noch mehr von ihm. Im College war er nicht in der Lage, eigenständige Entscheidungen zu treffen, weil er stets Angst hatte, irgendetwas falsch zu machen. Er vertraute nicht darauf, dass er gut genug war, obwohl er das nach außen hin ständig bewies.

Menschen, denen Sie vertrauen, können

- Sie verletzen,
- Sie hintergehen,
- Ihre Gefühle verletzen,
- Sie ausnutzen,
- Sie in die Irre führen,
- Sie missbrauchen,
- eifersüchtig auf Sie sein,
- Sie beschuldigen,
- Sie nicht unterstützen,

- über Sie lästern,
- Sie bestehlen,
- Ihnen die Worte im Mund herumdrehen.

Wenn Ihnen ein Familienmitglied Leid zugefügt hat, kann dies zur Folge haben, dass Sie von der Kindheit bis ins Erwachsenenalter Probleme haben, anderen zu vertrauen, sofern diese nicht erkannt, verarbeitet und geheilt werden.

Abhängigkeitsprobleme (Konterdependenz und Co-Abhängigkeit)

Cecelias Eltern schienen sich immer mehr für ihre Karrieren als für ihre Tochter zu interessieren. Als Einzelkind lernte sie von klein auf, für sich selbst zu sorgen. Sie war so darauf ausgerichtet, alles allein zu schaffen, dass sie selbst dann Hilfe ablehnte, wenn sie ihr angeboten wurde. Weil sie das Bedürfnis nach Hilfe so lange unterdrückt hatte, glaubte sie irgendwann tatsächlich, alles allein bewältigen zu können. Gleichzeitig fühlte sie sich einsam und wusste, dass ihre Konterdependenz in Form des Ablehnens jeglicher Hilfe dazu führte, dass niemand da war, um ihr zu helfen, wenn sie es wirklich brauchte.

In dysfunktionalen Familien schlagen Abhängigkeitsprobleme meist eine von zwei Richtungen ein. Konterdependenz steht für das Leugnen persönlicher Bedürfnisse. Bei einer Co-Abhängigkeit hingegen hilft man einer Person, Konsequenzen zu vermeiden und schützt sie vor unangenehmen Erfahrungen. Keine der beiden Optionen ist hilfreich, da ein gesundes Gleichgewicht von Geben und Nehmen in der Mitte liegt.

Probleme mit Kontrolle

Justinas Leben verlief in unruhigen Bahnen, weil ihr Vater immer wieder seine Arbeit verlor. Ihre Mutter hatte die Familie verlassen, sodass er der Alleinerziehende war. Er erhielt Unterstützung durch

Justinas Großmutter, wenn einmal wieder der Strom abgeschaltet wurde oder kein Geld für Lebensmittel da war. Justina schwor sich, dass sie später gut für ihre finanziellen Bedürfnisse sorgen, und als Erwachsene von niemandem abhängig sein würde. Daraus resultierte, dass sie heute immer alles unter Kontrolle haben muss. Wenn sie einen potenziellen Partner kennenlernt, versucht sie bestimmte Aspekte seines Lebens zu kontrollieren, vor allem den Umgang mit Geld.

Sicherheit ist ein elementares Bedürfnis. Wenn wir das Gefühl haben, dass unsere Sicherheit bedroht ist, versuchen wir verständlicherweise unser Umfeld zu kontrollieren. Ist ein bestimmtes Thema besonders sensibel, wie beispielsweise Geld, dann ist der Kontrolldrang in diesem Bereich besonders ausgeprägt. Doch auch wenn Kontrolle die beste Methode zu sein scheint, um Sicherheit zu garantieren, kann sie auch kontraproduktiv sein – vor allem, wenn keine wirkliche Bedrohung existiert, sondern lediglich das Bedürfnis dafür zu sorgen, dass die Zukunft vorhersehbar ist und positiv verläuft.

Anzeichen dafür, dass Sie versuchen, Menschen zu kontrollieren:

- Sie versuchen andere dazu zu bringen, so wie Sie zu sein und zu denken.
- Sie kümmern sich um Bereiche des Lebens anderer, die nichts mit Ihnen zu tun haben (anstatt sich um Ihre eigenen Angelegenheiten zu kümmern).
- Sie legen fest, was andere mit ihrem Leben machen können und was nicht.
- Sie verlangen, dass andere sich für Sie ändern.
- Sie manipulieren andere dahingehend, dass sie ihr Verhalten ändern.
- Sie stellen Regeln auf, wie andere ihr Leben führen „sollten".
- Sie sagen anderen, was das Beste für sie ist.

Gefühlsblindheit (Alexithymie)

„Stell Dich nicht so an." „Du hast keinen Grund, zu weinen." Diese und ähnliche Sätze hörte Andrew immer wieder von seinen Eltern. Mit vierzig steckte er mitten in seiner zweiten Scheidung. Seine zukünftige Ex-Frau sagte ihm, sie wisse nie, was er fühle, weil er nie mit ihr darüber spreche. Andrew musste zugeben, dass das stimmte, und ihm wurde dadurch bewusst, dass ihm selbst der Zugang zu seinen Gefühlen fehlte.

Er wusste, dass er sich nicht von seiner Frau trennen wollte, aber nicht, wie er ihren Wunsch nach mehr Emotionalität erfüllen sollte. Gefühlsblindheit endet in der Regel mit einer Scheidung, weil der Partner, der Zugang zu den eigenen Gefühlen hat, sich in der Beziehung einsam und isoliert fühlt.

Die Unfähigkeit, Gefühle zu bestimmen und auszudrücken, nennt man Alexithymie. „Ich weiß nicht, was ich fühle" ist ein typischer Satz all jener, die darunter leiden. Und selbst wenn sie es doch einmal wissen, fällt es ihnen schwer, ihre Gefühle anderen gegenüber auszudrücken. Wenn Menschen in Familien aufwachsen, in denen der Ausdruck von Gefühlen unterbunden wird, können sie nach und nach von ihren Gefühlen abgeschnitten werden und sind dann nicht mehr in der Lage oder willens, über ihre Gefühle zu sprechen.

Sechs Wege zum Umgang mit Alexithymie

1. Verwenden Sie ein Chart mit Gesichtsausdrücken, um herauszufinden, was Sie fühlen.
2. Verwenden Sie einen Stimmungs-Tracker, um festzuhalten, was Sie den Tag über fühlen.
3. Führen Sie Tagebuch über Ihre Gefühle. Nehmen Sie ein Gefühl heraus und schreiben Sie über eine Zeit, in der Sie dieses Gefühl erlebt haben.
4. Versuchen Sie, Gefühlsausdrücke in Alltagsgespräche einfließen zu lassen. Das kann am Anfang ungewohnt sein, wird Ihnen aber mit der Zeit immer leichter fallen.

5. Achten Sie darauf, wie andere Menschen Emotionen ausdrücken, und stellen Sie ihnen Fragen zu ihren Gefühlen.
6. Eine Therapie kann Ihnen helfen, Ihre Gefühle zu erkennen, sie zuzulassen und zu verarbeiten.

Probleme, Bedürfnisse zu äußern

Evelyns Eltern waren schon älter, als sie geboren wurde, und ihre Geschwister bereits erwachsen, als sie noch ein Kind war. Die Eltern spornten sie an, sich vieles selbst beizubringen, also versuchte sie möglichst eigenständig zu sein. Selbst wenn sie Hilfe benötigte, versuchte sie es allein, weil sie niemanden behelligen wollte. Nachdem sie sich den Knöchel gebrochen hatte, benötigte sie eigentlich Unterstützung bei alltäglichen Dingen wie Duschen und Treppensteigen. Trotzdem versuchte sie immer noch für sich selbst zu sorgen, und war regelrecht aufgeschmissen, weil sie immer noch nicht um die Hilfe bitten konnte, die sie brauchte.

Menschen sind in bestimmten Situationen hilfsbedürftig, und das ist nichts Schlimmes. Natürlich wollen wir andere nicht belasten. Deshalb kann es schwer sein, um Hilfe zu bitten, wenn uns häufig gesagt wurde: „Du schaffst das schon allein". Ganz gleich, was man Ihnen erzählt hat: Sie können nicht alles allein bewältigen. Sie haben Bedürfnisse, und das dürfen Sie ruhig zugeben. Ihre Bedürfnisse lösen sich nicht in Luft auf, nur weil Sie sie leugnen – sie werden schlichtweg nicht erfüllt.

In einer Umfrage bei Instagram stellte ich einmal die Frage: „Welches Familienmuster möchten Sie durchbrechen?"

Die zwanzig häufigsten Antworten (in loser Reihenfolge) lauteten:

- Alkoholismus
- Co-Abhängigkeit
- Geheimnisse hüten
- Aufrechterhalten dysfunktionaler Beziehungen
- Konterdependenz
- Lästern über Familienmitglieder

- Verbaler Missbrauch
- Fehlendes Äußern von Gefühlen
- Andere an ihrer Wahrnehmung der Realität zweifeln lassen (*Gaslighting*)
- Ignorieren größerer Probleme
- *Fatshaming* (Diskriminierung aufgrund des Körpergewichts)
- Finanzielle Unsicherheit
- Aufrechterhalten von Fassaden
- Verstrickungen
- Emotionale Unreife
- Fehlende Grenzen
- Emotionale Vernachlässigung
- Passiv-aggressives Verhalten
- Es allen recht machen wollen (*People Pleasing*)
- Kinder schlagen

In einigen Familien sind mehrere dieser Probleme vorhanden, aber schon eines davon kann ausschlaggebend dafür sein, wie Menschen im Erwachsenenalter Beziehungen führen.

Wie Kindheitsthemen Partnerschaften beeinflussen

Harville Hendrix, Ph.D., und Helen LaKelly Hunt, Ph.D., haben die Imago-Therapie entwickelt, die Paaren hilft, damit umzugehen, wie Kindheitsverletzungen die Art und Weise, wie sie in Verbindung zu ihrem Partner treten, beeinflussen. Wenn eine der Personen in einer Partnerschaft Verletzungen aus der Kindheit mit sich herumträgt, kann dies Anlass zu unrealistischen Erwartungen an die Partnerschaft sein. Die Probleme, die Menschen mit ihrem Partner oder ihrer Partnerin erleben, haben ihren Ursprung in der Regel in der Kindheit. Das erklärt die emotionale Intensität, wenn man diese Themen zu bearbeiten versucht.

Nehmen wir beispielsweise Derrick, der als Kind von seiner Mutter verlassen wurde. Als Erwachsener sabotierte er unbewusst seine Beziehungen, indem er seine Partnerinnen betrog und ihnen Zuneigung vorenthielt. Die Vorstellung, eine feste Bindung einzugehen und sich verletzlich zu zeigen, machte Derrick Angst, weil er sich davor fürchtete, verlassen zu werden. Er fand es sicherer, sich nicht zu sehr einzulassen und keine tiefen Bindungen aufzubauen.

Ihr Partner kann nicht die tiefen Wunden heilen, die Ihre Kindheitstraumata hinterlassen haben, aber er oder sie kann Ihnen bei der Heilung zur Seite stehen. Andererseits können Partner auch Traumawunden triggern, indem sie vertraute traumatische Erlebnisse wieder aufleben lassen. Wenn Sie beispielsweise mit Eltern aufgewachsen sind, die Sie mit Schweigen bestraft haben, wenn sie aufgebracht waren, kann es Verlustängste in Ihnen auslösen, wenn Ihr Partner Sie ähnlich behandelt. Um den Kreislauf zu durchbrechen ist es wichtig sich bewusst zu machen, welche Kindheitsthemen sich in Ihren erwachsenen partnerschaftlichen Beziehungen zeigen.

Großelternfamilien

Hierbei handelt es sich um Familien, denen eher die Großeltern vorstehen als die Eltern. In den USA wachsen 2,5 Millionen Kinder bei den Großeltern auf – in der Regel, weil ihre erwachsenen Kinder Probleme mit Drogen oder Alkohol haben, über keinen festen Wohnsitz verfügen oder beim Militär sind.

Großeltern, Onkel, Tanten und andere Familienmitglieder können Liebe und Unterstützung geben, aber sie können die biologischen Eltern nicht ersetzen. Auch wenn Eltern kein Teil des alltäglichen Lebens sind, ist die Rolle, die sie für ihr Kind spielen, essenziell wichtig. Wenn ein Elternteil im Leben eines Kindes fehlt, fragt sich das Kind, wie es mit einem solch tiefen Verlust umgehen soll. Selbst wenn es innerhalb der eigenen Familie oder bei

Adoptiveltern in den denkbar besten Verhältnissen aufwächst, kann es sich immer noch danach sehnen, seine biologischen Eltern kennenzulernen oder eine Beziehung zu ihnen zu haben.

Es gibt einen entscheidenden Unterschied zwischen dem Großziehen eines Enkelkindes und dem Unterstützen eines Enkelkinds, das zusätzliche Hilfe benötigt.

Ein Enkelkind großzuziehen, beinhaltet unter anderem:

- Verantwortung für die medizinische Versorgung
- Übernahme aller Entscheidungen
- Schaffen einer sicheren Umgebung für das Kind
- Finanzielle Unterstützung des Kindes
- Setzen von Erwartungen an das Kind

Ein Enkelkind zu unterstützen, beinhaltet unter anderem:

- Bereitstellen von Kinderbetreuung, wenn sie benötigt wird
- Teilnahme an außerschulischen Aktivitäten
- Geschenke kaufen
- Ratschläge geben, wenn sie gebraucht oder erfragt werden
- Aufrechterhalten der Erwartungen der Eltern

Oft sind Kinder bei Verwandten besser untergebracht als in Pflegefamilien. Kinder suchen von Natur aus Verbindung zu ihren Eltern. Am Höhepunkt der COVID-19-Pandemie gab es starke Bedenken wegen Kindern, die von älteren Erwachsenen betreut wurden – der Bevölkerungsgruppe, die das höchste Risiko hatte, sich anzustecken und schwer zu erkranken. Unterstützung ist gut für das Wohlbefinden von Kindern, weshalb Großeltern ein gesunder Teil des Lebens eines Kindes sein können. Aber wenn die Eltern fehlen, kämpfen Kinder oft mit einem Gefühl des Verlassenseins. Großeltern, die ihre Enkel großziehen, leiden häufiger unter Gesundheitsproblemen, Depressionen und haben beschränkte finanzielle Mittel, weil ihnen weniger Einkommen zur Verfügung steht.

Was ist Ihnen passiert?

Erkenntnis befreit uns davon, Muster zu wiederholen. Ihre eigene Geschichte zu verstehen ist ein Prozess, der Zeit braucht – und Ihre Geschichte entwickelt sich immer weiter. Als ich schon lange erwachsen war, sah ich im Kabelfernsehen einen Film, durch den ich mich an ein traumatisches Erlebnis in meinem Leben erinnerte. In dem Film ging es um Übergriffe bei Teenager-Dates, und ich erinnerte mich daran, dass ich Zeugin war, wie ein Familienmitglied von einem Freund mit dem Auto angefahren wurde. Ich war völlig verblüfft darüber, wie deutlich die Szene plötzlich in meinem Kopf hochkam. Dieses Ereignis hatte mich auf eine Weise geformt, die mir zuvor nicht bewusst gewesen war. Ich reagiere beispielsweise sehr sensibel darauf, wenn jemand auch nur das kleinste bisschen lauter spricht. Was ist Ihre Geschichte?

Erkenntnis befreit uns davon, Muster zu wiederholen.

ÜBUNG

Schnappen Sie sich Ihr Notizbuch oder ein Stück Papier, und beantworten Sie für sich die folgenden Fragen:

- Welche Muster haben Sie wiederholt? Nutzen Sie die Liste von meiner Instagram-Umfrage auf Seite 78 f. als Anhaltspunkt.
- Aus welchen Mustern wollen Sie ausbrechen?
- Denken Sie an ein Ereignis, bei dem Sie Probleme hatten, Ihre Gefühle zu verbalisieren.

KAPITEL 5

GENERATIONSÜBERGREIFENDE TRAUMATA

Donald stammte aus einer Familie von Alkoholikern – sein Großvater, Vater und zahlreiche Onkel waren alkoholabhängig, und nun er selbst. Mit nur zwölf Jahren trank er zum ersten Mal Alkohol. Nur wenn er betrunken war, konnte Donald sich entspannen und die Probleme zu Hause vergessen. Seine Familie war so sehr in ihr eigenes Chaos verstrickt, dass es ihr erst auffiel, als er mit siebzehn bereits täglich trank.

Donald hatte früher nur schwer Kontakt zu seinem Vater gefunden. Das änderte sich, als sie Saufkumpane wurden. Über das gemeinsame Interesse am Trinken bauten sie eine Verbindung zueinander auf.

Nachdem Donalds zweite Frau gedroht hatte ihn zu verlassen, wenn er sich keine Hilfe suchen würde, begann er mit ihr zusammen eine Paartherapie. Leider sah er nicht ein, dass er ein Problem hatte. Er sah sich als „funktionierenden Alkoholiker", der finanziell gut für seine Familie sorgte und nur abends und am Wochenende trank. Er war weder ständig betrunken wie sein Vater noch arbeitslos wie seine Onkel. Donald war der Ansicht, jederzeit mit dem Trinken aufhören zu können, wenn er wollte. Aber er wollte noch nicht damit aufhören, obwohl es Probleme mit der Familie verursachte. Seine Freizeit verbrachte er damit, zusammen mit seinem Vater oder Freunden zu trinken. In unseren Therapiesitzungen wurde deutlich, dass er seine Frau und ihr gemeinsames Kind liebte, sich aber dennoch nur schwer von seinem ständigen Begleiter – dem Alkohol – trennen konnte.

Erst als seine Frau ihre Drohung wahrmachte und ihn zusammen mit dem Kind verließ, war Donald bereit, seine Geschichte und sein Verhältnis zum Alkohol unter die Lupe zu nehmen.

Er stellte sich die folgenden Fragen:

- Auf welche Weise beeinflusst der Alkohol mein Leben?
- Wie sieht meine Familiengeschichte mit Alkoholmissbrauch aus?
- Was ist im Zusammenhang mit Alkohol problematisch?
- Kann ich mein Verhältnis zum Alkohol allein ändern oder benötige ich Unterstützung?
- Auf welche Weise hilft mir Alkohol, besser im Leben zurechtzukommen?

Manchmal fällt der Apfel nicht weit vom Stamm

In seinem Buch *Depression Is Contagious: How the Most Common Mood Disorder Is Spreading Around the World and How to Stop It* (nicht auf Deutsch erschienen, Anm. d. Verlags) schreibt Michael D. Yapko, dass die Kinder von Eltern, die unter Depressionen leiden, mit einer dreifach erhöhten Wahrscheinlichkeit selbst an Depressionen erkranken. Eltern sind Rollenvorbilder für ihre Kinder, und Kinder greifen sowohl ihre positiven als auch ihre negativen Eigenschaften auf. Wenn Eltern stark mit den eigenen Problemen beschäftigt sind, überlassen sie die Kinder oft sich selbst mit so gut wie keiner Begleitung. Viele Kinder, deren Eltern nicht wirklich verfügbar sind, leiden unter einem Gefühl chronischer Einsamkeit. Für Donald war Trinken die einzige Möglichkeit, mit seinem Vater in Kontakt zu treten.

Zu Beginn meiner Laufbahn als Therapeutin arbeitete ich mit Eltern und Kindern im Pflegefamilien-Umfeld. Die Schwere der Vernachlässigung und wie gut sich die Eltern an die Bedingungen der Therapie hielten, war ein ausschlaggebender Faktor dafür, ob die Kinder wieder nach Hause durften oder in den Pflegefamilien verblieben. Bei rund 39 Prozent der Kinder, die aus ihren Familien genommen werden, sind Probleme mit Drogen und Alkohol der Grund. In vielen Fällen geht der Substanzmissbrauch der Eltern mit Traumata und unbehandelten psychischen Problemen wie posttraumatischen Belastungsstörungen (PTBS) oder Depressionen einher. Menschen, die unter PTBS leiden, greifen dreimal so oft zu Alkohol oder Drogen, und ein Drittel aller, die mit Depressionen zu kämpfen haben, ist drogen- oder alkoholabhängig. Therapeuten, die Süchtige betreuen, haben es oft mit Familienproblemen, Bewältigungsverhalten, Traumata und psychischen Problemen zu tun. Wenn Kinder bei Eltern aufwachsen, die Substanzen missbrauchen, lernen sie dies als Bewältigungsstrategie kennen. In dysfunktionalen Familien wird das Chaos häufig ertragen, indem man Substanzen benutzt, um emotionalen Schmerz zu betäuben oder zu ignorieren.

Klinische Kriterien für Substanzmissbrauch

Personen gelten als alkohol- oder drogenabhängig, wenn innerhalb eines Zeitraums von zwölf Monaten zwei der nachfolgenden Kriterien zutreffen:

1. Einnahme von Substanzen in einer höheren Menge als gewollt oder als es noch als ungefährlich angesehen wird
2. Wunsch, den Konsum von Substanzen einzuschränken, bei gleichzeitiger Unfähigkeit, dies zu tun
3. Hoher Zeitaufwand, um Substanzen zu beschaffen und zu konsumieren beziehungsweise sich vom Konsum zu erholen
4. Unkontrollierbarer Drang, Substanzen zu konsumieren
5. Unfähigkeit, zu Hause, in der Schule oder bei der Arbeit zu funktionieren aufgrund des Missbrauchs
6. Anhaltender problematischer Konsum von Substanzen sogar trotz nachweislicher Schäden
7. Vernachlässigen oder Aufgeben von Freizeitaktivitäten, Arbeit oder sozialer Aktivitäten aufgrund des Substanzmissbrauchs

8. Sich selbst und andere in Gefahr bringen, um an Substanzen zu kommen
9. Konsum von Substanzen trotz daraus resultierender kognitiver oder psychischer Probleme.
10. Konsumieren von Substanzen in immer höheren Mengen, um die gewünschte Wirkung zu erzielen
11. Entzugserscheinungen sind vorhanden und können nur durch Substanzkonsum gelindert werden

Auf der Grundlage dieser Kriterien, die in der fünften Auflage von *The Diagnostic and Statistical Manual of Mental Disorders* (Standardsystem der psychiatrischen Klassifikation in den USA, das dort eine zentrale Rolle bei der Definition von psychischen Erkrankungen spielt. Anm. d. Verlags) aufgeführt werden, kann eine milde Abhängigkeit diagnostiziert werden, wenn zwei oder drei Symptome auftreten, oder auch eine mittlere Abhängigkeit bei vier bis fünf Symptomen und eine hohe bei sechs oder mehr Symptomen.

Eltern, die sich nicht mit ihrem eigenen Familientrauma auseinandergesetzt haben, traumatisieren häufig bewusst oder unbewusst die eigenen Kinder. Fehlendes Problembewusstsein sorgt dafür, dass Kreisläufe sich wiederholen. Sowohl genetische als auch Umwelteinflüsse können die Wahrscheinlichkeit von Substanzmissbrauch und des Auftretens psychischer Probleme erhöhen.

Fehlendes Problembewusstsein sorgt dafür, dass Kreisläufe sich wiederholen.

Was ist ein generationsübergreifendes Trauma?

Man hat herausgefunden, dass die Nachkommen von Holocaust-Überlebenden höhere Stresshormonpegel aufweisen. Wenn Traumata nicht bearbeitet werden, bleiben die Auswirkungen auch in den nachfolgenden Generationen spürbar. Wiederholtes ungesundes Verhalten und schlechte Bewältigungsstrategien können ihre Ursache in generationsübergreifenden Traumata haben.

Bei Menschen, die Traumata erlebt haben, ist die Stressreaktivität häufig erhöht. Dies ist nicht immer biologisch bedingt, sondern kann auch aus Umweltfaktoren und erlerntem Verhalten resultieren. Generationsübergreifende Traumata können jeden treffen, und Familien, in denen Mitglieder rassistische Ungleichheit, Missbrauch oder Vernachlässigung erlebt haben, sind dafür besonders anfällig.

Generationsübergreifende Traumatisierungen können sich in Form von PTBS-ähnlichen Symptomen wie extremer Wachsamkeit, Ängsten, Panik, Stimmungsschwankungen und Depressionen zeigen. Bei Eltern, die in ihrer Kindheit stark traumatisiert wurden, besteht eine höhere Wahrscheinlichkeit, dass ihre Kinder Verhaltensprobleme aufweisen. Die Epigenetik widmet sich der Erforschung von Veränderungen in der Genexpression. Auch Autoimmun- und andere chronische Erkrankungen wurden bereits mit generationsübergreifenden Traumata in Verbindung gebracht. Jüngste Studien beschäftigen sich damit, auf welche Weise epigenetische Faktoren damit zusammenhängen, wie traumatische Ereignisse Trauma-Überlebende prägen und wie solche Prägungen über die Generationen weitergegeben werden.

Situationen, die generationsübergreifende Traumata auslösen können:

- Emotionale oder physische Vernachlässigung
- Sexueller Missbrauch und Gewalt
- Parentifizierung (Kinder übernehmen Erwachsenenrollen)
- Häufige Umzüge
- Bei suchtkranken Eltern aufwachsen
- Nicht mit einem oder beiden leiblichen Elternteilen aufwachsen
- Häusliche Gewalt
- Aufwachsen in einem unsicheren Umfeld
- Finanzielle Unsicherheit
- Toxische Co-Elternschaft

Das sogenannte „posttraumatische Sklavensyndrom" (PTSS) ist eine von Dr. Joy DeGruy entwickelte Theorie, bei der es um die Auswirkungen der Sklaverei auf die Nachkommen früherer Sklaven geht. In ihrem Buch *Post Traumatic Slave Syndrome: America's Legacy of Enduring Injury and Healing* sieht DeGruy PTTS als das Ergebnis ungelöster posttraumatischer Belastungen, die auf der Erfahrung der Versklavung beruhen und bis zum heutigen Tag von Generation zu Generation weitergegeben werden, zusammen mit der Belastung durch entsprechende Vorurteile (beispielsweise in Form rassistischer Mikroaggressionen). Dies zeigt sich als psychisches, spirituelles, emotionales und Verhaltenssyndrom, das ein geringeres Selbstwertgefühl, beständige Wut oder auch verinnerlichte rassistische Überzeugungen zur Folge hat.

Wie sich Trauma in zukünftigen Generationen zeigen kann:

- Probleme mit Substanzmissbrauch
- Riskantes Sexualverhalten
- Scham
- Dysfunktionale Familienmuster
- Häusliche Gewalt
- Ungesunde Beziehungen
- Selbstsabotage
- Schlafprobleme
- Ungesunde Grenzen
- Psychische Probleme
- Co-Abhängigkeit
- Emotionale Probleme
- Essstörungen

Häufig auftretende generationsübergreifende dysfunktionale Muster

Verbaler Missbrauch

Lori ging sehr ungern zu Familientreffen im Haus ihrer Kusine, weil diese immer über ihre erwachsenen Kinder herzog, als ob sie gar nicht ihre wären. Sie bezeichnete sie als faul und dumm und oft kam es zu lauten Streitigkeiten mit ihnen. Es verunsicherte Lori, dass niemand eingriff und den Streit schlichtete. Auch Großmutter und Tanten schimpften ständig nur über ihre Kinder.

Verrat und Intrigen

Tonyas Mutter und Tante hassten einander. Tonya hoffte, dass das Verhältnis zwischen ihr und ihrer Schwester anders sein würde, aber ihre Schwester war alles andere als nett zu ihr und versuchte, Tonyas Beziehungen zu anderen Familienmitgliedern zu untergraben. Die Mutter sagte oft, dass das Verhältnis zwischen beiden sie an ihre Beziehung zu ihrer eigenen Schwester erinnere.

Klatsch und Tratsch

Bei Familientreffen der Familie Davis war es gang und gäbe, über das Gewicht einer Person, den Beziehungsstatus oder andere Dinge zu lästern, sobald diese den Raum verließ. Abschätzig über andere zu reden war so normal, dass es ein vorausgesetzter und fester Bestandteil der Familiengespräche war. Als Tanisha sich weigerte, mit einer Gruppe von Cousins über den Gefängnisaufenthalt ihres Bruders zu reden, entstand eine unangenehme Situation. Sie erinnert sich, dass Ihre Mutter Dinge aus der Familie überall herumerzählte und ihre Meinung dazu kundtat.

Schwierigkeiten, Gefühle auszudrücken

Janes Vater sagte ihr nie, dass er sie liebte. Ihre Großmutter war eine schwierige Frau, und Jane wurde nahezu ihre gesamte Kindheit von ihr ferngehalten. Sie konnte sich nur vorstellen, welche Art von Mutter ihre Großmutter für den Vater gewesen war.

Andere Möglichkeiten, wie generationsübergreifende Traumata Familien beeinflussen

- Sucht
- Familien mit nur einem Elternteil
- Schlechte Bewältigungsstrategien
- Chronische Gesundheitsprobleme
- Beziehungsprobleme zwischen Müttern und Töchtern
- Beziehungsprobleme zwischen Vätern und Söhnen
- Beziehungsprobleme zwischen Geschwistern
- Missbrauch oder Vernachlässigung auf sexueller, körperlicher oder emotionaler Ebene

Der Kreislauf setzt sich fort

Generationsübergreifende Zyklen bezeichnen Probleme, die von mehreren Familienmitgliedern über mehrere Generationen hinweg erlebt werden. Vielleicht konnten Sie in Ihrer eigenen Familie beobachten, wie Tanten, Onkel, Cousins und Cousinen die gleichen ungesunden Familienmuster wie ihre Eltern und Großeltern wiederholten. Wir alle kennen den Spruch: „Man kann nicht geben, was man selbst nicht bekommen hat." Er erklärt, warum es Eltern oft so schwerfällt, sich von überlieferten Familienmustern zu lösen. Sie *können* jedoch neue Verhaltensweisen lernen und umsetzen – mit dem nötigen Wissen, Erkenntnissen und den richtigen Werkzeugen. Da frischgebackene Eltern kein Handbuch bekommen, kann es ein Weilchen dauern, neue Fähigkeiten zu entwickeln. Einigen fehlt schlichtweg das notwendige Werkzeug, um ihre Kinder zu umsorgen und zu unterstützen. Auch wenn man häufig hört, dass das Großziehen eines Kindes nichts anderes erfordert als „gesunden Menschenverstand“, ist dieser doch nicht bei allen gleich ausgeprägt.

In den meisten Buchläden finden Sie mindestens einen Gang, der Büchern über Erziehung gewidmet ist. Eltern brauchen Werkzeuge und Bewältigungsstrategien, um den Anforderungen der Aufgabe gerecht zu werden. Ohne die richtigen Werkzeuge werden einige die eigenen Eltern imitieren und die dysfunktionalen Muster am Leben erhalten. Eine Frau erzählte mir einmal, dass sie stets Zucker in ihre Spaghetti-Soße gebe. Gefragt warum sie dies tat, gab sie zur Antwort, ihre Mutter habe das auch immer so gehalten. Als sie ihre Mutter nach dem Grund fragte, fand sie heraus, dass diese es wiederum von ihrer Mutter übernommen hatte. Keiner kannte einen wirklichen Grund für die Zutat. Ich erzählte ihr später, dass der Zucker die Säure der Tomaten mildert und dass die meisten Menschen aus diesem Grund Zucker in eine Tomatensoße geben. Das Beispiel soll zeigen, dass wir bestimmte Dinge endlos in Familien wiederholen, wenn wir nicht zu hinterfragen beginnen, ob ein Verhalten sinnvoll ist oder nicht. Das Hinzufügen von Zucker in unserem Beispiel hat Sinn, andere Dinge, die wir ohne nachzudenken übernehmen, oft aber nicht.

Kleinreden und Leugnen

In vielen Familien werden generationsübergreifende Traumata zu bewältigen versucht, indem sie kleingeredet oder geleugnet werden. Üblicherweise dienen ungesunde Bewältigungsstrategien als Mittel, das Trauma hinter sich zu lassen. Das Ignorieren von Leid sorgt aber nicht nur für verstärkte Probleme in der aktuellen Familie, sondern legt auch den Grundstein für schädliche Muster in zukünftigen Generationen.

Typische Formulierungen, wenn etwas kleingeredet wird, sind beispielsweise:

„So schlimm war es gar nicht.“

„So etwas hat doch jeder schon einmal erlebt."
„Es hat uns nicht geschadet."
„So etwas kann eben passieren."
„Wir müssen stark sein und es hinter uns lassen."
„Lassen wir die Vergangenheit ruhen."
„Das sind Probleme von gestern."

Typische Formulierungen, wenn etwas geleugnet wird, sind beispielsweise:
„Es ist doch gar nichts passiert."
„Darüber sprechen wir nicht."
„Ich möchte nicht darüber sprechen."
„Ich kann mich nicht mehr daran erinnern." (um vom Thema abzulenken)

Scham überwinden

Scham ist einer der Hauptgründe, warum Vorkommnisse kleingeredet oder geleugnet werden. Sie lässt Menschen verstummen, weil sie glauben, dass das, was ihnen passiert ist, ihre eigene Schuld ist. Aus diesem Grund schämen sie sich, über Missbrauch, Vernachlässigung und andere Traumata zu reden. Je mehr in Familien allerdings über diese Themen gesprochen wird, umso besser können sie heilen. Der entscheidende Unterschied zwischen Schuld und Scham liegt darin, dass hinter Scham der Glaube steckt „Ich bin schlecht", wohingegen Schuldgefühle mit dem Glauben einhergehen „Ich tue etwas Schlechtes". Menschen, die unter Scham leiden, werden häufig schlecht behandelt, weil sie davon ausgehen, dass andere Menschen wissen, wie „schlecht" sie sind und daher schlechte Behandlung zu verdienen glauben.

Wenn Sie sich schämen, dann hat das Auswirkungen darauf, wie Sie sich selbst sehen und mit der Welt in Kontakt treten. Womöglich machen Sie sich Sorgen, wenn die Dinge gut laufen, weil Sie glauben, dass Ihre Familiengeheimnisse irgendwann doch ans Tageslicht kommen oder andere Ihre Geschichte nicht verstehen.

Affirmation zum Überwinden von Scham

Ich bin *nicht* das Produkt meiner Umgebung. Ich bin das Produkt der Entscheidungen, die ich in diesem Moment treffe. Manchmal werden diese Entscheidungen durch mein Umfeld beeinflusst. Es liegt jedoch immer an mir zu entscheiden, wer ich sein will. Ich kann anders als mein Umfeld sein. Das wird vielleicht nicht leicht, aber ich kann es schaffen.

ÜBUNG

Schnappen Sie sich Ihr Notizbuch oder ein Stück Papier, und beantworten Sie für sich die folgenden Fragen:

- Welche Familiengeheimnisse haben Sie kleingeredet oder ignoriert?
- Auf welche Weise sind Sie von generationsübergreifenden Traumata betroffen?
- Haben Sie sich jemals wegen Ihrer Familiengeschichte geschämt?

TEIL 2

HEILUNG

KAPITEL 6

DYSFUNKTIONALITÄT DURCHBRECHEN

Kelly hatte eine schwierige Beziehung zu ihrem Bruder Jeff. Er hatte eine scharfe Zunge, war es gewohnt, die gesamte Familie zu manipulieren und benahm sich so, als müsse ihm die Welt zu Füßen liegen. Die anderen beiden Geschwister hatten den Kontakt zu ihm schon vor einiger Zeit abgebrochen und weigerten sich sogar, Kellys Haus zu betreten, wenn Jeff zu Besuch war. Trotzdem gab Kelly ihren Bruder nicht auf, weil sie das Gefühl hatte, er habe außer ihr niemanden. Obwohl Jeff sie ein ums andere Mal kränkte, erhielt sie die Beziehung aufrecht, in der Hoffnung, dass er sich ändern würde.

Im Rahmen der Therapie beschäftigte sie sich mit der Frage, warum es ihr so schwerfiel, den Kontakt zu Jeff abzubrechen, obwohl er sie schlecht behandelte und sie wusste, dass sie ohne ihn besser dran wäre. Sie hatte ihm bereits klarzumachen versucht, dass sein Verhalten der Grund für seine Schwierigkeiten war, aber er blieb stur bei seiner Überzeugung, dass stets die anderen Schuld waren. Wann immer sie eine andere Meinung als er vertrat, blockte er ab und begann sie zu beschimpfen.

Kelly und Jeff waren altersmäßig nur wenige Jahre auseinander und hatten als Kinder viel gemeinsam. Das änderte sich als sie erwachsen wurden. Sie waren ohne Vater aufgewachsen, sodass Kelly sich fragte, ob hier wohl eine Ursache für Jeffs Verhalten lag. In der Schule war er nie gut gewesen, und er verlor immer wieder seine Arbeit.

Kelly beneidete ihre Geschwister, weil es ihnen gelungen war, die Beziehung zu Jeff zu kappen. Sie gab offen zu, dass sie nur an ihm festhielt, weil er ihr Bruder war. Doch obwohl sich alles in ihr zusammenzog, wenn er wieder anrief, um sie zu beschimpfen und kleinzumachen, fühlte Kelly sich ihm weiterhin verpflichtet.

Veränderungen sind schwer – und lohnen sich

Häufig fühlt es sich leichter an, wenn man die Dinge einfach laufen lässt, aber es bedeutet auch, dass man steckenbleibt. Die Erkenntnis, dass es ein Problem gibt, ist nur die Spitze des Eisbergs, und bedeutet womöglich, dass noch eine lange Strecke vor Ihnen liegt. Wandel tritt meist dann ein, wenn es uns so sehr reicht, dass wir etwas anderes beginnen. Wenn eine Beziehung uns frustriert, uns verletzt oder auslaugt, bedeutet das noch nicht, dass wir eine Veränderung anstoßen. Es bedeutet einfach nur, dass wir etwas fühlen.

Die Dynamiken einer Beziehung zu verändern ist vergleichbar mit dem Ändern einer Gewohnheit. Für Kelly könnte das beispielsweise so aussehen:

- Jeffs Anrufe nicht gleich annehmen, sondern ihn auf den Anrufbeantworter sprechen lassen, damit sie zurückrufen kann, wenn sie dazu bereit ist.
- Jeff sagen, dass sie seine Probleme mit anderen versteht, jetzt aber gerne über etwas anderes reden würde.
- Den Glaubenssatz überdenken, dass nur sie allein Jeff helfen kann.
- Jeff seine Probleme allein bearbeiten lassen, ohne Lösungen anzubieten.
- Jeff wissen lassen, welche Themen tabu sind, wie beispielsweise Schimpftiraden über Eltern oder Geschwister.

Anstatt mehr Toleranz für andere aufzubringen, ist es vielleicht an der Zeit, dass Sie Dinge verändern, die Sie nicht länger tolerieren möchten. Ich werde häufig gefragt, wie man lernen kann, nicht erwünschtes Verhalten zu tolerieren. Meist klingt das ungefähr so:

- „Wie gehe ich damit um, dass meine Mutter eifersüchtig auf mich ist? Immer wenn ich gute Neuigkeiten habe, bekomme ich ein zweifelhaftes Kompliment von ihr zu hören."
- „Wie gehe ich damit um, dass meine Schwester mich wie ein Kind behandelt?"
- „Wie gehe ich damit um, dass mein Vater betrunken auf Familienfeiern aufkreuzt?"

Wann immer ich „damit umgehen" höre, weiß ich, dass jemand ein im Grunde intolerables Verhalten zu tolerieren versucht. Der Versuch, mit ungesunden Verhaltensweisen klarzukommen, schafft Verbitterung, nicht Geduld. Wir können andere schlichtweg nicht ändern, und deshalb beschließen viele von uns, die Dinge einfach so laufen zu lassen und sich damit zu arrangieren, denn das ist leichter als sich selbst zu ändern.

Der Versuch, mit ungesunden Verhaltensweisen klarzukommen, schafft Verbitterung, nicht Geduld.

Stadien der Veränderung

Wenn Menschen eine Therapie beginnen, befinden sie sich in der Regel noch im Stadium der Absichtslosigkeit. Sie spüren die Auswirkungen von Problemen in ihrem Leben, sind sich aber noch nicht sicher, wo die Ursache liegt. Menschen leiden häufig unter Ängsten, Depressionen und anderen psychischen Problemen, ohne zu verstehen, was sich hinter den Symptomen verbirgt.

Nachdem sie Veränderungsprozesse in dysfunktionalen Familien untersucht hatten, entwarfen die Psychologen James Prochaska und Carlo DiClemente ein Modell, das abbildet, auf welche Weise in Menschen die Bereitschaft entsteht, langjährige Muster zu durchbrechen (das sogenannte „Transtheoretische Modell", Anm. d. Verlags). Ich habe das Modell genommen und entsprechend angepasst.

STADIEN DER VERÄNDERUNG

AUFRECHTERHALTUNG

- Veränderungen sind konsequent
- Ihre Gefühle bestimmen nicht länger darüber, was Sie zulassen

⬆

HANDELN

- Bedürfnisse werden geäußert
- Sie beginnen, sich selbst zu verändern und versuchen nicht mehr, die andere Person zu ändern

⬆

VORBEREITUNG

- Testen kleinerer Veränderungen
- Veränderungen sind noch nicht konsequent
- Versuche, die andere Person davon zu überzeugen, sich zu ändern
- Probleme werden stärker angesprochen

⬆

ABSICHTSBILDUNG

- Überdenken des Wertes von Veränderungen
- Gemischte Gefühle
- Schuldgefühle

⬆

ABSICHTSLOSIGKEIT

- Die Probleme sind nicht bewusst
- Die Probleme werden überspielt
- Es wird nach Entschuldigungen gesucht

Absichtslosigkeit

In diesem Stadium der Veränderung sind wir uns in der Regel des Problems nicht bewusst, auch wenn es Anzeichen dafür gibt, dass etwas nicht stimmt. Meist fühlen wir uns in diesem Stadium gereizt, hoffnungslos und machtlos. Wir leugnen das Problem oder erfinden Ausreden, weil wir resignieren und keine Hoffnung haben, dass die Situation sich ändern könnte.

Folgende Indikatoren können in Familien auf dieses Stadium hinweisen:

- Die Erwartung, dass Menschen sich anders verhalten, obwohl weder wir noch die andere Person sich verändert hat.
- Menschen eine dritte, vierte, oder fünfte Chance geben, sich anders zu verhalten.
- Sich andauernd wiederholen, in der Hoffnung, dass bei der anderen Person der Groschen fällt.

Absichtslosigkeit kann beispielsweise so klingen:

- „Ich fühle mich von meinem Bruder ausgenutzt, aber das war eigentlich schon immer so."
- „Meine Eltern können mit meinem wahren Ich nicht umgehen, sie sehen immer nur das, was sie sehen wollen."
- „Meine Schwester behandelt mich immer wie ein Baby. Sie kapiert einfach nicht, dass ich längst erwachsen bin."
- „Ich muss eine bessere Möglichkeit finden, mit den kritischen Kommentaren meiner Großmutter umzugehen. Sie meint es ja im Grunde nicht so."

Absichtsbildung

In diesem Stadium baut sich ein Bewusstsein auf. Wir beginnen die Dinge so zu sehen, wie sie sind. Uns ist nun bewusst, wo das Problem liegt, was zu widerstreitenden Gefühlen wie Ambivalenz, Schuldgefühlen, Scham und Bedauern führt. Wir beginnen die möglichen Vorteile einer Veränderung zu erkunden – wie die Dinge für die Beziehung, die andere Person und uns selbst besser laufen könnten.

In dysfunktionalen Beziehungen sind nicht immer alle der gleichen Meinung darüber, welche Verhaltensweisen ungesund sind. Leugnen ist für viele Menschen die einzige Möglichkeit, die sie kennen, um ihr Leben ungehindert fortzuführen. Ein Problem zu ignorieren, um den Frieden in der Familie zu wahren, ist eine bedauerliche Norm. Wenn wir es uns bewusst machen, kann dies wiederum Angst einflößen, weil wir die Situation anders betrachten und uns verändern müssen.

Zehn Gründe, warum Sie in ungesunden Beziehungen bleiben könnten

1. Sie warten darauf, dass die „guten Zeiten" wiederkommen.
2. Sie haben immer noch die Hoffnung, dass die andere Person sich ändern könnte.
3. Sie können sich ein Leben ohne die andere Person nicht vorstellen.
4. Ihnen fehlen die finanziellen Mittel, um die andere Person zu verlassen.
5. Sie glauben, Loyalität bedeutet, dass man bleiben muss – egal, was geschieht.
6. Sie glauben nicht, dass die andere Person ohne Sie zurechtkommt.
7. Sie haben Angst, eine falsche Entscheidung zu treffen.
8. Sie warten darauf, dass die andere Person die Beziehung beendet.
9. Sie möchten andere nicht verletzen, die von einer Veränderung mitbetroffen sind.
10. Sie sind des Ganzen noch nicht überdrüssig genug.

Viele Menschen beginnen eine Therapie im Stadium der Absichtsbildung – und oft endet sie hier auch. Über Veränderungen nachzudenken ist leichter, als diese tatsächlich vorzunehmen, insbesondere wenn es um unsere Familie geht. Im therapeutischen Kontext kann sich die Phase der Absichtsbildung über Jahre hinziehen. Das mag frustrierend klingen, aber Therapeuten haben akzeptiert, dass sie sich mit ihren Klienten so lange dort aufhalten müssen, bis diese bereit sind ins Handeln zu kommen.

Als junge Therapeutin nahm ich es noch persönlich, wenn meine Klienten und Klientinnen nicht vorwärtskamen. Heute weiß ich, dass viele von uns in irgendeiner Situation feststecken. Ich möchte Ihnen dabei helfen, wieder in Bewegung zu kommen.

Innerhalb der Familie kann Ambivalenz Sie tatsächlich davon abhalten, gesunde Veränderungen vorzunehmen, die Ihnen und dem gesamten Familiensystem zugutekommen.

Erste Ansätze einer Absichtsbildung könnten beispielsweise sein:

„Mein Bruder nimmt sich zu viel heraus."

„Meine Eltern lieben mich und sollten wissen, wer ich wirklich bin."

„Ich bin kein Baby mehr."

„Die Bemerkungen meiner Großmutter sind schmerzlich für mich."

Wenn Sie im Stadium der Absichtsbildung feststecken, sollten Sie über Folgendes nachdenken:

- Inwieweit können sich Veränderungen positiv auf Ihre geistige und emotionale Gesundheit auswirken?
- Was geben Sie alles auf, damit sich nichts ändert?
- Wer profitiert davon, wenn Sie nichts verändern?
- Inwieweit schaden Sie sich selbst, wenn Sie Ihre Bedürfnisse leugnen?

Vorbereitung

In diesem Stadium beginnen Sie mit kleinen Veränderungen zu experimentieren. Anstatt es beispielsweise Ihrem Bruder zu gestatten, dass er Witze darüber reißt, wie Sie bei einer Übernachtung bei Freunden nachts ins Bett gemacht haben, könnten Sie sagen: „Hör auf, darüber Witze zu reißen. Es ist peinlich, nicht witzig." Es fehlt wahrscheinlich noch an Konsequenz, wenn Sie beginnen, Ihre Rolle in der Beziehung und das, was Sie den anderen zu erlauben bereit sind, zu verändern. Veränderungen sind hart, aber sie können positive Auswirkungen haben.

In diesem Stadium kommt es häufig vor, dass man sich etwas über das Thema anzulesen beginnt, sich in Therapie begibt und Stück für Stück die eigenen Erfahrungen mit Freunden oder verständnisvollen Familienmitgliedern aufarbeitet. All das sind gute Möglichkeiten, um das eigene Erleben zu validieren und Kraft für das Durchstehen komplexer Veränderungen zu sammeln. Vielleicht sprechen Sie häufiger über Ihre Probleme und regen andere an, sich ebenfalls zu verändern, damit Sie nicht allein die ganze Arbeit übernehmen müssen. (Noch einmal zur Erinnerung: Sie können andere Menschen nicht ändern, aber Sie können sie dazu ermuntern, sich selbst zu ändern.)

Im Stadium der Vorbereitung sagen Sie vielleicht Dinge wie:

- „Wenn mein Bruder mich auffordert, ihm Geld zu leihen, setze ich einen festen Zeitrahmen für die Rückzahlung. Bekomme ich das Geld in diesem Zeitraum nicht, leihe ich ihm vorerst nichts mehr oder erst dann wieder, wenn er die erste Summe komplett zurückgezahlt hat."
- „Wenn meine Eltern mich mit der Person vergleichen, die ich als Kind war, werde ich sie bitten, den Menschen zu sehen und anzuerkennen, der ich heute bin."
- „Wenn meine Schwester mir ungefragte Ratschläge gibt, werde ich ihr sagen, dass ich mir wünschte, sie würde mir einfach zuhören, anstatt mir ständig zu sagen, was ich tun und lassen soll."
- „Wenn meine Großmutter wieder Bemerkungen über mein Gewicht macht, werde ich ihr sagen, dass sie das doch bitte unterlassen soll."

Handeln

In diesem Stadium reden Sie nicht länger nur mehr darüber, was Sie gern anders hätten. Sie haben akzeptiert, dass es Ihre Aufgabe ist, Ihr Leben in bessere Bahnen zu lenken, auch wenn andere Menschen sich nicht verändern wollen. Sie machen den Schritt vom Denken zum Handeln, lassen das Opferdasein hinter sich und werden konsequenter und durchsetzungsfähiger bei den Veränderungen, die Sie vornehmen. In diesem Stadium werden Sie Unterstützung benötigen, um klar zu denken, Ihre Gefühle zu verarbeiten und an den Änderungen festzuhalten.

Die Bereitschaft, ins Handeln zu kommen, kann sich in etwa so anhören:

- „Ich lasse nicht länger zu, dass mein Bruder mich ausnutzt."
- „Ich verstelle mich nicht, wenn ich bei meinen Eltern bin."
- „Ich verhalte mich in der Beziehung zu meiner Schwester wie eine Erwachsene."
- „Ich lasse nicht zu, dass meine Großmutter mich erniedrigt."

Aufrechterhaltung

Sie haben nun den höchsten Punkt der Veränderung erreicht und haben sich dazu entschieden, gesunde Beziehungen zu wählen. Es kann sein, dass Sie noch ein wenig Unbehagen verspüren, in Form von Schuldgefühlen, Scham oder Ambivalenz, aber das hält Sie nicht davon ab, sich selbst an die erste Stelle zu setzen. Die Versuchung, wieder in alte Muster zurückzufallen, ist Ihnen bewusst, aber Sie haben gelernt sie zu überwinden, indem Sie Ihr verändertes Verhalten konsequent ausüben.

Durch das kontinuierliche Praktizieren der neuen Verhaltensweisen haben Sie Ihre dysfunktionalen Gewohnheiten in einer dysfunktionalen Familie geändert. Natürlich ist dies eine fortlaufende Arbeit, denn nichts ist so beständig wie der Wandel.

Auch wenn Sie sich verändert haben, kann es vorkommen, dass Sie von Zeit zu Zeit alte Gedanken oder Verhaltensweisen wieder aufgreifen. Seien Sie in diesem Fall freundlich und nachsichtig mit sich selbst. Es ist nicht leicht, Muster hinter sich zu lassen und nicht wieder in alte Verhaltensweisen zurückzufallen. Seien Sie sich dessen bewusst, dass es ihnen nicht immer gelingen wird.

Kelly beispielsweise befindet sich in ihrer Beziehung zu ihrem Bruder Jeff im Stadium der Absichtsbildung, während ihre beiden Geschwister im Stadium der Aufrechterhaltung sind.

Es gibt keinen festen Zeitrahmen für das Durchlaufen der einzelnen Stadien, und einige von uns werden in einem bestimmten Stadium steckenbleiben. Kelly hängt noch an folgenden Fragen fest:

- Was werden andere von mir denken?
- Wer wird meinem Bruder helfen, wenn ich es nicht tue?
- Er ist mein Bruder und ich kann nicht einfach den Kontakt abbrechen.

Was werden andere von mir denken?

Häufig verbleiben wir in Situationen, weil wir Angst vor dem haben, was andere denken oder sagen werden. In einigen Gesellschaften und Kulturen ist schlechtes Verhalten gegenüber Familienmitgliedern eine akzeptierte Norm. Daher kann es ein schmerzlicher Prozess sein, anderen seine Entscheidung mitzuteilen, denn auch wenn es eine gute Entscheidung ist, werden einige Menschen sie ablehnen.

Wenn Menschen Ihre Beziehung zu Ihren Familienmitgliedern beurteilen, dann tun sie dies auf der Grundlage ihrer eigenen Erfahrungen, die von den Ihrigen abweichen können. Jeder sieht Familie durch den Filter der eigenen Erziehung sowie der Ansichten und Überzeugungen, die während seines eigenen Wachstums- und Entwicklungsprozesses entstanden sind.

Wer hilft, wenn ich es nicht tue?

Wenn Sie glauben, Sie seien die einzige Unterstützung, die ein Mensch hat, dann werden Sie es vermutlich auch bleiben. Jeder Mensch trägt die Verantwortung dafür, sich ein eigenes Unterstützungssystem aufzubauen, und wenn Sie einer Person alles abnehmen, untergraben Sie diesen Prozess womöglich.

Denken Sie daran: Wenn Sie sich ein Stück weit zurückziehen, haben andere Menschen stärker die Möglichkeit, für die von Ihnen unterstützte Person da zu sein und die Person selbst kann sich ebenfalls entwickeln.

Er ist mein Bruder und ich kann nicht einfach den Kontakt abbrechen.

Sie können jemanden lieben und sich dennoch weigern, sich von der Person schlecht behandeln und ausnutzen zu lassen, ganz gleich, in welchem Verhältnis Sie zu ihr stehen. Geschwister, Eltern, Tanten, Onkel, Großeltern sowie Cousins und Cousinen haben kein automatisches Recht darauf, Sie schlecht zu behandeln.

Denken Sie daran: Misshandlung ist kein gesundes Verhalten, unabhängig davon, welche Rolle eine Person in Ihrem Leben spielt.

Es ist Ihre Entscheidung, wer Sie als erwachsener Mensch sein wollen

Als Kind liebte ich Seifenopern. Im Titelsong der Serie *One Life to Live* (In Deutschland „Liebe, Lügen, Leidenschaften“) sang Peabo Bryson davon, dass wir nur ein Leben haben. Und das ist wahr. Sie können nur ein Leben leben, und dieses Leben muss nur einer einzigen Person gefallen – Ihnen selbst.

Als Erwachsener entscheiden Sie darüber,

- wo Sie arbeiten,
- mit wem Sie zusammen sind,
- was Sie essen,
- wer Sie zu Hause besuchen darf,
- wie Sie Ihre Zeit verbringen,
- wie Sie Ihr Kind erziehen wollen,
- wer Teil Ihres Lebens sein darf.

Das Schlimmste für mich als Kind war, ständig um Erlaubnis bitten zu müssen. Es brachte mich zur Weißglut, wenn ich erst fragen musste, ob ich ins Kino gehen durfte. Ich sehnte den Tag herbei, an dem ich einfach so weggehen und Besuche bei ungeliebten Verwandten schwänzen konnte. Die Wahl zu haben, bedeutet Freiheit. Innerhalb der Familie mag es so wirken, als hätten wir keine Wahl, aber die haben wir. Natürlich können die Entscheidungen, die wir treffen, manchmal hart sein. Aber sogar Untätigkeit ist eine Wahl, nämlich die, passiv zu bleiben. Im Erwachsenenalter wählen Sie selbst, welche Art von Leben Sie führen und welche Beziehungen Sie aufrechterhalten möchten. Sie selbst sind die Person, mit der Sie Tag und Nacht zusammen sind und mit der Sie die meiste Zeit im Leben verbringen.

Die Wahl zu haben, bedeutet Freiheit.

Wenn Sie sich dafür entscheiden, Zeit mit Ihrer Familie zu verbringen und das Verhältnis kein einfaches ist, dann denken Sie immer daran:

- Sie können Menschen so akzeptieren, wie sie sind und trotzdem ungesunde Verhaltensweisen nicht tolerieren.
- Sie selbst entscheiden, wie sehr und wie lange Sie sich mit Menschen auseinandersetzen.
- Sie entscheiden, welche Themen für Sie tabu sind.
- Sie können Kommentare zu Themen, über die Sie nicht sprechen möchten, abstellen.
- Sie müssen sich nicht auf hitzige Dialoge, Streitgespräche oder Tratsch einlassen.

Angst sollte nicht Ihr Ratgeber sein

„Ich möchte keine Kinder, weil ich nicht will, dass sie am Ende so verkorkst sind wie ich“, sagte Trisha. Ihre Mutter Doris hatte sie ihre gesamte Kindheit lang terrorisiert, und sie hatte Angst, dass sie ihren Kindern das Gleiche antun würde. Also beschloss sie, erst gar keine Kinder zu bekommen.

Menschen bleiben häufig in ungesunden Mustern stecken, weil sie Angst vor dem Unbekannten haben – den Dingen, die sie nicht steuern können und den Was-wäre-wenn-Fragen. Bewusstwerdung hilft dabei, aus Teufelskreisen auszusteigen. Und wie wäre es, wenn wir positive Was-wäre-wenn-Überlegungen anstellten statt negativen?

Negative Was-wäre-wenn-Überlegungen

„Wenn ich Kinder habe, behandele ich sie womöglich genauso schlecht wie meine Mutter mich behandelt hat.“

„Wenn ich meine Mutter bitte, dass sie mir nicht dauernd von ihren Problemen mit meiner Tante erzählt, ist sie sauer auf mich.“

„Wenn ich nicht mehr an den sonntäglichen Familienessen teilnehme, halten mich alle für komisch.“

Positive Was-wäre-wenn-Überlegungen

„Wenn ich Kinder habe, kann ich den Kreislauf der Misshandlung unterbrechen.“

„Wenn ich meine Mutter bitte, dass sie mir nicht dauernd von ihren Problemen mit meiner Tante erzählt, muss ich mir nicht länger all den negativen Kram anhören, der meine Gefühle zu einer geliebten Person beeinflusst.“

„Wenn ich nicht mehr an den sonntäglichen Familienessen teilnehme, kann ich mir aussuchen, mit welchen Familienmitgliedern ich mich einzeln treffen möchte.“

Gründe, warum wir uns für Veränderungen entscheiden

Veränderungen passieren, wenn wir einer Sache so überdrüssig werden, dass wir die Verhaltensweisen stoppen, die uns nicht guttun.

Sie sind der Sache müde

Der häufigste Grund, warum Menschen Veränderungen anstoßen, ist dass sie einer Sache müde oder überdrüssig sind. Sie wollen sich nicht länger schlecht fühlen, ständig über das gleiche Problem reden, sich über das Verhalten anderer ärgern beziehungsweise deren Unwillen, sich zu ändern. Sie haben schlicht und ergreifend die Nase voll! Wenn man der Umstände ausreichend überdrüssig ist, beginnt man sich zu verändern.

Sie haben es auf die harte Tour gelernt

Wie heißt es so schön? Durch Erfahrung wird man klug. Sobald Sie einmal verstanden haben, dass Sie in einem immerwährenden Kreislauf gefangen sind, wird Veränderung zur einzigen Option – und zwar nicht, indem Sie die andere Person verändern, sondern indem Sie sich dagegen entscheiden, immer wieder verletzt zu werden. Sie lassen den Kreislauf hinter sich.

Ihre Lebensqualität leidet massiv

Sich selbst an erste Stelle zu setzen, wird zur einzigen Möglichkeit, das Leben zu führen, das Sie führen möchten. Wenn Sie nichts tun, entscheiden Sie sich für die Dysfunktionalität.

Ein entscheidendes Ereignis ist der Auslöser

Wenn wir Eltern werden und unserem Kind nicht die gleichen Verletzungen zufügen möchten, die wir erlitten haben, dann kann das ein wichtiger Antrieb für Veränderung sein. Ein Teil des Durchbrechens generationsübergreifender Kreisläufe ist das Schützen Ihrer Kinder vor den Menschen, die Sie verletzt und sich nicht geändert haben. Ihre Kinder von der Quelle der Verletzungen fernzuhalten, ermöglicht es ihnen, den Kreislauf zu durchbrechen. Auch das Eingehen einer liebevollen Partnerschaft kann bewirken, dass sich unser Blick auf unsere familiären Beziehungen ändert. Um Ihnen wichtige Räume zu schützen, fühlen Sie sich vielleicht verpflichtet, etwas an Familienbeziehungen zu ändern, die einen schädlichen Einfluss auf Ihre Ehe, Freundschaften, die Beziehung zu Ihren Kindern, Ihre Arbeit und so weiter haben.

Häufige Gedanken, die Menschen in dysfunktionalen Systemen festhalten

- „Man kann innerhalb der Familie keine Grenzen setzen."
- „Blut ist dicker als Wasser."
- „Familienmitglieder sind die einzigen Menschen, die immer für einen da sind."
- „Niemand liebt Dich mehr als Deine Familie."
- „Das ist typisch _____ [Name des verletzenden Familienmitglieds]: man muss ihn einfach so nehmen wie er ist."
- „Was zu Hause passiert geht niemand anderen etwas an."
- „Du hast nur eine/n _____ [Name des verletzenden Familienmitglieds] – egal was er/sie getan hat, komm drüber weg."

All diese Aussagen sollen Schuldgefühle und Scham erzeugen und bringen uns so dazu, in ungesunden Beziehungen und schädlichen Glaubenssystemen steckenzubleiben. Sie berücksichtigen nicht, wie Familienbeziehungen psychische Probleme verursachen und uns klein halten können. Wer Ihnen sagt, Sie müssten schädigendes Verhalten akzeptieren, weil es ja „die Familie" ist, hat nicht Ihr

Wohl im Auge, sondern das des Systems oder versucht krampfhaft, ein heiles Bild aufrechtzuerhalten.

In den meisten Familien, sogar in eigentlich gut funktionierenden, gibt es Probleme. Der Unterschied zwischen gesunden und ungesunden Familiendynamiken liegt im Umgang mit diesen Problemen. Wenn sie vertuscht, ignoriert, totgeschwiegen oder abgeblockt werden, krankt das System. Wenn ein Problem hingegen angegangen, die verantwortliche Person zur Rechenschaft gezogen und eine Lösung gefunden wird, ist das System gesund.

Auch wenn es so etwas wie eine problemfreie Beziehung nicht gibt, sind einige Beziehungen *hoch* problematisch. Als Menschen haben wir Unstimmigkeiten, und wir alle haben unsere eigenen Herausforderungen zu bewältigen, aber diese sollten nicht Missbrauch, Vernachlässigung und fortgesetzte Gewalt beinhalten.

ÜBUNG

Schnappen Sie sich Ihr Notizbuch oder ein Stück Papier, und beantworten Sie für sich die folgenden Fragen:

- In welcher Weise haben Sie in Ihrer Familie ungesunde Verhaltensweisen verteidigt oder aufrechterhalten?
- Auf welcher Stufe des Diagramms „Stadien der Veränderung" (siehe Seite 100) befinden Sie sich aktuell in Bezug auf Ihre Familienbeziehungen?
- Was war der Grund, aus dem Sie eine Beziehung zu einem Familienmitglied geändert haben?

KAPITEL 7

GEDEIHEN, STATT NUR ZU ÜBERLEBEN

„Ich lasse mich nicht gerne länger auf jemanden ein", erzählte mir Whitney. Mit 32 Jahren wollte sie etwas an ihren Mustern verändern. Immer wenn sie jemanden kennenlernte, nahm die Romanze einen stürmischen Verlauf. Oft zog sie schon drei Monate nach dem Kennenlernen bei ihrer neuen Freundin ein, war aber bereits nach einem Jahr Beziehung gelangweilt und schaute sich nach einer neuen Partnerin um. Tief in ihrem Inneren war sie auf der Suche nach „der einen", setzte aber durch ihr Handeln ganz klar alles daran, eine langfristige Beziehung zu vermeiden.

Nach sechs Monaten fingen ihre Partnerinnen meist an, langfristige Pläne für die Beziehung zu schmieden, während Whitney sich langsam aber sicher aus ihr verabschiedete. Das teilte sie aber nicht offen mit, sodass das Ende der Beziehungen meist sehr explosiv und dramatisch verlief.

In Whitneys Kindheit stritten ihre Eltern häufig und lautstark. Als sie sechzehn Jahre alt war, ließen sie sich schließlich scheiden und hassten sich seither abgrundtief. Durch das ständige Streiten und sich wieder Versöhnen hatte Whitney nie gelernt, wie man eine stabile und gesunde Beziehung führt. Obwohl sie das Chaos in der Beziehung ihrer Eltern hasste, erzeugte sie nun in ihrem Leben ihre eigene Form davon.

Dann traf Whitney Sabrina, die ihr dieses Verhalten nicht durchgehen ließ und sie deswegen zur Rede stellte, was ihre vorherigen Freundinnen nie getan hatten. Sabrina bestand darauf, die Dinge langsam anzugehen. Als Whitney feststellte, dass die Beziehung ganz neue Seiten an ihr zum Vorschein brachte, machte ihr das Angst, und sie fühlte sich sehr verletzlich. Dennoch wollte sie der Verbindung eine Chance geben.

Sie wusste, dass sie andere Rollenvorbilder brauchte als ihre Eltern. Ihre Mutter warf ihr häufig vor, sie sei wie ihr Vater – eine Bemerkung, die Whitney hasste. Aber es war auch etwas Wahres daran. Whitney wusste, dass sie neue Muster entwickeln musste, weil die alten – Lügen, Betrügen und passiv-aggressives Verhalten – sie nicht weiterbrachten.

Whitney beschloss eine Therapie zu beginnen, weil sie wusste, dass sie Unterstützung bei der Umsetzung von Veränderungen benötigte. Jahre lang hatte sie ihre Partnerinnen für ihre Beziehungsprobleme verantwortlich gemacht. In der Therapie wurde ihr klar, dass sie an einigen der Probleme beteiligt war. Ihr wurde bewusst, dass sie ungesunde Dynamiken nachahmte, also arbeitete sie daran, dysfunktionale Muster abzulegen und zu lernen, wie man eine gesunde Beziehung führt. Wir alle können uns und unser Verhalten ändern und die in der Familie gemachten Erfahrungen hinter uns lassen.

Gedeihen, statt nur zu überleben

Ich liebe Pflanzen und bemerke stets, ob sie gedeihen (blühen, wachsen, meine Erwartungen übertreffen) oder gerade so überleben (dahinvegetieren, über die Runden kommen, existieren). Wenn Menschen in einem dysfunktionalen Umfeld aufwachsen, können sie der Dysfunktionalität erliegen, im reinen Überlebensmodus unterwegs sein oder gedeihen. Im vorigen Kapitel ging es darum, auf welche Weise und aus welchen Gründen Menschen der Dysfunktionalität stattgeben und den Herausforderungen, die mit Veränderungen einhergehen, nicht gewachsen sind. Manchmal sagen wir, dass Menschen ihre Familienverhältnisse „überlebt“

haben. Eher selten machen wir uns bewusst, dass sie trotz eines dysfunktionalen Familienhintergrunds gedeihen können.

Gedeihen bedeutet, dass wir dank unserer Persönlichkeit, Entschlossenheit und Essenz die harten Bedingungen unseres Umfelds überwinden konnten. Wir können niemals mit Sicherheit sagen, wer wir wären, wenn wir in einem anderen Umfeld aufgewachsen wären. Aber einige Menschen haben es tatsächlich geschafft, den widrigen Umständen zu trotzen.

Sie überleben, wenn Sie den Kreislauf nicht fortsetzen, aber Sie gedeihen, wenn Sie die Regeln ändern und einen neuen Kurs einschlagen. Bewusstheit und Einsatz machen den Unterschied aus zwischen Gedeihen und reinem Überleben. Sie können bewusst ein anderes Leben kreieren, und wenn Sie es schaffen, werden Sie zu einem Cycle Breaker, einem Menschen, der die schädlichen Muster und Zyklen erkennt und durchbricht.

Sie gedeihen, wenn Sie die Regeln ändern und einen neuen Kurs einschlagen.

Cycle Breaker

Unter einem Cycle Breaker versteht man eine Person, die bewusst das Muster einer dysfunktionalen Familie durchbricht. Wer dies als erstes tut, wird häufig stark angefeindet, weil er oder sie die Familiennorm infrage stellt.

Es ist nicht leicht, diese Rolle einzunehmen, denn man muss sich selbst vieles beibringen, um erfolgreich zu sein. Sie müssen lernen, eine andere Person zu sein, mit nur wenigen Bezugspunkten und häufig ohne Unterstützung aus der Familie. Cycle Breaker sind bereit Dinge zu verlernen, die nicht hilfreich sind. Sie wollen den Rahmen sprengen und sich ein Leben erschaffen, das für sie funktioniert.

Was für Cycle Breaker schwierig sein kann

- konsequent im besten eigenen Interesse entscheiden,
- mit dem Überlebensschuld-Syndrom und Gewissensbissen umgehen,
- mit dem Hochstapler-Syndrom umgehen,
- sich ein gesundes Unterstützungssystem aufbauen,
- die eigene Geschichte ehrlich erzählen, aus Angst verurteilt zu werden,
- eine Gemeinschaft von Menschen mit ähnlichen Erfahrungen finden,
- sich gut um sich selbst kümmern,
- sich frei unter Menschen bewegen, die einen traditionelleren Hintergrund haben,
- sich an Umstände anpassen, die sie nicht kennen,
- Grenzen in Bezug darauf setzen, wie häufig und in welcher Form sie anderen helfen können.

Wenn man sich selbst zu verändern beschließt, muss man sich manchmal von Menschen distanzieren, die zu keiner Veränderung bereit sind oder ungesunde Verhaltensweisen beibehalten möchten. Geliebte Menschen zurückzulassen, die veränderungsunwillig sind, kann herausfordernd sein. Sie können zum Außenseiter in Ihrer eigenen Familie werden.

Die Veränderungen, die Sie in Ihrem persönlichen Leben vornehmen, können auch dazu führen, dass die Menschen um Sie herum beginnen sich selbst anders zu sehen. Menschen, die Zyklen durchbrechen, sind ihre familiären Beziehungen wichtig, und sie wissen, dass einige Beziehungen sich verändern werden, sobald sie zu gedeihen beginnen. Wenn Sie in Ihrer Familie der Cycle Breaker sind, dann haben andere womöglich Probleme, Veränderungen zu akzeptieren, weil sie Sie gut zu kennen glauben und sich nur schwer von ihrem alten Bild von ihnen lösen können. Sie werden immer mehr Sie selbst, und das kann für die Menschen hart sein, die nur eine bestimmte Version von Ihnen sehen möchten – die Version, die für sie am besten ist.

In dysfunktionalen Familien werden Veränderungen persönlich genommen

Veränderung kann als Ablehnung empfunden werden, selbst wenn sie positiv ist. Sie kann ein instabiles System bedrohen, weil möglicherweise der Eindruck entsteht, dass alle anderen sich ebenfalls ändern müssen, wenn Sie Veränderungen vornehmen. Richtig ist in jedem Fall, dass sich durch Ihre Veränderung die Systeme um Sie herum ebenfalls wandeln werden oder zumindest die Art, wie Sie diese betrachten.

Wenn jemand Sie aufgrund Ihres neuen Ichs ablehnt, kann das beispielsweise so klingen:

- „Du hältst Dich wohl für etwas Besseres."
- „So warst Du doch sonst nicht, warum bist Du jetzt so?"
- „Es war doch bisher immer gut genug für Dich."
- „Du benimmst Dich merkwürdig."

Auch wenn andere sich dadurch angegriffen fühlen, dass Sie sich nun anders verhalten, müssen Sie deren Ablehnung nicht persönlich nehmen. Denken Sie daran, dass Veränderung schwierig ist, und wenn jemand unbedingt den Status Quo erhalten will, kritisiert er Sie womöglich für Ihre Entscheidung.

Es erfordert eine Menge Mut, offen und ehrlich über Probleme in der Familie zu sprechen. Sie können niemand anderen zwingen, denselben Mut aufzubringen.

Opfer zu sein kann sich besser anfühlen, als die Initiative zu ergreifen

Es ist möglich, nicht zum Opfer zu werden, auch wenn jemand uns übel mitspielt. Menschen können Ihnen Dinge antun, ohne dass Ihr Leben dadurch geprägt werden muss. Opfer neigen zu dem

Glauben, dass sie machtlos sind, und das selbst in Situationen, in denen sie alle Fäden in der Hand halten. Einmal hörte ich, wie eine Vierzigjährige sagte: „Ich werde nie das College besuchen, weil meine Eltern mit mir nie darüber geredet haben." Diese Frau war sich ihrer Fähigkeit, ihr Leben selbst in die Hand zu nehmen, nicht bewusst. Noch mit 40 machte sie ihre Eltern für etwas verantwortlich, was sie nun eigentlich für sich selbst verwirklichen konnte.

Sie sind kein Opfer der Umstände. Sie sind das, was Sie trotz oder aufgrund Ihrer Lebensumstände zu werden beschließen. Traumata mögen ein Teil Ihrer Geschichte sein, aber sie bestimmen nicht, was Sie als gesamte Person ausmacht. Auch wenn dysfunktionale Familienmuster Ihr Selbstvertrauen und Ihren Mut, Dinge anzugehen beeinträchtigt haben, können Sie durch Ihr eigenes Bemühen neues Selbstvertrauen aufbauen.

Aussagen, die auf ein Opferdenken hindeuten:

- „Meine Eltern haben mir nie _____ beigebracht, also kann ich _____ nicht."
- „Es ist nicht meine Schuld, dass ich nie gelernt habe, wie man ____."
- „Meine Eltern haben mich gründlich verkorkst, ich kann einfach nicht anders."
- „Ich bin nicht verantwortlich dafür, wie ich geworden bin."

Wie man das Opfermuster durchbricht

- Finden Sie keine Ausreden für Dinge, die Sie kontrollieren können.
- Entscheiden Sie sich, nach vorne zu blicken, egal was passiert ist.
- Lassen Sie alten Groll los.
- Machen Sie sich bewusst, dass Sie nicht perfekt sind.
- Lernen Sie aus Ihren Erfahrungen.
- Üben Sie, sich durchzusetzen.
- Hören Sie auf, sich mit anderen zu vergleichen.
- Finden Sie Wege, wie Sie besser für sich sorgen können.
- Verstehen Sie Ihre Gefühle und lernen Sie sie auszudrücken.
- Reduzieren Sie Ihr Selbstmitleid auf ein Minimum, oder hören Sie

besser ganz auf, sich selbst zu bemitleiden (es hilft Ihnen nicht weiter).
- Machen Sie sich bewusst, was alles in Ihrer Hand liegt (werden Sie sich Ihrer Macht bewusst).

Eine hervorragende Möglichkeit, die Opfermentalität hinter sich zu lassen und die Verantwortung für das eigene Leben zu übernehmen, ist sich bewusst zu machen, was Sie alles aus Ihren Erfahrungen gelernt haben. Die folgenden Beispiele sollen illustrieren, was gemeint ist.

Weil meine Eltern Workaholics waren,
- habe ich enge Beziehungen zu älteren Bezugspersonen außerhalb meiner Familie entwickelt, die immer noch eine Art Ersatzeltern für mich sind.
- habe ich gelernt, wie man schnell auf den Punkt kommt, weil meine Eltern ungeduldig wurden, wenn ich ihnen zu viele Details erzählt habe.

Für Whitney, die wir zu Beginn des Kapitels kennengelernt haben, könnte das Übernehmen von Verantwortung so aussehen:
- Meine Eltern haben mich nicht gelehrt, wie eine gesunde Beziehung aussieht. Ich werde mich selbst informieren, indem ich lese, eine Therapie beginne und mich mit Menschen treffe, die gesunde Beziehungen führen.

Sich selbst das beizubringen, was man nicht gelernt hat, ist eine der besten Möglichkeiten, zum Cycle Breaker zu werden.

Seien Sie Ihr eigener bester Lehrer

Werfen Sie zunächst einen Blick darauf, was in Ihrer Familiendynamik nicht funktioniert. Vertrauen Sie darauf, dass Sie merken, wenn sich etwas falsch anfühlt und Ihnen nicht guttut. Sie brauchen keine Bestätigung durch andere.

Die wichtigste Frage, die Sie für sich beantworten müssen, ist: *Was möchte ich vom Leben?* Behalten Sie dabei im Hinterkopf, dass das, was Sie sich wünschen, eventuell in Ihrer Familie momentan nicht vorhanden ist.

Vielleicht sind Sie das erste Familienmitglied, das

- gesunde Beziehungsentscheidungen trifft,
- eigene Entscheidungen fällt,
- Grenzen setzt,
- andere zur Rechenschaft zieht,
- nicht studiert,
- studiert,
- eine andere Religion ausübt,
- nicht religiös ist,
- den Status Quo in Frage stellt,
- nicht heiratet,
- heiratet,
- offen zu seiner LGBTQIA+-Sexualität steht,
- eine Therapie macht,
- sich mit seinen Traumata befasst.

Dysfunktionalität verhindern, wenn Sie bei sich ähnliche Eigenschaften feststellen

Wenn man in einer dysfunktionalen Familie aufwächst, kann es sehr schwierig sein, zu erkennen, welches Verhalten dysfunktional ist und welches nicht. Fühlen Sie sich nicht schuldig, wenn Sie es nicht genau wissen, sondern versuchen Sie stattdessen, bewusster zu werden.

Bewusstheit ermöglicht uns, zu sehen, was verändert werden muss. Vielleicht stellen Sie fest, dass Sie das Verhalten von Menschen nachahmen, die Sie nicht nachahmen möchten. In diesem Fall können Sie relativ leicht an einer Veränderung arbeiten, weil Sie einen klaren Ansatzpunkt haben. Bewusstheit allein schafft aber noch keine Veränderung – dafür müssen Sie ins Handeln kommen.

Wenn Sie verändern möchten, wer Sie aufgrund Ihres Umfelds sind, kann das folgende Schritte umfassen:

- *Listen Sie die Dinge auf, die Sie ändern möchten.*
  Es kann hilfreich sein, eine Liste der familiären Muster und Probleme anzulegen, die Sie bei sich verändern möchten. Machen Sie sich durch einen Blick auf die Liste bewusst, inwiefern die Muster oder Probleme Sie aktuell betreffen und welcherart Sie selbst einige der Verhaltensmuster aufweisen, die Sie an den anderen nicht mögen.

- *Bekennen Sie sich zu Ihren Problemen, ohne sich die Schuld zu geben.*
  In der Vergangenheit konnten Sie bestimmte Dinge nicht wissen. Nun, da sie Ihnen bewusst geworden sind, können Sie die Gelegenheit nutzen, sie zu verändern. Natürlich hat Ihre Familie Sie geprägt, aber wenn Sie keine Veränderungen vornehmen, entscheiden Sie sich dafür, den Status Quo aufrechtzuerhalten, anstatt das zu verändern, was Sie verändern können. Sie haben nun das Heft in der Hand, nicht die anderen.

- *Starten Sie mit kleinen Schritten.*
  Es ist nicht gut, sein Leben von jetzt auf gleich komplett umzukrempeln. Beginnen Sie stattdessen in kleinen Schritten zu verändern, was Sie sagen, wie Sie denken und was Sie tun.

Wenn Ihre Kindheit von ungesundem Verhalten geprägt war, dann können Sie als erwachsener Mensch

- eine Familie liebevoller und unterstützender Menschen aufbauen (Freunde, Nachbarn, Ältere),
- Grenzen in Bezug darauf setzen, in welcher Weise Menschen Teil Ihres Lebens sind,
- wählen, welche Beziehungen in Ihrer Ursprungsfamilie es wert sind, aufrechterhalten zu werden,

- Rollenvorbilder außerhalb Ihrer Familie finden und von ihnen lernen,
- neue Feiertagstraditionen etablieren,
- die Teile Ihrer Kindheit nehmen, die gesund waren, und den Rest loslassen,
- eine Gemeinschaft von Menschen finden, die ebenfalls ihre Kindheitserfahrungen heilen (Sie sind nicht allein).

Der Whistleblower in der Familie sein

Probleme in Familien werden zumeist von einer mutigen Person aufs Tapet gebracht, die bereit ist, den Stein ins Rollen zu bringen. Seien Sie diese mutige Person in Ihrer Familie. Sie treffen dann wahrscheinlich auf eine größere Bandbreite anderer Menschen und haben somit auch einen größeren Einblick in gesündere Wege der Erziehung, in Möglichkeiten, ohne Hilfsmittel (wie beispielsweise Drogen oder Alkohol) mit Emotionen umzugehen oder einen guten Umgang mit Geld. Ohne den anderen zu sagen, dass sie sich ändern sollen, können Sie ihnen einfach zeigen oder sie wissen lassen, welche Verhaltensweisen für Sie nicht mehr in Ordnung sind.

Kleinere Veränderungen in einer dysfunktionalen Familie können beispielsweise so aussehen:

- Liz hörte von ihrer Mutter nie den Satz: „Ich liebe Dich". Als Erwachsene beginnt sie damit, ihrer Mutter zu sagen, dass sie sie liebe, und nach einigen Monaten sagt ihre Mutter zum ersten Mal: „Ich liebe Dich auch."
- Als Kind wurde Brent regelmäßig geschlagen, oft bereits wegen Kleinigkeiten. Er trifft bewusst die Wahl, nicht Hand an seine Kinder zu legen. Wenn Familienmitglieder ihn wegen seiner „modernen Erziehungsmethoden" angreifen, entgegnet er ihnen, dass er die Dinge eben anders mache.
- Kims Vater bot ihr Alkohol an, als sie gerade einmal zwölf Jahre alt war. Er fand es in Ordnung, wenn sie hin und wieder einmal ein Bier

trank. Als sie 23 Jahre alt ist, stellt Kim das gemeinsame Trinken mit ihrem Vater ein.

Familienmitglieder sind nicht Ihre einzigen Lehrer – es gibt noch viele andere. Seien Sie bereit, über den Familienkreis hinaus nach gesunden Lebenswegen zu suchen. Dinge, die Ihnen zu Hause nicht beigebracht wurden, können Sie an vielen anderen Orten lernen. „Das hat mir niemand beigebracht" ist kein Grund, aufzugeben.

Sie lernen eine Menge von Ihrer Familie, aber es gibt auch viele andere Optionen:

- Bücher, Zeitungen und Zeitschriften
- Podcasts
- Fernsehen
- Beobachten, wie andere Familien miteinander umgehen
- Kennenlernen anderer Kulturen
- Reisen
- Therapie
- Soziale Medien

Wenn Ihre familiären Beziehungen komplex sind, ist es verständlich, wenn Sie

andere beneiden, die unter besseren Umständen aufgewachsen sind. Zu sehen, wenn jemand das Leben lebt, das Sie sich gewünscht haben, kann schmerzlich sein. Machen Sie sich bewusst, dass Sie sich Ihre Familie nicht ausgesucht haben – ebenso wenig wie die Person, die Sie beneiden. Werden Sie sich Ihrer Energie bewusst, wenn Sie Eifersucht empfinden. Seien Sie nachsichtig mit sich selbst, aber erlauben Sie Ihrer Eifersucht nicht, die Herrschaft über Ihre Gefühle zu übernehmen.

sich fragen, ob Sie anders wären, wenn Sie andere Erfahrungen gemacht hätten. Das „Was-wäre-wenn"-Spiel ist gefährlich, denn es kann Sie in Fantasien abgleiten lassen, die Sie nicht mehr kontrollieren können.

nicht über Ihre Familie reden, weil Sie befürchten, niemand würde Sie verstehen. Es wird Menschen geben, die nichts über Ihre Erfahrungen wissen und Ihnen dennoch erzählen wollen, wie Ihr Verhältnis zu Ihrer Familie sein sollte. Der einfachste Ratschlag lautet, sie einfach zu ignorieren, aber das funktioniert natürlich nicht immer. Also machen Sie ihnen am besten klar, dass ihr Feedback nicht erwünscht ist.

So können Sie Menschen antworten, die andere Meinungen über Familie als Sie haben:

- „Meine Familie scheint sich von Ihrer zu unterscheiden. Ich verstehe Ihren Standpunkt und hoffe, Sie verstehen auch den meinigen."
- „Jede Familie ist anders."
- „Bitte sagen Sie mir nicht, wie mein Verhältnis zu meiner Familie aussehen sollte."
- „Ich habe meine eigene Art und Weise, mit den Problemen in meiner Familie umzugehen."

größere Probleme in Beziehungen ignorieren, um mit anderen auszukommen. Es kann vorkommen, dass Sie größere Probleme ignorieren, um den Frieden zu wahren. Das funktioniert allerdings nicht, wenn dadurch zwar die andere Person in Frieden ist, Sie aber nicht. Probleme, die man ignoriert, werden mit der Zeit lediglich größer.

so tun, als seien die Dinge besser als sie sind. In vielen Familien hat der äußere Schein eine große Bedeutung. Im Versuch, „normal" zu erscheinen, fühlen Sie sich womöglich verpflichtet, sich auf eine bestimmte Weise zu verhalten oder bestimmte Standards aufrechtzuerhalten, anstatt die Wahrheit zu zeigen. Vortäuschen ist eine Bewältigungsstrategie, um Schuldgefühle und Scham zu reduzieren. Man macht sich selbst vor, *dass alles in Ordnung ist, wenn es nach außen hin so wirkt*. Vielleicht posten Sie online Fotos und Stories von einer perfekten Beziehung zu Ihrer Mutter, obwohl das Gegenteil der Fall ist.

versuchen, sich genau gegenteilig zu Ihrer Familie zu verhalten. Diese Strategie ist nicht immer die beste, weil es auch in dysfunktionalen Systemen in der Regel einige Dinge gibt, die gut funktionieren. Julie erzählte mir: „Meine Mutter war ein Workaholic, aber sie war jeden Abend da, um mich und meine Geschwister ins Bett zu bringen." Menschen sind facettenreich und daher auch nie von Grund auf schlecht. Vielleicht gibt es einige gesunde Verhaltensweisen in Ihrer Familie, die Sie aufrechterhalten möchten.

darum kämpfen, ein gesundes Verhältnis zu Ihrer Familie zu haben. Als Erwachsener tun Sie sich womöglich schwer, Wege für den Umgang mit bestimmten Familienmitgliedern zu finden, die Ihnen in Ihrer Kindheit oder auch später noch geschadet haben. Es gibt keine wirklich „normalen" Familien, weil Sie allein festlegen, was sich für Sie in Ihren Beziehungen richtig anfühlt. Unregelmäßiger Kontakt mit Familienmitgliedern kann ebenso normal sein wie ein tägliches Gespräch.

ÜBUNG

Schnappen Sie sich Ihr Notizbuch oder ein Stück Papier, und beantworten Sie für sich die folgenden Fragen:

- Welche Ihrer Gewohnheiten ähneln denen Ihrer Ursprungsfamilie?
- Welche kleinen Veränderungen haben Sie versucht, in Ihrer Familie einzuführen?
- Wie sieht Ihre Definition einer „normalen" Familie aus?

KAPITEL 8

UMGANG MIT MENSCHEN, DIE SICH NICHT ÄNDERN WOLLEN

Als Tiffany ein Kind war, steckte ihre Mutter Rita stets in Geldnöten. Mehrfach wurden sie auf die Straße gesetzt oder ihnen wurden Strom und Gas abgedreht, sodass sie immer wieder bei Familienmitgliedern Unterschlupf suchen mussten. Häufig war Tiffanys Großmutter die letzte Rettung, aber sie war vor einiger Zeit gestorben.

Nach dem Tod der Großmutter fiel die Verantwortung für ihre Mutter an Tiffany. Sieben Jahre lang erlebten sie eine wahre Achterbahnfahrt. Rita zog für kurze Zeit in eine eigene Wohnung, stand aber schon wenige Monate später wieder vor Tiffanys Tür, weil sie ihre Rechnungen nicht bezahlen konnte. Sie hatte zwar einen Vollzeitjob, konnte aber schlecht mit Geld umgehen. Tiffany glaubte ihre Mutter andauernd finanziell unterstützen zu müssen, was sie sehr frustrierte, denn sie hatte selbst als alleinerziehende Mutter für zwei Kinder zu sorgen.

Bereits zu der Zeit, als sie im College war und nebenher arbeitete, schickte sie ihrer Mutter immer wieder Geld, damit diese nicht ihre Wohnung verlor. Aufgrund ihrer Kindheitserfahrungen war Tiffany darauf bedacht, das Gegenteil ihrer Mutter zu sein. Sie sparte jeden Cent, achtete sorgsam auf ihre Finanzen, bezahlte alle Rechnungen pünktlich und legte regelmäßig Geld zurück. Mutig und ohne familiäres Vorbild beschloss sie finanziell verantwortlich zu sein, weil sie für sich und ihre Kinder ein anderes Leben wollte.

Dennoch fühlte sie sich verpflichtet, ihrer Mutter zu helfen. Rita nahm zumindest an ihrem Leben teil und war keine schlechte

Mutter, ganz im Gegensatz zu ihrem Vater, der nie anwesend war und sie auch finanziell kaum unterstützte. Tiffany bemühte sich, ihre Mutter zu akzeptieren, hielt ihr aber häufig auch Vorträge über den richtigen Umgang mit Geld. Rita wiederum gelang es nicht, die Erwartungen ihrer Tochter zu erfüllen.

Tiffany wusste, dass ihre Mutter in finanziellen Dingen immer schon verantwortungslos gewesen war, aber sie glaubte das liege daran, dass Rita ihr weder zuhören noch ihren klugen Ratschlägen folgen wollte. Ihr war nicht bewusst, dass ihre Mutter mit ihren eigenen inneren Hürden zu kämpfen hatte. Tiffany hoffte einfach, dass sie es schaffen würde, ihre Mutter zu unterstützen, ohne es ihr innerlich die ganze Zeit übel zu nehmen.

Es ist wichtig sich bewusst zu machen, dass zwei Dinge gleichzeitig wahr sein können. Sie können Ihre Familie lieben und dennoch aufgrund der familiären Beziehungen tief verletzt sein. Tiffany musste sich ihren unterschiedlichen Gefühlen stellen, einerseits von ihrer Mutter verletzt zu werden und sie andererseits zu lieben.

Eltern sind Menschen mit Kindern

Es ist wichtig sich bewusst zu machen, dass auch Eltern einfach nur Menschen sind, die bereits ein Leben hatten, bevor sie Kinder bekamen. Elternschaft macht uns nicht automatisch verantwortungsvoller, weiser, verständnisvoller, friedlicher und so weiter. Ein Elternteil zu sein bedeutet nichts weiter, als ein Mensch mit einem Kind zu sein.

Zum Wachstum gehört es, dass wir Eltern auch außerhalb ihrer Rolle als Eltern sehen. Bevor Rita Tiffanys Mutter wurde, war sie einfach nur Rita, ohne Kind. Vielleicht war ihr laxer Umgang mit Geld ein geringeres Problem, als sie nur für sich selbst sorgen musste. Vielleicht waren die Kosten, die ein Kind verursacht, nicht mit Ritas Lebensstil vereinbar. So war sie zwar für ihr Kind verantwortlich, aber sie schaffte es nicht, sich selbst und noch ein anderes Wesen zu versorgen.

Es ist verständlich, dass wir von unseren Eltern erwarten, dass sie über sich hinauswachsen, um für uns zu sorgen. Sie bleiben aber die gleichen Personen, die sie vorher waren, wenn sie sich nicht bewusst ändern. Rita kann sich ändern, wenn sie dazu bereit ist, doch Menschen sind komplexe Wesen, und Veränderungen können ein schwieriger Prozess sein.

Sie können andere nicht verändern, also hören Sie auf, darauf zu hoffen

Akzeptanz ist nicht einfach, aber sie macht das Leben leichter und friedvoller. Wenn die Lösung für ein Problem lautet, dass andere sich ändern müssen, dann wird sich das Problem niemals lösen. Sie können nur vor Ihrer eigenen Haustür kehren, aber den Nachbar neben Ihnen nicht dazu bringen, seinen Rasen zu mähen, seinen Müll einzusammeln und für Ordnung zu sorgen. Sie haben nur die Macht, *Ihren* Teil der Beziehung zu Menschen, die sich nicht ändern können oder wollen, beizutragen. Wenn Sie den Kontakt nicht ganz abbrechen möchten, müssen Sie Mittel und Wege finden, mit der gegebenen Situation umzugehen.

> Sie können nur vor Ihrer eigenen Haustür kehren.

Menschen sind nicht aus Knetgummi, Sie können sie nicht beliebig so formen, wie Sie sie gerne hätten. Akzeptanz bedeutet, sie so zu nehmen, wie sie sind – ganz gleich, ob sie Ihren Vorstellungen entsprechen oder nicht. Das bedeutet nicht, dass Sie aufgeben. Es bedeutet lediglich, dass Sie das akzeptieren, was ist, und Ihren inneren Frieden damit machen. Ständig das ändern zu wollen, was man nicht ändern kann, verursacht ein anhaltendes Chaos in Beziehungen. Akzeptanz bedeutet allerdings nicht, dass Sie ein Verhalten tolerieren, das Ihnen Schaden zufügt. Sie entscheiden, wie Sie mit dem umgehen wollen, was Sie an anderen nicht verändern können.

Als ich 13 Jahre alt war und eine staatliche Schule in Detroit besuchte, kündigte die Klassenlehrerin zu Beginn des Schuljahres an, dass sie bei tätlichen Auseinandersetzungen in der Klasse nicht dazwischengehen werde. Mein erster Gedanke war: „In dieser Klasse werden sich alle dauernd prügeln." Tatsächlich war das Gegenteil der Fall. Ich kann mich im ganzen Schuljahr nur an einen Zwischenfall erinnern.

Kinder suchen vielleicht die körperliche Auseinandersetzung, aber sie erwarten auch, dass Erwachsene dazwischen gehen. Als meine Lehrerin uns erlaubte uns zu prügeln, mussten wir darüber nachdenken, ob dies die richtige Umgebung für Chaos ohne Einmischung war. Indem sie akzeptierte, dass Teenager in dem Alter unweigerlich körperliche Auseinandersetzungen anzetteln würden, gab sie uns die Möglichkeit, von uns aus bessere Entscheidungen zu treffen. Geben Sie Menschen die Möglichkeit, sich zu verändern, ohne vorzugeben, wie die Veränderung aussehen soll.

Grenzen setzen, wenn andere sich nicht verändern

Wenn Menschen stur weiter ihren Stiefel durchziehen, können Sie nur Ihre Reaktion darauf verändern. Für meine Lehrerin bedeutete das: „Ich möchte keine Verletzung riskieren, indem ich mich in Kämpfe einmische."

Für Tiffany könnte das Setzen gesunder Grenzen beispielsweise so aussehen:

- Ihre Mutter darf bei ihr wohnen, wenn sie bei der Betreuung ihrer Enkelkinder hilft.
- Sie legt einen festen monatlichen Betrag beiseite, um die Mutter zu unterstützen.
- Sie lädt ihre Mutter ein, fest bei ihr zu wohnen, um das Hin und Her zu beenden.
- Sie geht zur Therapie, um ihren Ärger zu verarbeiten.

Mit den folgenden Alternativen setzt Tiffany keine gesunden Grenzen:

- Sie zwingt ihre Mutter dazu, Geld zu sparen.
- Sie belehrt ihre Mutter, wenn sie zu viel Geld ausgibt.
- Sie versucht ihre Mutter dazu zu bringen, ihr Verhalten zu ändern, indem sie ihr Schuld- und Schamgefühle macht.

Wenn Sie Menschen dazu bringen sich zu schämen, ist das nicht hilfreich

Wissenschaftliche Studien haben herausgefunden, dass Schamgefühle Kinder aggressiver machen, statt sie positiv zu beeinflussen. Ob es sich um Kinder oder Erwachsene handelt – wenn Menschen sich schämen, senkt das ihr Selbstwertgefühl und führt dazu, dass sie noch stärker in die Verhaltensweisen fallen, die Sie eigentlich abändern wollten. Viele Studien haben bereits bewiesen, dass *Fatshaming* (die Diskriminierung von Menschen aufgrund ihres Körpergewichts) bei den Betroffenen eine weitere Gewichtszunahme bewirkt. Bei anderen Scham zu erzeugen, bringt also gar nichts, und dennoch wird dieses Mittel häufig eingesetzt, um Veränderungen zu erzwingen.

In dem Film *Full Metal Jacket* wird ein Rekrut vom Sergeant und seinen Kameraden lächerlich gemacht, weil er übergewichtig ist und wenig intelligent scheint. Die Beschämung durch die anderen führt dazu, dass er einen psychischen Zusammenbruch erleidet und zuerst den Sergeant und dann sich selbst erschießt. Sie werden mir zustimmen, dass dies nicht das angestrebte Verhalten eines guten Soldaten ist.

Scham ist nichts, was eine Veränderung vorantreibt. Sie bringt Menschen nur dazu sich schlecht zu fühlen, weil sie so sind, wie sie sind. Wir müssen uns der schlichten Wahrheit stellen, dass Menschen sich manchmal ändern können und manchmal eben nicht. Als Außenstehender ist es schwer zu beurteilen, wer zu Veränderungen in der Lage ist und wer nicht, welche Hindernisse der Person vielleicht im Weg stehen und welche Hemmungen ihr innerer Dialog bei ihr verursacht. Andere zu Veränderungen zu drängen, lenkt uns davon ab, das zu ändern, was wir *selbst* in der Hand haben.

Tun Sie Ihren Teil

In vielen Fällen bleiben Menschen in ungesunden Beziehungen und kämpfen sich durch, weil sie nicht wissen, wie sie die Beziehung anders gestalten können. Sie glauben, dass die einzige Möglichkeit für einen Wandel darin besteht, dass ihr Gegenüber sich verändert.

Sie können Ihre Einschätzungen der Fähigkeiten von anderen revidieren, Ihre Erwartungen neu sortieren und offene und ehrliche Gespräche führen, die potenziell Bewegung in Ihre Beziehungen bringen. Aber ganz gleich wie viel Mühe Sie sich geben – Sie werden andere nicht verändern. Wenn sich ein Mensch tatsächlich für einen anderen ändert, dann meist nicht dauerhaft, weil er sich nur verstellt und der eigene Antrieb fehlt. Es ist schwer sich vorzumachen, dass man etwas will, wenn der Wunsch in Wahrheit von jemand anderem stammt. Jeder Mensch auf diesem Planeten, selbst Ihre Mutter, Ihr Vater, Ihre Schwester, Ihr Bruder usw., hat das Recht, sein Leben nach seinen eigenen Vorstellungen zu führen. Veränderung muss man selbst wollen. Das ist nicht leicht zu akzeptieren, aber es ist notwendig, damit wir aufhören gegen andere anzukämpfen, weil sie nicht so sind, wie wir sie gerne hätten.

Dinge, die Sie ändern können, wenn andere keine Veränderung wollen

Ihre Einschätzung bezüglich der Fähigkeiten anderer

In einem meiner liebsten Bücher über Geld, *You Only Live Once* (nicht auf Deutsch erschienen; Anm. d. Verlags), spricht der Autor Jason Vitug über den Umgang mit Geld und legt dabei großen Wert auf das Thema der geistigen Haltung und Einstellung. Tiffany versucht die Einstellung ihrer Mutter zum Geld zu ändern, aber Rita ist nicht interessiert daran, obwohl sie unter den Folgen ihrer eigenen Geldverschwendung leidet. Sie ist einfach nicht bereit, sich zu ändern.

Für Tiffany könnte es hilfreich sein, sich Folgendes vor Augen zu führen:

- Mit Geld umzugehen ist nicht leicht, deshalb gibt es auch so viele Bücher zu dem Thema.
- Alte Gewohnheiten sind schwer zu brechen.
- Etwas anders zu machen ist nicht immer so einfach, wie es von außen aussehen mag.

Ihre Erwartungen

Erwartungen sind in Ordnung, aber sie sollten von der Person abhängig sein und nicht von der Rolle, die sie in Ihrem Leben einnimmt. Elternschaft bedeutet nicht automatisch, dass jemand mit Geld umgehen kann. Ein Kind zu bekommen, macht niemanden geschickter im Umgang mit Geld.

Für Tiffany könnte es hilfreich sein, sich Folgendes vor Augen zu führen:

- „Meine Mutter bemüht sich, ihre Finanzen in den Griff zu bekommen."
- „Meine Mutter ist nicht bereit, ihre Zukunftsperspektiven zu ändern."
- „Meine Mutter ist in vielen Dingen gut, aber der Umgang mit Geld zählt nicht dazu."

Ihre Gespräche und Aussagen

Hören Sie auf so zu tun, als wäre alles normal, und bleiben Sie nicht länger still, um den Frieden zu wahren. Gesunde Beziehungen erfordern ehrliche Gespräche und das Setzen von Grenzen.

Für Tiffany könnte es hilfreich sein, sich Folgendes vor Augen zu führen:

- Auf welche Weise sie ihrer Mutter helfen will und wie sie dies formuliert:
  „Ich bin bereit, Dich auf Dauer bei mir wohnen zu lassen."
  „Ich bin bereit, Dich für ein Jahr bei mir wohnen zu lassen. Danach möchte ich, dass Du ausreichend Geld hast, um wieder auszuziehen."
- Auf welche Weise sie ihre Erwartungen kommuniziert:
  „Solange Du hier wohnst, bezahlst Du die Stromrechnung."
  „Es ist vielleicht hilfreich für uns beide, wenn wir eine Haushaltskasse führen."
- Was sie ihrer Mutter sagt, wenn finanzielle Grenzen überschritten werden:
  „Du warst einverstanden, die Stromrechnung zu übernehmen, und die Zahlung ist überfällig. Bitte gib mir das Geld bis Freitag."
  „Wir haben abgesprochen, dass Du dienstags mit den Kindern aushilfst. Bitte sei beim nächsten Mal da."

Helfen oder Billigen

Wenn Sie anderen helfen, müssen Sie sich des Unterschieds zwischen Helfen und Billigen bewusst sein. Anderen zu helfen, wird Ihnen nicht schaden, Dinge zu billigen aber schon.

- Diese Verhaltensweisen sind billigend und nicht hilfreich:
- Die ungesunden Entscheidungen anderer entschuldigen
- Ignorieren, dass jemand ein Problem hat
- Dinge für andere übernehmen, die sie selbst tun könnten
- Lösungen für andere finden, anstatt es ihnen zu ermöglichen, selbst Antworten zu finden
- Geld und Mittel anbieten, die Sie eigentlich nicht entbehren können
- Verhindern, dass andere die Konsequenzen ihrer Handlungen zu spüren bekommen
- Keine Grenzen setzen in Bezug darauf, wie Sie anderen helfen

Auf Distanz gehen als Bewältigungsstrategie

Wenn Sie im Zwiespalt sind und noch nicht bereit, eine Beziehung zu verlassen, dann kann ein wenig Abstand zwischen Ihnen und der anderen Person guttun. Auf Distanz zu gehen ist eine strategische Maßnahme und kann bereits mit dem kleinen Schritt starten, weniger verfügbar zu sein.

In dysfunktionalen Familien kann ein Gespräch darüber, dass Sie mehr Raum für sich benötigen, auf zwei mögliche Weisen ausgehen: Ihre Bitte wird respektiert oder die Beziehung nimmt Schaden. Aufgrund der Reaktionen in früheren Gesprächen werden Sie wissen, welche Familienmitglieder mit einer Bitte um mehr Abstand umgehen können und bei welchen es womöglich besser ist, wenn Sie ohne eine weitere Erklärung auf Abstand gehen.

Gründe, warum Sie mehr Distanz brauchen, können beispielsweise folgende sein:

- Der Umgang mit der anderen Person raubt Ihnen Energie.
- Sie sind schnell frustriert oder genervt, wenn Sie mit der Person zusammentreffen.
- Sie haben das Gefühl, dass Ihre Grenzen nicht respektiert werden.
- Sie haben das Gefühl, im Beisein dieser Person nicht Sie selbst sein zu können.
- Sie befinden sich in einem anderen Lebensabschnitt.

Wenn sich unsere Prioritäten und Interessen verlagern, kann sich auch der Kreis der Menschen, mit denen wir gerne zusammen sind, ändern. Vielleicht haben Sie ein Interesse an Pflanzen entwickelt und treffen sich nun gerne mit anderen, die das gleiche Hobby haben. Vielleicht haben Sie auch wenig Lust Ihre Freunde zu treffen, die sich gerade scheiden lassen, während Sie versuchen, Ihre Ehe zu retten. Es ist in Ordnung, wenn Sie sich auf Ihre Bedürfnisse konzentrieren und eine Pause einlegen.

Denken Sie dabei aber daran, dass Menschen zu ignorieren etwas anderes ist, als sich von ihnen zu distanzieren. Beides kann

Ihnen mehr Raum geben. Jemanden zu ignorieren ist allerdings passiv und verfolgt keine Intention, wohingegen ein Abstandnehmen ein gezielter Prozess ist, der es Ihnen erlaubt, die Beziehung langfristig aufrechtzuerhalten.

Abstandhalten kann beispielsweise so aussehen:

- Sie lassen einen Anruf auf die Mailbox gehen und rufen später zurück, wenn Sie dazu bereit sind.
- Sie lenken das Gespräch weg von Themen, mit denen Sie sich unwohl fühlen.
- Sie lehnen eine Einladung ab.
- Sie halten Menschen aus bestimmten Bereichen Ihres Lebens heraus.

Ignorieren kann beispielsweise folgende Formen annehmen:

- Sie melden sich nicht.
- Sie schließen Menschen komplett aus Ihrem Leben aus.
- Sie reagieren ausweichend, wenn jemand Sie um etwas bittet.

Mit etwas Abstand können Sie in der Beziehung bleiben und sich gleichzeitig den Raum nehmen, den Sie benötigen, solange die andere Person Ihre Grenzen respektiert. Distanz ist natürlich keine Option in missbräuchlichen Beziehungen, in denen Ihr Gegenüber Ihre Grenzen ständig überschreitet. Menschen auf Abstand zu halten und seltener zu treffen, kann eine Möglichkeit sein, eine Beziehung zu erhalten.

Die Rolle wechseln

Wenn Sie dafür bekannt sind, dass Sie in Ihrer Familie eine bestimmte Rolle ausfüllen, dann muss diese nicht in Stein gemeißelt sein. Sie können Ihre Rolle in der Familie verändern, sodass sie eher Ihrer jetzigen Identität entspricht. Wenn Sie immer die

Verantwortungsvolle waren, heißt das nicht, dass Sie es auch bleiben müssen. Wenn Sie bislang eher still waren, können Sie dies ändern. Wer sind Sie wirklich hinter all den Etiketten, die man Ihnen verpasst hat? Beginnen Sie in Ihrer Familie, Sie selbst zu sein und damit automatisch Ihre Rolle zu verändern.

Die anderen Familienmitglieder werden womöglich zunächst überrascht sein, wenn sie Ihre Veränderung sehen. Machen Sie sich nichts daraus, wenn Sie sie schockieren, und fallen Sie vor allem nicht in Ihre alte Version zurück, die nicht mehr zu dem passt, was Sie in Ihrer Familie kreieren möchten.

Akzeptanz schafft Frieden

Ich kann gar nicht oft genug betonen, wie wichtig Akzeptanz ist: Hören Sie auf, sich über Menschen aufzuregen, wenn diese einfach sie selbst sind. Wenn andere sich nicht ändern, können Sie verändern, wie Sie auf sie reagieren. Tiffany beschloss, sich nicht länger am Umgang ihrer Mutter mit Geld zu stören und fand so Frieden. Das bedeutet natürlich nicht, dass sie das Verhalten ihrer Mutter ignoriert oder zulässt, dass es ihr schadet.

Wenn andere sich nicht ändern, können Sie verändern, wie Sie auf sie reagieren.

Wenn Sie unsicher sind, wie Sie reagieren sollen, dann machen Sie sich bewusst, wie Sie in der Vergangenheit mit ungewolltem Verhalten umgegangen sind, und probieren Sie einmal etwas Neues. Überlegen Sie, wie Sie in Zukunft reagieren wollen, und beginnen Sie kleine Schritte in eine Richtung zu machen, die sich für Sie gut anfühlt, anstatt zu Ihren ungesunden Mustern zurückzukehren.

Es ist in Ordnung, sich an etwas zu stören, und Sie müssen nicht so tun, als wäre dies nicht so. Akzeptanz und eine Veränderung Ihrer Rolle können hier aber Erleichterung und Frieden bringen.

Wenn Sie die Beziehung zu Menschen aufrechterhalten möchten, die sich nicht bewegen wollen, dann muss die Veränderung eben von Ihnen kommen. Sie müssen daran arbeiten, Situationen zu akzeptieren und Geduld mit dem zu haben, was Sie nicht beeinflussen können. Beim Umgang mit problematischem Verhalten treffen Sie eine Wahl. Wenn Sie die Beziehung beizubehalten beschließen, weil sie es Ihnen wert ist, dann wählen Sie zu bleiben, selbst wenn es vielleicht mühsam sein wird, die andere Person zu akzeptieren.

Sie können sich Ihre Familie nicht aussuchen, aber Sie können wählen, wen Sie in Ihrem Leben haben wollen. Alle Beziehungen im Erwachsenenalter sind Ihre Entscheidung. Niemand zwingt Sie dazu, in einer ungesunden Beziehung zu bleiben. Sie werden immer wieder auf die gleichen Probleme stoßen, bis Sie beschließen, andere Entscheidungen zu treffen.

Alle Beziehungen im Erwachsenenalter sind Ihre Entscheidung.

Sagen Sie sich Folgendes: „Ich beschließe trotz allem in dieser Beziehung zu bleiben. Ich stecke nicht fest, ich bin nicht machtlos und ich treffe eine bewusste Wahl."

ÜBUNG

Schnappen Sie sich Ihr Notizbuch oder ein Stück Papier, und beantworten Sie für sich die folgenden Fragen:

- Was haben Sie an einem Familienmitglied zu ändern versucht?
- Was müssen Sie im Umgang mit einem bestimmten problematischen Verhalten verändern?
- Was können Sie in der Beziehung beeinflussen?

KAPITEL 9

BEENDEN VON BEZIEHUNGEN, WENN DER ANDERE SICH NICHT ÄNDERT

Jacobs Eltern waren nie miteinander verheiratet, und sein Vater Bruce war kein fester Bestandteil seines Lebens. Bruce zeigte Anzeichen einer posttraumatischen Belastungsstörung und wurde immer wieder von Depressionen heimgesucht, ohne jedoch jemals eine offizielle Diagnose erhalten zu haben. Er war oft aufgewühlt, paranoid, verschlossen oder verbal aggressiv, was es für ihn schwierig machte, mit anderen auszukommen. Alle (außer Bruce) wussten und akzeptierten, dass er mit psychischen Problemen zu kämpfen hatte. Es war normal für ihn, dass er bei Familienfeiern die Aufmerksamkeit auf sich zog, indem er einen Streit vom Zaun brach und eine Szene machte.

Jacob war des ständigen Chaos müde und wollte die Beziehung zu seinem Vater beenden. Er hatte verschiedene Strategien ausprobiert – sich selbst verändert, die Situation akzeptiert und das anstößige Benehmen seines Vaters ignoriert. Dennoch schien sich Bruces Verhalten zu verschlimmern, und er tat immer mehr Dinge, die Jacob irgendwie vergeben und akzeptieren musste.

Ein paar Wochen lang versuchte Jacob, seinen Vater zu einer Therapie zu bewegen, doch Bruce reagierte sehr abwehrend und suchte die Schuld für seine Probleme immer bei anderen. Einmal war es seine verkorkste Kindheit, beim nächsten Mal waren es Menschen, die ihn schlecht behandelten. Wann immer Jacob wichtige Themen anzuschneiden versuchte, blockte Bruce ab und verschwand danach für Wochen oder Monate.

Jacob machte sich Gedanken, welche Auswirkungen das Beenden der Beziehung zu seinem Vater auf den Rest der Familie haben würde, aber er war einfach fertig und wünschte sich Frieden. Er wollte nur dabei so wenig Schaden wie möglich anrichten.

Die Auswirkungen von psychischen Problemen auf Beziehungen

Wir alle haben wohl schon die Erfahrung gemacht, dass es mit den Emotionen und der Stimmung auf und ab gehen kann. Manche von uns leiden aber unter schwerwiegenderen Problemen, die ihre Fähigkeit beeinträchtigen, gesunde Beziehungen zu führen. In seinem Buch *Depression Is Contagious* (Depression ist ansteckend, nicht auf Deutsch erschienen; Anm. d. Verlags) beschreibt Michael Yapko, welche Auswirkungen die psychische Gesundheit der Eltern auf die Kinder haben kann. Wenn Mütter depressiv sind, leidet beispielsweise die Bindung darunter, denn diese Mütter sprechen seltener mit ihren Kindern, unterstützen sie weniger und scheinen emotional nicht erreichbar.

Die meisten Statistiken über geistige Gesundheit basieren auf Fällen, bei denen eine offizielle Diagnose vorliegt. Eine große Gruppe von Menschen leidet aber auch an bislang nicht diagnostizierten psychischen Problemen, die schwer genug sind, um ihr Sozialleben zu beeinträchtigen. In vielen dysfunktionalen Beziehungen bleiben psychische Probleme unbehandelt und werden ignoriert. Probleme verschwinden aber nicht einfach, wenn wir so tun, als existierten sie nicht. Andererseits ist eine Diagnose natürlich auch keine Garantie dafür, dass jemand besser mit seinen Beziehungen zurechtkommt.

Manche dysfunktionale Familien unterstützen Mitglieder mit psychischen Problemen eher als ihnen zu helfen. In meiner Kindheit wurde mir beigebracht, dass einige Menschen seelische Probleme haben, die der Fürsorge bedürfen, die man aber ansonsten hinnehmen muss. „So ist er/sie halt“, hieß es dann, was allerdings oft bedeutete, dass die Person ausfällig, respektlos, bösartig oder zerstörerisch war. Wie wäre es, wenn wir diese Familienmitglieder gemeinsam auffordern würden, sich die benötigte psychische Hilfe zu holen, anstatt Entschuldigungen für ihr Verhalten zu finden?

Das kann eine Herausforderung sein, da Therapien in vielen Familien immer noch ein Tabuthema sind. Wenn ein Familienmitglied eine Therapie zu beginnen beschließt, betrifft diese Entscheidung die ganze Familie, da jede Veränderung eines Einzelnen Auswirkungen auf das gesamte System hat. Das Gleiche gilt aber auch für den Fall, dass die Entscheidung gegen eine Therapie fällt und die Familie immer wieder mit den gleichen Themen und Problemen zu kämpfen hat. Depressionen, Ängste, Stimmungsschwankungen, Persönlichkeitsstörungen und andere seelische Themen sind häufig der Hauptgrund, warum Beziehungen auseinandergehen.

Depressionen

Depressionen können in unterschiedlicher Schwere auftreten. Einige Menschen können trotz ihrer Depressionen am Leben teilhaben, während andere vollkommen von ihnen eingenommen werden und es ihnen unmöglich ist, mit der Welt zu interagieren.

In Beziehungen können sich Depressionen beispielsweise so äußern:

- Häufiges Weinen ohne besonderen Anlass
- Verlust des Interesses an Dingen, die vorher Freude gemacht haben
- Ghosting (plötzliches, erklärungsloses Ignorieren von Menschen und Verpflichtungen)
- Verschlossenheit gegenüber anderen
- Leichte Reizbarkeit
- Ständiges Gefühl der Wut
- Häufige Melancholie
- Vernachlässigen von Pflichten
- Emotionale Nichterreichbarkeit

Ängste

Soziale Phobie, generalisierte Angststörung und posttraumatische Belastungsstörungen können ebenfalls eine zerstörerische Wirkung auf Beziehungen haben. Das Gedankenkarussell dreht sich ohne Unterlass, die Person sorgt sich übermäßig und/oder hält sich gedanklich ständig in der Vergangenheit oder der Zukunft auf. Starke Ängste können sogar körperliche Auswirkungen haben wie beispielsweise Verdauungsstörungen und Hautausschläge. Sorgen und Ängste kennen die meisten Menschen, aber bei einigen nehmen sie solche Ausmaße an, dass sie das Leben massiv beeinträchtigen.

In Beziehungen können sich Ängste beispielsweise so äußern:

- Keine Teilnahme an gesellschaftlichen Anlässen
- Unregelmäßiges Erscheinen
- Chronische emotionale Überlastung
- Aufdringlichkeit und Verletzen von Grenzen
- Nicht oder nur teils eingehaltene Versprechen
- Selbstsabotage oder Sabotage anderer
- Paranoide Reaktion auf die Worte oder Handlungen anderer

Persönlichkeitsstörungen

Borderline-Syndrom, Narzissmus und dependente Persönlichkeitsstörungen sorgen in der Regel am häufigsten für Probleme in Beziehungen. Im Gegensatz zu Depressionen oder Ängsten können Persönlichkeitsstörungen allgegenwärtig sein. Menschen, die darunter leiden, können es schwierig finden Beziehungen aufrechtzuerhalten, und das nicht nur zu Familienmitgliedern, sondern auch zu Freunden, Lebenspartnern und Kollegen.

In Beziehungen können sich Persönlichkeitsstörungen so äußern:

- Andere beschuldigen
- Überschießende Reaktionen
- Verdrehen der Wahrheit

- Gaslighting (andere an ihren Wahrnehmungen zweifeln lassen)
- Unfähigkeit, Grenzen zu setzen und zu respektieren
- Probleme, gesunde Entscheidungen zu treffen
- Launenhaftes Verhalten
- Egozentrisches Verhalten

Ohne eine sichere Diagnose ist es jedoch meist nicht sinnvoll, einem psychischen Problem ein Etikett zu geben. Fokussieren Sie sich stattdessen auf das von Ihnen beobachtete Verhalten und in welcher Weise es Ihr Verhältnis zu der anderen Person trübt. Denken Sie daran, dass Sie nicht steuern können, ob und auf welche Weise sich jemand um seine psychische Gesundheit kümmert. Selbst wenn Menschen sich in Therapie begeben, verändern sie sich womöglich nicht auf die von Ihnen erwartete Weise oder in dem Zeitraum, der Ihnen vorschwebt. Alles, was Sie in diesem Fall tun können, ist sich um Ihre eigene seelische Gesundheit zu kümmern.

Auch innerhalb der Familie ist Misshandlung nicht akzeptabel

Wenn jemand sagt: „Du musst Deine Familie um jeden Preis lieben", dann weiß diese Person wahrscheinlich nicht, was Sie dazu veranlasst hat, auf Distanz zu gehen oder eine Beziehung zu beenden. Zur Familie zu gehören bedeutet nicht, dass man sich alles erlauben kann, und ein Verhalten, das anderen schadet, kann auch hier Konsequenzen haben.

Vielleicht besteht die einzige Möglichkeit, bestimmte Familienmitglieder zu lieben und sich gut zu fühlen darin, sie aus der Ferne zu lieben. Es ist eine Entscheidung für Selbstschutz und Selbstliebe – keine einfache Wahl, aber womöglich die gesündeste für Sie. Jemanden zu lieben bedeutet das aktive Pflegen einer Beziehung. Wenn in der Beziehung aber nichts Förderliches zu ihrer

Aufrechterhaltung geschieht, können wir sie unter Umständen nicht mehr weiterführen. Wenn es schwerer fällt zu bleiben, wird es daher zu einer echten Option, zu gehen.

Als Therapeutin habe ich gesehen, wie Menschen Depressionen, Ängste und schwere seelische Probleme entwickelt haben, weil sie versuchten, ungesunde Beziehungen zu Familienmitgliedern weiterzuführen. Es fällt uns oft nicht leicht, diese Beziehungen zu beenden oder die Art und Weise, wie wir mit ihnen umgehen zu verändern, also warten wir einfach ab, in der Hoffnung, dass sich etwas ändern wird. Kommt dann doch der Punkt, an dem Sie eine Beziehung beenden möchten, haben Sie wahrscheinlich zuvor schon alles andere versucht.

Denken Sie daran: Sie müssen nicht akzeptieren, von jemandem schlecht behandelt zu werden, nur weil Sie mit ihm verwandt sind. Sie müssen nicht in ungesunden Beziehungen bleiben, nur weil es eine gemeinsame Geschichte gibt. Gesunde Beziehungen wurzeln in Liebe, gegenseitigem Respekt und einer Verbindung. Fragen Sie sich, ob die jeweilige Beziehung Ihre Werte und Ziele im Leben unterstützt.

Abkehr

Wenn man die Bande zu einem oder mehreren Familienmitgliedern abbricht, bezeichnet man dies als Abkehr. Das passiert häufiger, als man denken sollte. Manchmal ist die Abkehr nur kurzfristig gedacht, als eine Art Pause. In anderen Fällen gibt es keinen Wunsch oder Plan, die Beziehung jemals wieder aufleben zu lassen.

Es gibt zwei Arten von Abkehr: ein bewusster emotionaler Abstand oder ein physischer Abstand mit dem Abbruch jeglichen Kontakts.

Abkehr scheint manchmal wie aus heiterem Himmel zu passieren, aber der Bruch geschieht oft, wenn die Person schon lange an einem Punkt angelangt ist, an dem es ihr endgültig reicht. In Wirklichkeit geschieht dies also nicht plötzlich, sondern die Samen von Verurteilung, abweichenden Sichtweisen, Misstrauen, Chaos und vielleicht auch Trauma wurden schon lange zuvor gelegt, oft schon vor vielen Jahren.

Zerwürfnisse innerhalb von Familien können für einige Menschen schambehaftet oder unangenehm sein, da sie verzweifelt bemüht sind, ein heiles Bild aufrechtzuerhalten. Der amerikanische Soziologe und Gerontologe Karl Pillemer, Autor des Buches *Fault Lines: Fractured Families and How to Mend Them* (Bruchlinien: Zerbrochene Familien und wie sie wieder geheilt werden können, nicht auf Deutsch erschienen; Anm. d. Verlags), sieht sechs Hauptgründe für eine Abkehr:

1. Probleme in Beziehungen, die schon seit der Kindheit bestehen
2. Scheidungen, die Abneigung, Feindseligkeit und das Grabenkämpfe mit sich bringen
3. Streitigkeiten um Geld, wie beispielsweise Darlehen und Erbschaften
4. Unerfüllte Bedürfnisse und das wiederholte Nichteinhalten von Grenzen
5. Unterschiedliche Glaubensrichtungen, Überzeugungen, Lebensstile und Werte
6. Ständige Schwierigkeiten mit der Schwiegerfamilie

Der Hauptgrund, warum beispielsweise Mütter und Töchter sich unüberbrückbar entfremden, sind unterschiedliche Werte. Mütter, die geschieden sind, haben mit höherer Wahrscheinlichkeit entfremdete Beziehungen zu ihren Kindern, wahrscheinlich aufgrund der negativen Auswirkungen des Verhältnisses zwischen Mutter und Vater.

Umgang mit Schuldgefühlen bei Abkehr

Im Zuge meiner Arbeit mit Kindern, die in Pflegefamilien untergebracht wurden, habe ich gelernt, dass sie selbst unter den schlimmsten Umständen stets zu ihren Ursprungsfamilien zurückkehren wollten. Sie sehnten sich danach zu verzeihen und nach vorne zu schauen, weil es „die Familie ist". Häufig haben wir unserer Familie gegenüber ein tiefes Gefühl der Verbundenheit und Loyalität, auch wenn wir dort nicht gut behandelt werden. Wenn also jemand die Verbindung zu kappen beschließt, dann ist ihm oder ihr bewusst, dass andere dies wahrscheinlich nicht einfach so hinnehmen werden.

Schuld ist eines der ersten Gefühle, das wir in dieser Situation empfinden. Das ist ganz normal, denn wir leben schließlich in einer Gesellschaft, die propagiert, dass „Blut dicker als Wasser ist". Auch für all jene, die Traumata, Misshandlungen und ungesundes Verhalten in ihrer Familie erdulden müssen, wird hiervon meist keine Ausnahme gemacht. Außenstehende halten die Person, die den Kontakt abbricht, womöglich für kaltherzig, obwohl diese in Wahrheit tief verletzt ist und die Entscheidung, sich von der Familie abzuwenden, für den richtigen Schritt hält, auch wenn er schwierig und schmerzhaft ist.

Momente, in denen nach einer Abkehr Schuldgefühle aufkommen könnten, sind beispielsweise:

- Feiertage
- Geburtstage
- Träume
- Betrachten alter Familienfotos
- Todestage und Familienfeiern
- Erleben anderer Familien, die ein gutes Verhältnis zueinander haben

Jeder betrachtet die Verhältnisse aus seiner oder ihrer eigenen Perspektive. Menschen mit gesunden Beziehungen zu ihrer Familie tun sich eventuell schwer damit zu verstehen, warum jemand den Kontakt abbricht. Aber nur die betroffene Person allein kann entscheiden, wie viel sie aushalten kann oder will.

Wichtige Erinnerungen für Menschen mit schwierigen Familienverhältnissen

Sie sind nicht verpflichtet, Beziehungen zu Menschen zu pflegen, die Ihnen schaden.

- Sie sind nicht allein. So etwas wie die „perfekte Familie" gibt es nicht.
- Sie sind nicht verpflichtet, Beziehungen zu Menschen zu pflegen, die Ihnen schaden.
- Sie müssen nicht alle Mitglieder Ihrer Familie mögen.
- Sie können keine gesunden Beziehungen zu Menschen aufbauen, die daran kein Interesse haben.
- Wenn Sie Ihre Wahrheit sprechen, dann verraten Sie niemanden – Sie achten lediglich sich selbst.
- Es ist in Ordnung, anders zu sein als der Rest der Familie.
- Sie können familienähnliche Beziehungen zu Menschen aufbauen, mit denen Sie nicht verwandt sind.

Nach Jahren körperlicher und seelischer Misshandlung durch ihre Mutter brach Jamie die Beziehung zu ihr ab. Freunde sagten häufig zu ihr: „Du hast nur eine Mutter." Diese und ähnliche Aussagen lösten bei ihr immer wieder Schuldgefühle aus und ließen sie ihre Entscheidung hinterfragen. Aber ohne ihre Mutter fühlte sie sich unbeschwerter, und ihr Leben verlief in ruhigeren Bahnen.

Für Jamie kann es hilfreich sein, folgende Sätze zu sagen:

- „Ich verstehe, dass Dein Verhältnis zu Deiner Mutter anders ist. Bitte hör auf, mir zu sagen, was das Beste für mich ist."
- „Nach ausführlichem Nachdenken habe ich beschlossen, die Beziehung zu meiner Mutter zu beenden, weil das die gesündeste Wahl für mich ist."
- „Ich wünschte, die Situation wäre anders, aber sie ist wie sie ist. Es hilft mir nicht, wenn Du mir zu sagen versuchst, was ich tun soll."

Sie dürfen andere Menschen gerne wissen lassen, dass es nicht in Ordnung ist, sich in Ihre Beziehungen zu Dritten einzumischen, insbesondere wenn diese Ihnen geschadet haben. Wenn jemand beschließt, den Kontakt zu einem Familienmitglied abzubrechen, dann gibt es selten nur einen Grund dafür, und die Entscheidung fällt nie leicht. Häufig gehen dem Ende viele Entschuldigungen und Versuche voraus, das Verhältnis doch noch zu kitten. Wenn wir also eine Person treffen, die beschlossen hat, eine Beziehung zu beenden, die ihr den Frieden geraubt und sie psychisch oder emotional belastet hat, dann sollten wir ihr mit Verständnis begegnen, statt ihr unsere Meinung aufdrängen zu wollen.

Wenn Menschen Sie nach Ihrem Verhältnis zu einem entfremdeten Familienmitglied befragen, können Sie ihnen beispielsweise Folgendes antworten:

- „Nachdem ich mich lange bemüht habe, mit ihm klarzukommen, habe ich mittlerweile keinen Kontakt mehr zu meinem Vater."
- „Ich weiß nicht genau, wie es ihr geht, weil wir nicht mehr miteinander reden."
- „Das ist ein schwieriges Thema für mich, weil wir keine Beziehung mehr zueinander haben."

Eventuell entscheiden Sie sich auch dafür, das Thema nicht direkt anzugehen. Gefragt, wie es ihrer Mutter ging, fand Charlotte es einfacher zu sagen: „Es geht ihr gut", statt der anderen Person zu erzählen, dass sie nicht mehr mit ihrer Mutter spricht. Wenn Sie offen über die Beziehung sind, kann dies weitere Fragen anstoßen wie „Was ist passiert? Glaubst Du, das renkt sich wieder ein?". Oder Ihr Gegenüber fühlt sich bemüßigt, seine Meinung abzugeben: „Nicht mehr mit meiner Mutter zu sprechen ist für mich unvorstellbar." Es ist meist keine einfache Entscheidung, sich von einem Familienmitglied zu trennen, aber es ist häufig eine notwendige. Geben Sie anderen einfach nur die Menge an Information, mit der Sie sich wohlfühlen.

Selbstvorwürfe

Familiäre Beziehungen können kompliziert sein, vor allem wenn davon ausgegangen wird, dass man ständig alles verzeiht. Es ist in Ordnung, wenn Sie keine Lust mehr haben, der gleichen Person immer wieder für die gleiche Sache zu vergeben, auch wenn sie zur Familie gehört. Sie können entscheiden, ob Sie etwas verzeihen und dann nach vorne sehen oder etwas verzeihen und dann vergessen wollen. Eines sollten Sie sich dabei aber stets bewusst machen: Vergeben und Vergessen ändert nichts an schwierigen Situationen.

Sie fühlen sich vielleicht schuldig, wenn Sie eine Wahl treffen, die gut für Sie ist, andere aber enttäuscht. Schuldgefühle sind aber kein Indikator dafür, dass Sie etwas Falsches tun.

Das Überlebensschuld-Syndrom

Wenn Sie Schuldgefühle haben, weil Sie sich aus einer ungesunden Situation befreit und andere darin zurückgelassen haben, dann ist das eine Form von Überlebensschuld-Syndrom. Es ist unwahrscheinlich, dass wir Menschen mehr helfen können, als sie zuzulassen bereit sind. Es ist schwer zuzusehen, wie Menschen leiden, wenn wir wissen, was ihnen helfen würde, sie aber nicht zwingen können dies zu tun, weil das ihren freien Willen verletzen würde.

Wir tun uns selbst nichts Gutes, wenn wir versuchen, mehr für andere zu tun, als wir tatsächlich können. Ältere Geschwister fühlen sich beispielsweise manchmal schuldig, wenn sie die jüngeren in schwierigen Zuständen zurücklassen. Es ist schmerzlich ein neues Leben zu beginnen und gleichzeitig zu wissen, dass geliebte Menschen weiter im Familienchaos feststecken. Dennoch ist es nicht gesund, in einem schädlichen Umfeld zu verbleiben, um für andere da sein zu können. Langfristig sind Sie besser in der Lage, Ihren Geschwistern zu helfen – sofern diese dies wollen – wenn Sie die Situation verlassen.

In ihrer Autobiographie *Schloss aus Glas* beschreibt die Autorin Jeannette Walls, wie sie ihr Zuhause noch vor Abschluss der High-School verließ und wie die meisten ihrer jüngeren Geschwister es ihr später gleichtaten. Nur die jüngste Schwester beschloss, bis ins junge Erwachsenenalter bei den Eltern zu bleiben. Als Älteste machte es Jeannette Walls traurig, Ihre Geschwister zurückzulassen, aber sie wusste auch, dass sie nicht gleichzeitig bleiben und sie retten konnte. Indem sie sich ein Leben aufbaute und sie dorthin einlud, konnte sie mehr für sie tun, als wenn sie mit ihnen im Chaos geblieben wäre. Ihre jüngste Schwester konnte sie am Ende nicht retten, weil diese nicht frei sein wollte.

Wir können Schuldgefühle loslassen, sobald wir anerkennen, dass nicht jeder das Gleiche möchte wie wir, oder dass den anderen eventuell noch etwas zur Veränderung fehlt.

Manchmal kann auch wenig zu viel sein

Dana war die Beziehung zu ihrem Bruder Carlos wichtig, also bemühte sie sich Jahre lang darum. Sie verzieh ihm, dass er ihre Identität stahl. Als er in der Familie falsche Gerüchte über sie streute, vergab sie ihm auch das. Dann setzte er sie unter Druck, sich häufiger mit ihm auszutauschen. An diesem Punkt war für sie eine Grenze erreicht. Carlos mehr von sich zu zeigen, gab ihm nur mehr Möglichkeiten, sie auszunutzen. Dana liebte ihren Bruder, aber sie war es leid, sein Opfer zu sein. Einfach nur Abstand zu halten funktionierte nicht, da er sie dann umso heftiger bedrängte. Dann griff auch noch ihr Vater ein und verlangte, dass Dana häufiger mit Carlos sprach, denn „er sei schließlich ihr Bruder".

Dana fühlte sich ängstlich, wütend und missverstanden, was zu Schlafproblemen, Kopfschmerzen und Konzentrationsschwierigkeiten führte. Sie wollte den Kontakt zu ihrem Bruder nicht völlig abbrechen, wusste aber auch, dass dies die einzige Möglichkeit war, sich Erleichterung zu verschaffen. Wenn Menschen ein Verhalten, für das sie sich entschuldigt haben, fortwährend wiederholen, macht das die Entschuldigung nichtig. An irgendeinem Punkt ist das Guthaben an Vergebung aufgebraucht.

Dana könnte es beispielsweise helfen, ihrem Vater Folgendes sagen:

„Hör bitte auf, mich davon überzeugen zu wollen, dass ich in einer ungesunden Beziehung bleibe, nur weil Du glaubst, die Familie sei das Wichtigste. Du drängst mich dazu, in einer schädlichen, missbräuchlichen und extrem anstrengenden Situation zu bleiben. Mich dazu bringen zu wollen, das zu ertragen, ist nicht hilfreich. Würdest Du mir bitte helfen das zu tun, was für mich am besten ist, selbst wenn Du anders handeln würdest? Ich habe alles Menschenmögliche versucht, um diese Beziehung aufrechtzuerhalten, und jetzt bin ich bereit, sie in Liebe loszulassen."

So gehen Sie am besten mit jemandem um, der Abstand von Ihnen nimmt oder die Beziehung zu Ihnen beendet:

- Wenn Sie den Kontakt wiederaufnehmen möchten, könnten Sie geneigt sein, die andere Person zu zwingen, mit Ihnen zu reden. Respektieren Sie stattdessen ihre Grenzen und den gewünschten Abstand.
- Machen Sie eine Therapie, um die Trauer über den Verlust der Beziehung zu verarbeiten.
- Nehmen Sie in anderen Beziehungen notwendige Veränderungen vor, um sicherzustellen, dass diese gesund bleiben.

Toxische Vergebung

Toxische Vergebung ist ein ungesunder Weg, bei dem Menschen vorgeben, dass sie nicht verletzt sind, etwas überwunden haben oder sich gar nicht mehr daran erinnern können. Vergebung allein um des lieben Frieden willens oder um es anderen Menschen recht zu machen ist nicht gut für Ihr seelisches Wohlbefinden und Ihre

Beziehungen. Nehmen Sie sich die Zeit, Ihren Schmerz zu verarbeiten, langsam wieder Vertrauen aufzubauen und zu entscheiden, ob Sie in der Beziehung anders auftreten möchten. Vergeben und Vergessen ist kein realistischer Ansatz für einen Neuanfang.

In den meisten Fällen ist es ohnehin nicht so, dass wir vergeben und vergessen – wir vergeben und verdrängen. In Familien kann es die Regel sein, einfach wieder zur Tagesordnung überzugehen, ohne das Vorgefallene zu verarbeiten, einen neuen Umgang zu finden und die Gefühle zu bearbeiten, die hervorgerufen wurden. Man kann nicht nach vorne gehen, ohne sich anzuschauen, was wirklich geschehen ist.

Häufige Mythen zum Thema Vergebung

Mythos: Sobald etwas einmal vergeben ist, redet man nicht mehr darüber.

An Emotionen festzuhalten, ohne sie zu verarbeiten, ist nicht gesund. Deshalb kann es sein, dass Sie auch nach erfolgter Vergebung immer noch das Bedürfnis haben, über die Situation zu reden. Wenn Sie ein traumatisches Erlebnis haben, kann die Erinnerung daran Sie weiterhin verfolgen. Deshalb kann es hilfreich sein, sich an einen Therapeuten oder eine vertrauensvolle Person zu wenden, die Ihnen diese Gefühle sinnvoll einzuordnen und zu verarbeiten hilft.

Familie oder Freunden gegenüber Dampf abzulassen ist allerdings oft kein guter Weg, vor allem wenn Sie einfach nur ständig das Problem wiederkäuen, ohne wirklich nach einer Lösung zu suchen. Wenn Sie lösungsorientiert über das Thema sprechen wollen, dann gilt es das ganze Bild zu sehen, Ihre Gedanken und Gefühle zu verarbeiten und herauszufinden, was Ihnen hilft, sich besser zu fühlen und voranzuschreiten.

Mythos: Sobald etwas einmal vergeben ist, muss man in der ungesunden Beziehung bleiben.

Vergebung ist nicht das Gleiche wie Versöhnung. Je nachdem wie schwer oder intensiv das Vergehen der anderen Person war, können Sie auch beschließen, zu vergeben und danach die Beziehung nicht weiterzuführen. Sie allein entscheiden, wie die Beziehung weitergeht, nachdem Sie einer Person verziehen haben.

Mythos: Wenn man etwas einmal vergeben hat, muss man es immer wieder vergeben.

Vergebung bedeutet nicht, dass Sie das gleiche Verhalten wieder und wieder dulden müssen. Sie geben damit niemandem einen Freibrief, ein Vergehen ständig zu wiederholen. Sie allein entscheiden, wie oft Sie etwas vergeben und weitermachen wollen und wann Sie nach dem Vergeben einen Schlussstrich ziehen. Vergebung und wie es danach weitergeht liegen ganz allein in Ihrem Ermessen.

Mythos: Sobald man vergeben hat, darf man nicht mehr traurig oder verärgert sein.

Vergebung bedeutet nicht, dass Sie ignorieren müssen, was Ihnen jemand angetan hat oder wie Sie sich gefühlt haben. Eine Untersuchung der *University of Michigan* fand heraus, dass die beste Möglichkeit, mit schwierigen Gefühlen umzugehen, darin besteht, dass man innerlich einen Schritt zurück macht und in der dritten Person über die Gefühle redet. Zum Beispiel: „Warum fühlte sie sich so, nachdem ihre Schwiegermutter diese Bemerkung über ihr Gewicht gemacht hatte?“ Die „sie“ in der Frage sind Sie selbst. Wenn Sie sich von der Erfahrung lösen, können Sie objektiver auf Ihre Emotionen schauen und das Selbstmitleid verringern, das Sie feststecken lässt.

Mythos: Wenn man etwas vergibt, muss man vergessen, was passiert ist.

Sie können Ihre Erinnerungen oder Gefühle nicht ausradieren, und beide können sich in unverhofften Momenten unangenehm bemerkbar machen. „Vergeben und vergessen" ist einfach nur ein Ausdruck und nichts, was wir im buchstäblichen Sinne tun können. Nachdem Sie einer Person vergeben haben, wird das Geschehene wahrscheinlich weniger Einfluss auf Sie haben, aber Sie werden eventuell nie ganz über das Erlebnis hinwegkommen.

Vergebung für den eigenen Seelenfrieden

Die Menschen, denen wir besonders schwer vergeben können, sind diejenigen, die sich keiner Schuld bewusst sind und weder um Entschuldigung noch um Vergebung bitten. Wenn Sie ihnen daher von sich aus vergeben, tun Sie dies, um für sich einen Abschluss zu finden und sich nicht länger mit negativen Gedanken über sie zu belasten. Auch wenn Vergebung kein Muss ist, fühlen manche von uns sich besser damit. Vergebung schenkt uns Seelenfrieden.

Vergebung schenkt uns Seelenfrieden.

Auch wenn nicht jeder und alles unsere Vergebung verdient, fühlt sie sich dennoch befreiend an. Denken Sie daran, dass Vergebung weder einen Freibrief für das darstellt, was die andere Person getan hat, noch es ihr erlaubt wieder Kontakt zu Ihnen aufzunehmen. Vergebung ist einfach ein Befreiungsschlag, damit Sie Ihre Energie zurückbekommen und auf etwas anderes richten können. Die andere Person hat Sie dann nicht länger in der Hand, sodass Sie zumindest eine große Portion an Ärger, Wut, Abneigung und Angst loslassen können. Es ist keine leichte oder angenehme Reise, aber es ist besser als an den negativen Emotionen festzuhalten.

Letztendlich ist Vergebung aber eine Entscheidung. In einer Instagram-Umfrage stellte ich die Frage: „Sind einige Dinge unverzeihlich?" 89 Prozent der Menschen bejahte dies, während 11 Prozent nicht der Meinung waren und fanden, dass man alles verzeihen kann. An diesem Ergebnis kann man ablesen, dass einige Menschen bereit sind, alles zu vergeben, die meisten aber nicht.

Auf eine Entschuldigung warten

Vielleicht werden Sie nie die Ihnen zustehende Bitte um Entschuldigung von jemandem bekommen, der Ihnen ein Leid angetan hat, und selbst wenn sie kommt, hilft Ihnen das womöglich nicht dabei, sich in Bezug auf das, was geschehen ist, besser zu fühlen.

- Manche Menschen bitten selbst dann nicht um Entschuldigung, wenn die Fakten offen auf dem Tisch liegen.
- Manche Menschen denken, dass Sie keine Bitte um Entschuldigung verdienen.
- Manche Menschen geben Ihnen die Schuld („Du hast mich dazu gebracht“).
- Manche Menschen bitten mit Taten anstatt mit Worten um Entschuldigung.
- Manche Menschen bitten nicht um Entschuldigung, weil ihr Ego es nicht zulässt.
- Manche Menschen halten es nicht aus, der Wahrheit ins Auge zu blicken.
- Manchen Menschen fehlt die Fähigkeit, die Verantwortung für ihre Handlungen zu übernehmen.

Wenn wir die Verbindung zu einer Person, die uns verletzt hat, aufrechterhalten wollen, müssen wir sie da abholen, wo sie steht, und nicht mehr von ihr erwarten, als sie geben kann.

Sich selbst vergeben

Die Person, der man am schwersten vergeben kann, ist man selbst. Wir können in eine Spirale der Selbstverachtung geraten, wenn uns bewusstwird, dass wir zu lange in einer Beziehung ausgeharrt, zu viel Missbrauch ertragen oder uns mit weniger zufrieden gegeben haben als uns zusteht. Schaffen wir es dann endlich zu gehen, plagen uns Schuldgefühle. Wenn Sie eine Familienbeziehung gelöst haben, dann machen Sie sich bewusst, dass Sie dies taten, um für sich einzustehen, nachdem Sie jahrelang andere Lösungen zu finden versucht haben. Haben Sie Mitgefühl mit sich selbst, dass Sie eine so harte Entscheidung getroffen haben, als es nicht mehr anders ging.

Wenn Sie eine Familienbeziehung beenden, kann dies Auswirkungen auf alle anderen Beziehungen innerhalb der Familie haben

Danas Vater wollte sich nicht schlecht fühlen, weil seine Kinder nicht mehr miteinander sprachen. Also wollte er, dass Dana die Fassade und die Beziehung zu ihrem Bruder aufrechterhielt, obwohl sie von ihm schlecht behandelt und ausgenutzt wurde.

Wenn Sie beschließen, die Beziehung zu einem Familienmitglied abzubrechen, dann kann dies bei anderen Familienmitgliedern Scham oder Unbehagen auslösen. Vielleicht wird dadurch sogar die Dysfunktionalität der Familie deutlich und Geheimnisse oder Lügen kommen ans Tageslicht. In Familien herrschen oft stillschweigende Regeln, die unsere Fähigkeit einschränken, gute Entscheidungen für uns selbst zu treffen.

Die meisten Familienmitglieder werden generell wollen, dass es Ihnen gut geht und Ihre Entscheidungen unterstützen, aber wenn es um das Beenden eines ungesunden Familienverhältnisses geht, verstehen sie vielleicht nicht, dass Ihr Glück an eben dieser Entscheidung hängt. In diesem Fall müssen sie versuchen, die Situation objektiv zu betrachten.

Sie können Familienmitgliedern helfen, die Situation von einer anderen Warte zu betrachten, indem Sie beispielsweise sagen:

- „Wenn mein Partner/meine Partnerin mir Geld stöhle, würdest Du mir dann raten, in der Beziehung zu bleiben?“
- „Wenn mich ein Fremder sexuell belästigte, würdest Du mir dann

raten zur Polizei zu gehen oder eine Beziehung zu meinem Angreifer zu unterhalten?“

- „Wenn meine Freundin intime Details über mich ausplaudern würde, obwohl ich sie explizit gebeten hatte, dies nicht zu tun, würdest Du mir raten die Beziehung zu dieser Freundin fortzusetzen?“

Was geschehen kann, wenn Sie den Kontakt abbrechen

Verdrehen Ihrer Wahrnehmung der Realität („Gaslighting“)

Innerhalb eines dysfunktionalen Familiensystems kann man am besten überleben, wenn man Probleme übersieht. Wenn Sie kommunizieren, dass etwas nicht gesund oder normal ist, kann es sein, dass *Sie* plötzlich als Problem gesehen werden, während das wirkliche Thema ignoriert wird. Familien tun häufig so, als hätten sie keine Probleme, weshalb das Ansprechen schwieriger Themen als Bedrohung des Systems empfunden wird.

Wenn beispielsweise Misshandlung das eigentliche Problem ist, kann das Reden darüber von der Familie als Problem verstanden werden. Wenn emotionale Vernachlässigung das Problem ist, kann erst das Ansprechen von schwierigen Kindheitserlebnissen als das wahre Problem gesehen werden.

Aussagen, die auf Gaslighting hindeuten

- „Du bist nicht die einzige Person, die sich damit beschäftigt. Anderen geht es viel schlechter.“
- „Das hast Du Dir nur ausgedacht.“
- „Warum sagst Du Dinge, die andere Menschen verletzen?“
- „Das ist lange vorbei. Warum wühlst Du es wieder auf?“
- „Du musst endlich darüber hinwegkommen.“
- „So schlimm war es doch gar nicht.“

Leugnen

Es ist ungesund, wenn man Menschen beibringt, dass die Familie alles ist, selbst wenn diese Familie dysfunktional ist. Niemand sollte davon überzeugt werden, Misshandlungen, Traumata oder Missbrauch zu ignorieren. Menschen dazu zu überreden, zum Wohle der Familie in ungesunden Beziehungen zu verharren, schadet ihrer seelischen Gesundheit – vor allem, wenn die Familie gleichzeitig andere Beziehungen missbilligt. Dadurch werden Menschen isoliert und davon abgehalten, gesunde Bindungen zu anderen aufzubauen. Sie können gesunde Familienbeziehungen und gesunde Beziehungen außerhalb der Familie haben, ohne dass eine wie auch immer geartete Konkurrenz herrschen muss.

Immer wenn Weihnachten vor der Tür steht, erzählen mir Menschen, dass sie besorgt, ängstlich, deprimiert oder wütend darüber sind, dass sie die Feiertage mit der Familie verbringen „müssen". In einigen Fällen bedeutet dies, dass sie gemeinsam mit der Person an einem Tisch zu sitzen müssen, die sie misshandelt hat. Andere müssen sich bei ihrem Besuch Beschimpfungen anhören oder zuschauen, wie Geschwister ihnen vorgezogen werden. Es kann sehr schmerzlich sein, wenn große Probleme ignoriert werden. Wenn Sie die Wahrheit leugnen, um eine Beziehung aufrechterhalten zu können, dann hat das seelische, emotionale, und manchmal auch körperliche Folgen.

Familien sollten sich einem höheren Standard verschreiben, nicht einem niedrigeren. Die Beziehungen innerhalb der Verwandtschaft sind langfristig und prägend, also sollten sie im Idealfall die gesündesten sein, die wir haben.

Umgang mit Menschen, die Sie nicht mehr in Ihrem Leben haben möchten

Weil sie Teil der Familie sind, werden Sie manchmal Menschen ausgesetzt, die Sie nicht mehr in Ihrem Leben haben möchten. Andere Familienmitglieder befragen Sie vielleicht zu Ihrem Verhältnis zu einer Person oder Sie werden mit deren Anwesenheit konfrontiert. Wenn Sie beispielsweise den Kontakt zu Ihrer Tante abgebrochen haben, aber den Geburtstag Ihrer Großmutter mitfeiern möchten, werden Sie wahrscheinlich damit leben müssen, dass Sie bei der Feier auf Ihre Tante treffen.

So können Sie mit einer persönlichen Begegnung umgehen:

- Sagen Sie kurz „hallo", wenn es für Sie passt.
- Halten Sie räumlichen Abstand.
- Bitten Sie andere Familienmitglieder, keine Interaktion zwischen Ihnen und der Person zu forcieren.

Sie haben außerdem das Recht, die Teilnahme an Veranstaltungen zu verweigern, bei denen bestimmte Menschen anwesend sein werden. Je nachdem, wie schwerwiegend deren Vergehen war, kann es Ihnen schaden, erneut mit der Person zusammenzutreffen. Wenn Sie sich zwingen, bestimmte Menschen bei familiären Anlässen zu treffen, kann dies seelische und emotionale Rückschläge auslösen. Lernen Sie sich selbst gut genug einzuschätzen, um zu erkennen, wann Sie die Anwesenheit gewisser Personen nicht akzeptieren können, und achten Sie gut auf sich. Wenn beispielsweise der Gedanke, ein bestimmtes Familienmitglied wiederzusehen Ihnen Angst einflößt, sich auf Ihre Stimmung auswirkt oder Sie in negatives Verhalten fallen lässt, dann sind Trigger am Werk. Achten Sie ganz bewusst auf solche Trigger und treffen Sie schützende Vorkehrungen für sich selbst.

Dürfen Ihre Kinder Beziehungen zu Menschen haben, zu denen Sie den Kontakt abgebrochen haben?

Wenn Sie die Beziehung zu jemandem abbrechen, betrifft das nicht nur Sie selbst, sondern beispielsweise auch Ihre Kinder, wenn sie ebenfalls in Bezug zu der jeweiligen Person stehen. Es ist Teil Ihrer Verantwortung als Mutter oder Vater zu bestimmen, zu welchen Menschen Ihre Kinder Kontakt haben sollen und zu welchen nicht. Je nachdem aus welchem Grund Sie die Beziehung beendet haben, entscheiden Sie sich vielleicht dafür, dass Ihre Kinder dieser Person ebenfalls nicht mehr begegnen sollen.

Die folgenden Fragen können Ihnen helfen festzustellen, ob Sie die Beziehung für Ihre Kinder beenden sollten oder ob Sie es erlauben, dass sie fortbesteht:

- Hatte die Person eine gesunde Beziehung zu Ihren Kindern, bevor Sie den Kontakt abgebrochen haben?
- Kann die Person eine Beziehung zu Ihren Kindern unterhalten, ohne mit ihnen über die Probleme zu sprechen, die zwischen Ihnen herrschen?
- Hat Ihr Kind darum gebeten, den Kontakt zu der Person aufrechtzuerhalten? Wenn ja, ist der Kontakt dann emotional und körperlich sicher für Ihr Kind?
- Können Sie dem Familienmitglied Ihr Kind anvertrauen?

Was Sie Familienmitgliedern sagen können, die Ihre Entscheidung hinterfragen oder einen Kontakt zu erzwingen versuchen

- „Das ist kein gesundes Verhältnis für mich, deshalb habe ich den Kontakt abgebrochen."
- „Ich weiß, dass es Dir schwerfällt das zu verstehen, aber es ist meine Entscheidung und ich möchte, dass Du sie respektierst."
- „Bitte hör auf mich zwingen zu wollen, mit jemanden zu reden, der mir Schaden zugefügt hat."

- „Wir sehen die Situation unterschiedlich. Bitte erlaube mir, meine eigene Perspektive zu haben."
- „Du bedrängst mich etwas zu tun, das nicht gut für mich ist."

Nicht hinterfragte Loyalität

Fragen sind eine gute Möglichkeit, Systeme zu verstehen, einschließlich Familien. Es ist nicht in Ordnung, wenn Sie keine Fragen stellen dürfen oder Ihre Fragen unbeantwortet bleiben. Kritisches Denken ist eine Bedrohung für ungesunde Systeme, und Fragen bringen Menschen zum Nachdenken. Daher kämpfen Menschen häufig dagegen an, dass das System in Frage gestellt wird. Ihr Schwerpunkt sollte aber vor allem auf Ihrem eigenen Wohlbefinden liegen, und wenn Sie Antworten benötigen, sollten Sie Fragen stellen.

ÜBUNG

Schnappen Sie sich Ihr Notizbuch oder ein Stück Papier, und beantworten Sie für sich die folgenden Fragen:

- Welche Beziehungen waren zusätzlich betroffen, als Sie die Beziehung zu einem Familienmitglied beendet haben beziehungsweise welche Beziehung wird Ihrer Meinung nach betroffen sein, wenn Sie den Kontakt abbrechen?
- Was denken Sie über Vergebung? Ist sie notwendig? Sind einige Dinge unverzeihlich? Wenn ja, welche?

KAPITEL 10

UNTERSTÜTZUNG AUSSERHALB DER FAMILIE FINDEN

Dans Mutter war berufstätig, und seinen Vater sah er eher selten. Sein Bruder und seine Schwester lebten bereits nicht mehr zu Hause. Während seine Mutter arbeitete, passten die Reddings von nebenan auf ihn auf, und an den Wochenenden spielte er mit deren Kindern. Mr. Redding wurde so etwas wie ein Ersatzvater für Dan, und er fühlte sich als Teil der Familie.

Auch als er älter wurde, spielten die Reddings eine zentrale Rolle in seinem Leben. Sie kamen zu seinen Abschlussfeiern und verbrachten Urlaube mit ihm und seiner Mutter. Als Dan selbst Vater wurde, waren die Reddings wie Großeltern für seine Kinder und die Redding-Kinder wie Tanten und Onkel. Dan konnte sich ein Leben ohne die Reddings nicht vorstellen, wohingegen sein Vater und seine leiblichen Geschwister die Beziehung nicht verstanden. Für Dan bestand seine Familie aus seiner Frau, seinen Kindern, seiner Mutter und den Reddings.

Familie besteht nicht nur aus Blutsverwandten.
Familie sind auch die Menschen,

- die Sie sich aussuchen,
- denen Sie sich tief verbunden fühlen,
- die sich liebevoll für Sie verantwortlich fühlen,
- die Ihnen ein Gefühl von Sicherheit geben,
- die beständig für Sie da sind,
- die Ihnen gerne geben, was Sie brauchen,
- die Sie gut kennen und lieben.

Als Erwachsene suchen wir uns unsere Beziehungen aus. Familie bedeutet Verbindung, nicht nur Blutsverwandtschaft. Für Dan bestand seine Familie aus den Menschen, denen er sich am stärksten verbunden und von denen er sich am meisten unterstützt fühlte.

Titel und Rollen

Menschen können einen Titel haben, ohne die damit verbundene Rolle zu übernehmen. Manche Mütter sind beispielsweise nicht fürsorglich, liebevoll oder gut darin, einem Kind Halt zu geben. Manche Geschwister sind nicht loyal oder unterstützend. Es ist einfach falsch anzunehmen, dass ein Titel automatisch mit bestimmten Eigenschaften einhergeht. Es ist möglich, dass jemand einem Freund mehr vertraut als seinem Bruder oder seiner Schwester.

Zehn entscheidende Bausteine einer gesunden Beziehung

1. Vertrauen
2. Freudvolles Miteinander
3. Tiefe (bedeutsame) Gespräche
4. Authentizität
5. Füreinander sorgen
6. Gesunde Kommunikation
7. Freundlichkeit (und taktvoller Umgang mit Fehlern)
8. Gegenseitige Wertschätzung
9. Trost spenden
10. Unterstützung (in Form von Worten und Taten)

Diese Bausteine lassen sich innerhalb der Familie finden, aber auch in Beziehungen zu Freunden, Älteren, Kollegen, Mentoren oder Nachbarn.

Die Wahlfamilie

Wenn Sie Ihre Familie über alles andere stellen, bleiben Sie womöglich in ungesunden Beziehungen stecken, weil Sie glauben, alles tolerieren zu müssen. Der Satz „Ich habe eine kleine Familie“ bedeutet manchmal „Ich habe nur wenige Menschen, mit denen ich innerhalb meiner Familie den Kontakt pflege. Es gibt Familienmitglieder, mit denen ich häufig spreche und andere, bei denen dies eher selten der Fall ist. Das ist größtenteils meine bewusste Entscheidung, denn ich suche mir genau aus, worauf ich meine Energie verwende.“

In manchen Beziehungen bekommt man fast alles, was man braucht, und in anderen vielleicht nur die Hälfte. Und dann gibt es noch die Beziehungen, bei denen Sie viel Energie investieren und am Ende nur wenig bis gar nichts zurückbekommen. In gesunden Beziehungen müssen das Geben und Nehmen nicht vollkommen ausgeglichen sein, weil nicht alle in jedem Bereich gleich viel zu geben haben. Nur Sie können entscheiden, ob eine Beziehung es Ihnen wert ist.

Nur Sie können entscheiden, ob eine Beziehung es Ihnen wert ist.

Als ich einmal mit meiner Therapeutin über eine komplexe Familienbeziehung sprach, fragte sie mich, warum ich eine Beziehung zu dieser Person unterhielte? Als Therapeutin wusste ich, dass ich verloren hatte, denn es gab keinen Grund. Mir fiel nichts anderes ein als zu sagen: „Weil die Person zur Familie gehört“. Das ist allerdings kein wirklicher Grund, um eine Beziehung aufrechtzuerhalten, insbesondere wenn sie Stress verursacht. Natürlich wird es immer Zeiten geben, in denen einzelne Menschen Ihnen auf die Nerven gehen, Sie aber trotzdem noch den Wert der Beziehung erkennen können. Machen Sie sich bewusst, welche Beziehungen für Sie von Wert sind und welche Sie einfach nur aus Pflichtgefühl beibehalten.

Ähnlich wie Dan wuchs auch ich mit einem älteren Geschwister auf und war nach der Grundschule das einzige Kind im Haus. Meine tiefsten Verbindungen hatte ich zu Gleichaltrigen, die erstaunlicherweise fast immer auch das jüngste Kind der Familie waren und ältere Geschwister mit einem erheblichen Altersunterschied hatten. Meine Familie kennt meine Freundinnen aus der Highschool und dem College gut, weil sie fast so etwas wie meine Schwestern sind. Genau wie bei Dan beziehen sich meine Erinnerungen an Familienfeiern sowohl auf meine eigene Familie als auch auf meine Wahlfamilie.

Familie ist wichtig, aber die Menschen, die Sie zu Ihrer Wahlfamilie zählen, sind unentbehrlich.

Wie Sie Menschen mit ungesunden Familienbeziehungen unterstützen können

Reden Sie ihre Erfahrungen nicht klein.

Es ist nicht Ihre Aufgabe jemandem zu sagen: „So schlimm ist es doch gar nicht.“ Es ist auch nicht hilfreich, wenn Sie Menschen auffordern, schwierige Situationen mit Familienmitgliedern durchzustehen. Lassen Sie die Person selbst entscheiden, wie sie ihr Leben führen will.

Drängen Sie sie nicht dazu, ihre Beziehungen zu verbessern.

Sie wissen nicht, was für jemand anderen gut ist, weil Sie nicht wissen können, auf welche Weise bestimmte Beziehungen die Person beeinflussen. Ungesunde Beziehungen können schädlich für ihre seelische Gesundheit sein.

Geben Sie ihnen Raum, von ihren Erfahrungen zu berichten, ohne zu bewerten.

Selbst wenn Ihre Erfahrungen anders sind, ist es wichtig, dass Sie Menschen die Möglichkeit geben, ihre eigenen Geschichten zu erzählen.

Sagen Sie ihnen nicht, was Sie an ihrer Stelle tun würden.

Jede Situation ist anders, weshalb Sie auch nicht immer gute Ratschläge geben können. Selbst wenn Sie in der jeweiligen Situation anders reagieren würden, ist das nicht unbedingt das, was Ihr Gegenüber braucht oder hören will.

Glauben Sie nicht zu wissen, wie sie sich fühlen.

Gefühle sind kompliziert und Sie können nicht wissen, wie jemand sich fühlt. Wenn Sie aus einer stabilen Familie kommen, fehlt Ihnen der Referenzpunkt dafür, wie es Menschen mit chaotischen Familienverhältnissen geht.

Machen Sie ihnen keine falschen Hoffnungen, indem Sie behaupten, das renke sich schon wieder ein.

Sie wissen nicht, ob etwas wieder gut wird – Sie können es lediglich annehmen oder hoffen. Es ist in Ordnung nicht zu wissen, wie sich etwas entwickeln wird.

Fragen Sie, was sie von Ihnen brauchen.

Anstatt anzunehmen, dass Sie wissen, was jemand braucht, fragen Sie die Person einfach. So stellen Sie sicher, dass deren Bedürfnisse tatsächlich erfüllt werden. Andernfalls verschwenden Sie Zeit und Energie damit Dinge zu tun, um die Sie nie gebeten wurden.

Selbstfürsorge

Wenn Sie von Blutsverwandten oder Ihrer Wahlfamilie nicht die Unterstützung bekommen, die Sie gerne hätten, können Sie sich selbst das geben, was Sie brauchen. Sie können sich das beibringen, was Sie gerne von anderen lernen möchten. Das, was Sie in anderen suchen, finden Sie in sich selbst. Wenn Sie sich selbst unterstützen, dann tun Sie dies mit dem Ziel, zur besten Version Ihrer selbst zu werden und auf dem Weg dorthin verständnisvoll mit sich zu sein.

Fünf Wege, wie Sie sich selbst unterstützen können

Lernen Sie sich selbst kennen

Je besser Sie sich kennen, umso mehr Bewusstsein entwickeln Sie für Ihre Bedürfnisse, Wünsche, Vorlieben und Abneigungen. Veränderung ist ein Teil des Prozesses, weshalb sich Ihre Vorlieben beispielsweise immer wieder ändern können. Zu wissen, wer Sie sind, hilft Ihnen dabei, auch anderen gegenüber klarer darin zu werden, was Sie mögen und brauchen.

Angeleitete Tagebücher, Arbeitsbücher, Therapie und sinnhafte Gespräche sind wundervolle Möglichkeiten, um ein tieferes Verständnis für sich selbst zu entwickeln. Während meiner Therapie habe ich die Gründe hinter einigen meiner Entscheidungen hinterfragt und mir selbst dafür vergeben, dass manche davon nicht die besten waren.

Hören Sie auf, sich zu vernachlässigen

Sorgen Sie gut für sich. Sprechen Sie sich selbst gut zu. Nehmen Sie warme Bäder. Gehen Sie regelmäßig zum Arzt und lassen Sie sich durchchecken. Wir können andere nicht davon abbringen uns zu vernachlässigen, aber wir können damit aufhören, uns selbst zu missachten.

Während ihrer Kindheit ging Taneshas Mutter mit ihr nur dann zum Zahnarzt, wenn sie Zahnschmerzen hatte oder ein Zahn beschädigt war. Also brachte sie automatisch Besuche beim Zahnarzt mit Schmerz in Verbindung. Als sie lernte, sich besser um sich selbst zu kümmern, begann sie regelmäßig zu den Vorsorgeuntersuchungen zu gehen und den Zahnarzt nicht nur bei einem Problem aufzusuchen.

Vertrauen Sie sich selbst

Sie werden nicht immer die besten Entscheidungen treffen, aber je mehr Sie treffen, umso besser werden Sie darin werden. Keine Entscheidung zu treffen, bedeutet Stillstand und verbessert das Ergebnis am Ende nicht.

Der Schlüssel dazu, sich selbst zu vertrauen, ist freundlich zu sich zu sein, wenn die Dinge nicht so laufen wie geplant, in dem Wissen, dass Sie das Bestmögliche versucht haben. Auch die besten Entscheider vermasseln es von Zeit zu Zeit. Häufig sehen wir andere als bessere Entscheider, weil wir nicht wissen, wie oft sie versagt haben. Wie sagte Nelson Mandela so treffend: „Beurteile mich nicht nach meinen Erfolgen, sondern danach, wie oft ich hingefallen und wieder aufgestanden bin."

Fokussieren Sie sich auf Ihre Bedürfnisse

Wenn das Kümmern um andere und das Agieren im Krisenmodus zur Norm geworden sind, kann es schwierig sein, den Irrglauben loszulassen, dass es wichtiger ist, sich um die anderen zu kümmern, als um sich selbst. Ihre Bedürfnisse mögen objektiv gesehen zwar nicht wichtiger als die anderer sein, subjektiv gesehen aber schon.

Als meine Kinder noch Säuglinge waren, wurde mir schnell klar, dass meine Fähigkeit, ausreichend Milch zu produzieren unmittelbar mit meiner Fähigkeit zusammenhing, gut für mich selbst zu sorgen. Ich musste mich darum kümmern, dass ich genug Wasser trank, mich ausruhte und emotionale Stürme an mir vorüberziehen ließ. Auf diese Weise lehrte mich das Bemuttern meiner Babys ein paar Lektionen darüber, mich selbst zu bemuttern. Wenn man auf dem letzten Zylinder läuft, hat man nicht mehr viel zu geben.

Seien Sie die Person, die Sie brauchen

> Seien Sie die Person, zu der Sie als Kind aufgeblickt hätten.

Es klingt wie ein Klischee, aber es ist wahr: Manchmal finden Sie keine Person zum Ausfüllen einer bestimmten Rolle, also müssen Sie sie selbst übernehmen. Seien Sie die Person, zu der Sie als Kind aufgeblickt hätten. Seien Sie stolz auf sich und werden Sie zu dem, was Ihnen in Ihrer Familie gefehlt hat.

Bauen Sie sich eine Gemeinschaft auf

Ihre Familie ist nur ein Teil Ihrer Gemeinschaft. Sie können darüber hinaus mit vielen anderen in einer Gemeinschaft sein, die Ihnen das geben können, was Ihnen in Ihrer Verwandtschaft fehlt. Wenn Sie in einer dysfunktionalen Familie aufgewachsen sind, fällt es Ihnen vielleicht schwer einzuschätzen, wem Sie vertrauen können. Jedem zu vertrauen kann ebenso ungesund sein wie niemandem zu vertrauen. Sie müssen daher ein Gefühl dafür entwickeln, wem Sie vertrauen können und wem nicht.

Anzeichen dafür, dass Sie sich verletzlich zeigen können

- Sie bemerken, dass Ihr Gegenüber sich für Ihre Geschichte interessiert.
- Der oder die andere zeigt sich Ihnen gegenüber verletzlich.
- Wenn Ihr Gegenüber Ihnen zuhört, fühlen Sie sich gehört.
- Der andere unterstützt Sie in dem Moment.
- Die andere Person zeigt sich integer, wenn es um die Angelegenheiten Dritter geht.
- Die andere Person ist stets für Sie da.

Verletzlichkeit ist der Weg zu authentischen Beziehungen. Seien Sie Sie selbst, seien Sie klar und ehrlich in Bezug auf Ihre Erwartungen, und Sie werden Ihre Gemeinschaft finden.

Beziehungen aufrechterhalten

Gute Beziehungen erfordern Zeit und Ausdauer. Halten Sie eine gewisse Zeit lang regelmäßig den Kontakt – der Lohn werden gesunde Beziehungen sein. Darauf zu warten, dass die andere Person sich zuerst meldet, schafft womöglich nicht das Verhältnis, das Sie sich wünschen. Wenn Sie eine Beziehung aufbauen möchten, dann gehen Sie einen Schritt auf den anderen zu und hoffen Sie, dass er oder sie es auch tut. Natürlich werden nicht alle Beziehungen funktionieren. Lassen Sie die los, die losgelassen werden müssen, und öffnen Sie sich für neue. Seien Sie darauf vorbereitet, dass einige Beziehungen enden werden und wünschen Sie sich, dass dies ohne Drama vonstattengeht.

ÜBUNG

Schnappen Sie sich Ihr Notizbuch oder ein Stück Papier, und beantworten Sie für sich die folgenden Fragen:

- Gibt es in Ihrem Leben Freunde, Nachbarn oder Mentoren, die für Sie wie Familie sind?
- Wie können Sie tiefere Beziehungen zu Menschen außerhalb Ihrer biologischen Familie aufbauen?

TEIL 3

WACHSTUM

KAPITEL 11

ABHILFE BEI SCHWIERIGEN BEZIEHUNGEN ZU ELTERN

Anthony kam zu mir in die Therapie, um seinen Groll gegenüber seinem Vater Michael zu bearbeiten. Nachdem er sich 22 Jahre lang aus Anthonys Leben ferngehalten hatte, wünschte Michael sich nun eine Beziehung zu seinem Sohn. Anthony war sich nicht sicher, ob er bereit war, wieder ein Verhältnis zu seinem Vater aufzubauen, der aus seiner zweiten Ehe zwei weitere Kinder hatte.

Anthony hatte das Glück, ein sehr gutes Verhältnis zu seinem Stiefvater zu haben, der seit seinem achten Lebensjahr Teil seines Lebens war. Als Michael ging, war Anthony vier Jahre alt. In gewisser Hinsicht fühlte es sich für Anthony so an, als wäre eine Versöhnung mit seinem leiblichen Vater ein Verrat an seinem Stiefvater, den er als seinen „echten" Vater ansah.

Anthony hatte über all die Jahre hinweg einen engen Kontakt zu seiner Großmutter väterlicherseits. Auf ihrer Beerdigung traf er zum ersten Mal nach langer Zeit seinen Vater Michael wieder, der ihn um seine Telefonnummer bat. Die ersten Gespräche verliefen zäh. Anthony wünschte sich eine Entschuldigung. Nachdem er zwei Monate lang regelmäßig mit seinem Vater gesprochen hatte, fragte er ihn endlich, warum er sich so lange nicht gemeldet habe und jetzt den Kontakt wolle. Michael erklärte ihm, dass er nicht wusste, wie er die Probleme zwischen ihnen wieder in Ordnung bringen konnte und dass ihm sein Fernbleiben leidtat. Das reichte Anthony aber als Erklärung nicht aus.

Nachdem sie vier Monate lang regelmäßig miteinander gesprochen hatten, reagierte Anthony nicht mehr auf Anrufe und

Textnachrichten. Er wurde den Gedanken einfach nicht los: „Warum jetzt und nicht schon früher?“ Er hatte das Gefühl, seinen Vater jetzt nicht mehr so sehr zu brauchen, wie dies als Kind der Fall gewesen war. Er wusste nicht, wie er zugleich wütend auf Michael sein und ihm gegenüber sein Herz öffnen konnte.

In der Therapie erzählte Anthony mir, er wolle die Wut gegenüber seinem Vater „überwinden“ und herausfinden, ob er sich eine Beziehung vorstellen könne. Da Loyalität für ihn einen wichtigen Wert darstellt, sorgte er sich, dass der Aufbau einer Beziehung zu Michael sein Verhältnis zu seinem Stiefvater gefährden könnte.

Gefühle „überwinden“

Viele Menschen verbinden mit einer Therapie die Hoffnung, unangenehme Emotionen zu überwinden. Die Wahrheit ist: Sie müssen nichts „überwinden“. Das kostet Sie viel mehr Energie, als wenn Sie es sich einfach gestatten, wütend, verletzt oder frustriert zu sein. Gefühle zu überwinden, ändert nichts an der Vergangenheit. Es ist wichtig, Ihre Gefühle aufzuarbeiten und zugleich nach vorne zu schauen.

Menschen sagen mir oft Dinge wie:

- „Meine Großmutter ist gestorben. Können Sie mir helfen, die Trauer zu überwinden?“
- „Ich habe einen Job verloren, den ich geliebt habe. Ich möchte den Schmerz und die Scham überwinden.“
- „Meine beste Freundin hat den Kontakt zu mir abgebrochen, und ich bin so traurig. Wie kann ich den Schmerz überwinden?“

Die Wahrheit ist, dass kein Therapeut, kein Zwang und kein Ersatzmittel Ihnen helfen wird, Emotionen zu überwinden, die Sie noch verarbeiten müssen. Meine typische Antwort für Menschen, die etwas „überwinden“ wollen, lautet: „Ich kann Ihnen helfen sich besser zu fühlen, wenn Sie es sich gestatten, unterschiedliche

Emotionen zur gleichen Zeit zu spüren und anzunehmen und gesunde Strategien für den Umgang damit zu finden." Das ist meist nicht das, was Menschen hören wollen, aber es ist die Wahrheit. Ich wünschte manchmal, ich hätte eine „Überwindungspille" anzubieten, aber die gibt es leider nicht. Der einzige gesunde Weg besteht darin, die Gefühle zuzulassen.

Anthony musste seine Wut spüren und zulassen, ohne dies als nutzlos, schlecht oder auch gut anzusehen. Er musste seine Gefühle durchleben, ohne sie zu bewerten. Wut hat in unserer Gesellschaft ein negatives Image, aber in Wahrheit ist nichts falsch daran. Die Herausforderung besteht darin, wie wir reagieren und uns verhalten, wenn wir wütend sind. Meist richten wir den Blick auf Menschen, die in ihrer Wut destruktiv handeln, aber Gewalt ist nicht die einzige Option. Ich habe gesehen, dass Menschen in ihrer Wut Dinge zerstörten, während andere sie mit einem Spaziergang verarbeiteten.

Gesunde Wege, mit Wut umzugehen

- Gestehen Sie sich Ihre Wut ein. Hören Sie auf so zu tun, als seien Sie nicht wütend, und akzeptieren Sie das Gefühl.
- Machen Sie sich bewusst, was der Auslöser für Ihre Wut ist – bestimmte Worte, Erinnerungen, Umgebungen usw. Sie müssen diese Trigger nicht vermeiden. Lernen Sie damit umzugehen und überlegen Sie sich, wie Sie reagieren wollen, wenn Sie wütend werden.
- Überlegen Sie, ob es sinnvoll ist, sich in bestimmte Situationen zu begeben, wenn Sie bereits im Vorhinein wissen, dass Sie getriggert werden. Je besser Sie Ihre Trigger kennen, umso leichter fällt Ihnen die Entscheidung.
- Forschen Sie nach, was Ihren Gefühlen zugrunde liegt. Als Anthony sich näher mit seiner Wut beschäftigte, stellte er fest, dass sich dahinter die Enttäuschung darüber verbarg, von seinem Vater verlassen worden zu sein. Hinter Wut stecken oft Trauer, Enttäuschung und Schmerz.

- Entwickeln Sie Strategien, Ihrem Ärger Luft zu machen, damit Sie ihn loslassen können. Über Wut zu reden ist hilfreich, wenn dies gezielt geschieht. Beziehungen können davon profitieren, dass Ihr Gegenüber genau weiß, wie Sie sich fühlen. Wenn Sie Ihre Gefühle nicht kommunizieren, zeigen sie sich häufig in Form von passiv-aggressivem Verhalten.

Geleugnete Wut verwandelt sich in Aggressivität, passiv-aggressives Verhalten, Depressionen oder verletzende Worte und Taten. Wut ist keine problematische Emotion – sie ist ganz natürlich und muss anerkannt werden, damit sie sich verabschieden kann. Das Beste, was wir tun können, ist in Bezug auf unsere Gefühle ehrlich gegenüber uns selbst zu sein.

Die Entscheidung, eine Beziehung weiterzuführen oder abzubrechen

Anthony wollte ergründen, ob er die Beziehung zu seinem Vater fortsetzen oder beenden sollte – ein Zeichen, dass es ihm wichtig war, die bestmögliche Lösung sowohl für sich als auch für Michael zu finden.

Wenn Sie herausfinden möchten, was das Beste ist, sollten Sie sich folgende Fragen stellen:

- Gibt es Missbrauch, oder ist die Person gefährlich?
- Ist die andere Person reumütig beziehungsweise bereit, den eigenen Anteil an den Beziehungsschwierigkeiten anzuerkennen?
- Gibt es ein Problem oder sind es viele Probleme, die gelöst werden müssen?
- Hat sich die Person verändert? Welche Anzeichen gibt es für eine Veränderung?
- Wird das Zugeben des Problems zu einer Veränderung führen oder wird sich das destruktive Verhalten fortsetzen?

- Welche Lösungen haben Sie in der Vergangenheit ausprobiert? Falls diese nicht funktioniert haben: War die Lösungsstrategie nicht gut oder war die andere Person nicht bereit, mitzumachen?
- Können Sie damit leben, dass die Beziehung beendet wird?

In meinen Jahren als Therapeutin habe ich erlebt, dass Menschen Beziehungen zu Eltern aufrechterhalten haben, die sie in der Kindheit körperlich misshandelt, sich aber später bei ihnen entschuldigt haben. Umgekehrt habe ich aber auch gesehen, dass Beziehungen zu Eltern weitergeführt wurden, die sich weder änderten noch jemals zugaben, dass sie falsch gehandelt oder ihren Kindern Leid angetan hatten. Es ist immer die Entscheidung jedes Einzelnen, ob eine Beziehung fortgesetzt wird oder nicht. Anthonys Vater Michael schien sein Verhalten zu bedauern und bereit zu sein, die Verantwortung dafür zu übernehmen. Dennoch ist es an Anthony zu entscheiden, ob er die Beziehung zu seinem Vater pflegen möchte oder nicht.

Wie Sie aufhören, Ihre Eltern zu hassen

Sie müssen nicht vergeben und vergessen, um nicht länger wütend auf Ihre Eltern zu sein. Zwei Dinge können gleichzeitig existieren: Ihre Wahrheit über die Beziehung und Ihr Wunsch, diese trotz allem aufrechtzuerhalten. Sie können Ihre Eltern so nehmen, wie sie sind und akzeptieren, wie sie Sie behandeln. Was ist in ihrem Leben passiert, das Einfluss auf die Beziehung zu Ihnen hatte? Nichts kann rechtfertigen, dass sie Sie schlecht behandelt haben. Dennoch kann Verstehen weiterhelfen. Vielleicht haben Ihre Eltern selbst Traumata erlebt, waren abhängig oder verfügen nicht über die notwendigen Fähigkeiten, um liebevoll für Sie zu sorgen. Ihre Erfahrungen und ungesunden Bewältigungsstrategien hatten mit hoher Wahrscheinlichkeit Auswirkungen auf Sie und Ihre Beziehung mit ihnen. Es ist nicht Ihre

Schuld, und Sie können die Probleme Ihrer Eltern nicht lösen. Treten Sie bewusst aus der Situation heraus und fragen Sie sich unter Verwendung des Vornamens Ihrer Eltern (anstatt Mama oder Papa): Was ist ______s Geschichte? Wie hat diese Geschichte sie oder ihn geformt?

Ihre Eltern sind zuallererst Menschen, und als Menschen kann es sein, dass sie

- Fehler machen,
- Nicht um Entschuldigung bitten,
- emotional unreif sind,
- Probleme haben, Versprechen zu halten,
- unangemessene Erwartungen haben,
- nicht alle Antworten kennen,
- nicht bemerken, welche Auswirkungen ihr Verhalten auf andere hat,
- wollen, dass die Dinge nach ihren Vorstellungen laufen,
- ungesunde Bewältigungsstrategien haben,
- sich ihres fehlenden Wissens nicht bewusst sind.

Was ist die Geschichte Ihrer Eltern?

Die Geschichte Ihrer Eltern ist keine Entschuldigung für Dinge, die passiert sind, aber sie kann Aufschluss über die Gründe für ihr Verhalten geben. Wenn Ihr Vater oder Ihre Mutter nicht über die Vergangenheit reden möchte, dann bitten Sie ein Familienmitglied um mehr Informationen. Kinder tragen häufig Narben der Traumata ihrer Eltern.

Dinge, die Sie vielleicht gerne von Ihren Eltern hören möchten

- „Ich war nicht in der Lage Dir das zu geben, was Du gebraucht hättest."
- „Ich war mit der Heilung meiner eigenen Themen beschäftigt und wusste nicht, wie ich gleichzeitig für Dich sorgen sollte."
- Ich habe Fehler gemacht und Dich verletzt."

- „Was kann ich jetzt tun, um unsere Beziehung zu verbessern?“
- „Ich war überfordert, und das hat sich in meinem Umgang mit Dir widergespiegelt.“
- „Ich wusste nicht, wie ich mit Deinen Emotionen umgehen sollte, weil ich nicht mal mit meinen eigenen klargekommen bin.“
- „Ich habe mein Bestes getan, aber Du hättest etwas anderes gebraucht.“

Steuern Sie das, was Sie können

Konzentrieren Sie sich auf den Teil der Beziehung, den Sie steuern können. Kümmern Sie sich um die Teile Ihrer selbst, die Zuwendung und Aufmerksamkeit benötigen. Bringen Sie sich selbst bei, was Ihre Eltern Ihnen nicht beibringen konnten oder wollten. Sie werden Ihre Eltern nicht zu denen machen, die Sie gerne hätten, aber Sie können die bedeutungsvollen, warmen und gesunden Teile Ihrer Beziehung zu Ihnen anerkennen und genießen.

Fragen, die Sie sich stellen können, wenn Sie die Probleme mit Ihren Eltern bearbeiten

- Was ist Ihre Definition eines „gesunden“ Elternteils?
- Auf welche Weise haben Ihre Eltern Ihnen gezeigt, dass sie Sie lieben?
- Welche Probleme gibt es aktuell in Ihrer Beziehung zu Ihren Eltern?
- Welche Erwartungen haben Sie an eine zukünftige Beziehung zu Ihren Eltern?
- Was müssen Sie in Bezug auf Ihre Eltern und Ihre Beziehung zu ihnen akzeptieren?

Gestehen Sie ihnen Schwächen zu

Was sind Ihre Schwachstellen? Wo liegen die Schwachstellen Ihrer Eltern? Jeder hat Macken, und es ist nicht immer hilfreich, die einen als schlimmer anzusehen als die anderen. Das bedeutet nicht, dass man alles vergeben muss, aber es ist möglich, dass Ihre

Eltern einfach nicht wussten, wie man eine gute Mutter oder ein guter Vater ist.

Es ist nicht Ihre Schuld

Eltern haben ihre eigene Geschichte. Marcys Mutter beschimpfte sie und misshandelte sie körperlich, ihr Freund missbrauchte sie sexuell. Obwohl Marcy ihre eigenen Kinder nicht misshandelte, hatte sie genau wie ihre Mutter ein Alkoholproblem. Sowohl Marcy als auch ihre Mutter erlebten Traumata. Das ist keine Entschuldigung, aber es erklärt, warum bestimmte Dinge geschehen sind.

In einer perfekten Welt würden Menschen erst dann Kinder bekommen, wenn sie ihre eigenen Themen verarbeitet haben. Da jedoch nicht jeder Mensch Heilung erfährt, bevor er Kinder bekommt, haben viele mit ihren eigenen schwierigen Problemen zu kämpfen, während sie gleichzeitig ihre Kinder großziehen. Wie bereits in Kapitel 3 erwähnt, ist der Substanzmissbrauch eines Elternteils nie die Schuld eines Kindes.

Sprechen Sie Probleme an

Es ist schwer, die Vergangenheit hinter sich zu lassen, wenn das, was passiert ist, Sie immer noch belastet. Es ist auch nicht förderlich, wenn Probleme aus der Vergangenheit immer wieder aufs Tapet kommen. Dennoch könnte es für Ihre Eltern hilfreich sein zu wissen, wie Sie Ihre Kindheit empfunden haben. Offene Kommunikation ist ein gesunder Teil jeder Beziehung. Entscheidend dabei ist, wie kommuniziert wird.

Es kann beängstigend sein, ein längst überfälliges Gespräch über schmerzliche Erinnerungen zu führen, aber je länger sie es aufschieben, umso mehr wird Ihre Angst anwachsen. Sie können zwar nicht kontrollieren, wie Ihre Eltern reagieren werden, aber vielleicht können Sie aufgrund Ihrer Erfahrungen mit ihnen einige Reaktionen voraussehen. Was auch immer in der Vergangenheit geschehen ist – ergreifen Sie das Wort, wenn Sie etwas Neues oder anderes zu sagen haben.

Wie Sie Ihren Unmut ausdrücken können

- *Sagen Sie Ihren Eltern, wie wichtig Ihnen die Beziehung ist. Sprechen Sie dann das an, was Ihnen auf der Seele liegt, und äußern Sie offen, welche Erwartungen Sie an das Gespräch knüpfen.*

Beispiel: „Diese Beziehung ist wichtig für mich und ich möchte, dass Ihr wisst, dass ich als Kind oft das Gefühl hatte, Ihr wärt zu beschäftigt, um Zeit mit mir zu verbringen. Ich weiß, dass sich daran heute nichts mehr ändern lässt, aber ich musste das einfach einmal loswerden."

„Ich liebe Euch und ich habe Euch etwas Wichtiges zu sagen. Ihr schreit mich an, wenn Ihr frustriert seid, und das geht jetzt schon eine ganze Weile so. Wenn Ihr mich das nächste Mal anschreit, werde ich Euch darauf aufmerksam machen und erst wieder mit Euch sprechen, wenn die Dinge sich beruhigt haben."

- *Schreiben Sie Ihren Eltern einen Brief, um sie wissen zu lassen, wie Sie sich fühlen. Briefe geben Ihnen die Möglichkeit Gefühle zu äußern, ohne dass dies gleich in eine Konfrontation mündet. Sie können im Anschluss entscheiden, ob Sie Ihren Eltern den Brief geben oder ob er für Sie lediglich eine Möglichkeit darstellte, Ihre Gefühle zu artikulieren.*

Die eigenen Gedanken und Gefühle zu Papier zu bringen, kann befreiend wirken. Sie können auch am Computer oder auf dem Smartphone schreiben, wenn Ihnen das leichter fällt. Ihr Brief sollte zeigen, um welche Themen es geht, in welcher Weise Sie davon betroffen waren, wie Sie sich fühlen und welche nächsten Schritte Sie ergreifen möchten. Konzentrieren Sie sich dabei auf den größeren Zusammenhang, anstatt alle einzelnen Themen gleichzeitig anzugehen.

Wenn Sie beschließen, Ihren Eltern den Brief zu übergeben, überlegen Sie sich, ob Sie ihn per Post verschicken möchten oder per E-Mail. Vielleicht möchten Sie ihn auch persönlich übergeben. Seien Sie sich dessen bewusst, dass sie eventuell gar nicht darauf reagieren werden oder auf eine Art und Weise, die Ihnen nicht gefällt. Ich habe sogar schon von Fällen gehört, in denen Eltern den Brief eines Kindes gelesen haben, ohne überhaupt zu erwähnen, dass er angekommen war, weil sie nicht bereit waren über das Thema zu sprechen. Wenn Sie sicherstellen möchten, dass Ihr Brief gesehen und sein Inhalt verarbeitet wurde, dann fragen Sie einfach direkt: „Was habt Ihr gedacht, als Ihr meinen Brief gelesen habt?"

– *Probleme in dem Moment anzusprechen, in dem sie auftreten, ist sozusagen die Königsklasse der Kommunikation innerhalb von Beziehungen. Achten Sie darauf, dass Sie das Thema, nachdem es einmal auf den Tisch gekommen ist, nicht immer wieder aufgreifen. Auch hier gilt wieder: Sie müssen nicht vergeben und vergessen, sondern einfach nach vorne schauen. Sprechen Sie wann immer möglich über Probleme in dem Moment, in dem sie sich zeigen oder kurz darauf.*

Dinge sofort anzusprechen, kann in etwa so klingen:
- „Du tust meine Gefühle ab, wenn Du Dinge sagst wie: ‚So schlimm ist es nun auch wieder nicht.'"
- „Beschimpf mich nicht, wenn Du wütend bist."
- „Hör bitte auf, Spiele auf Deinem Smartphone zu spielen, wenn ich versuche, mit Dir zu reden."

Dinge kurze Zeit später anzusprechen, kann so klingen:

- „Als wir uns gestern unterhalten haben, hast Du meine Gefühle abgetan, indem Du Sachen gesagt hast wie: ‚So schlimm ist es nun auch wieder nicht.'"
- „Als wir uns letzte Woche gestritten haben, hast Du mich mit einem Schimpfwort bedacht."
- „Vor ein paar Tagen hast Du einfach weiter auf Deinem Smartphone gespielt, als ich versuchte, mit Dir zu reden."

Vielen von uns wurde beigebracht, dass es unhöflich ist, über Probleme zu sprechen. Aber so schwer es uns auch fallen mag, es lohnt sich. Machen Sie sich keinen unnötigen Druck. Bereiten Sie sich auf schwierige Gespräche vor, ohne sie endlos aufzuschieben. Den perfekten Zeitpunkt gibt es nicht. Warten Sie nicht zu lange, denn in der Zwischenzeit leiden Sie weiter.

Setzen Sie klare Grenzen

Wir alle verdienen es, dass man unsere Grenzen respektiert, auch bereits in der Kindheit. In dysfunktionalen Familien werden Grenzen häufig als Bedrohung für das System angesehen. Wenn Sie um etwas anderes bitten, eine Erwartung äußern oder das übliche Chaos nicht mitmachen, dann kann dies so wirken, als würden Sie einen Aufstand veranstalten. Das tun Sie in gewisser Hinsicht auch, weil Sie sich weigern, mit der Dysfunktionalität weiterzumachen.

In guten Beziehungen werden Grenzen nicht als beleidigend angesehen. Selbst wenn Menschen Ihre Grenzen nicht gefallen, können sie sie trotzdem respektieren. Jeder kann entscheiden, eine Grenze nicht zu mögen – die Grenze zu respektieren ist jedoch unverhandelbar.

Grenzen in dysfunktionalen Familien können so klingen:

- „Mama, Dein Bruder ist bei mir nicht willkommen."
- „Ich gebe Dir kein Geld, um Drogen zu kaufen."
- „Hör auf, Deine Religion als Rechtfertigung für körperliche Gewalt zu benutzen."
- „Sich über mein Gewicht lustig zu machen, finde ich nicht witzig. Lass es."

Wenn Sie finanziell von Ihren Eltern abhängig sind

Wenn Sie finanzielle Unterstützung von Ihren Eltern benötigen und so auf gewisse Weise von ihnen abhängig sind, kann es Probleme geben, wenn Sie Klartext reden. Aber auch für Kinder, Teenager und Erwachsene, die wieder bei den Eltern wohnen oder nie von zu Hause ausgezogen sind, gibt es Mittel und Wege, mit Familienproblemen umzugehen.

– *Suchen Sie sich Unterstützung außerhalb der Familie.*
Sprechen Sie mit Gleichaltrigen, psychischen Beratern oder Familienmitgliedern, denen Sie vertrauen und die Sie unterstützen können. Führen Sie keinen einsamen Kampf.

– *Planen Sie Ihren Auszug.*
Gehen Sie zur Schule und machen Sie einen Abschluss oder finden Sie eine Ausbildung. Arbeiten Sie und legen Sie Geld zurück, um ausziehen zu können.

– *Bleiben Sie nicht stecken.*
Entwickeln Sie eine gesunde Mentalität, und konzentrieren Sie sich darauf, unabhängig zu werden.

Wenn Ihre Eltern von Ihnen abhängig sind

Wenn Sie das loslassen können, was Sie von Ihren Eltern brauchen, und es ihnen gestatten können so zu sein, wie sie sind, kann die Beziehung zu ihnen zu einer authentischeren Erfahrung werden. Einige Dinge werden aber mit der Zeit nicht besser. Wir sprechen selten darüber, wie schwierig es ist zu akzeptieren, dass unsere Eltern nicht das waren, was wir in der Kindheit gebraucht hätten, und es heute noch immer nicht sind. Auch wenn wir Menschen nicht ändern können, kann es schwierig sein, Beziehungen zu denen aufrechtzuerhalten, die nicht änderungsbereit sind. Seien Sie freundlich zu sich selbst, wenn Sie immer noch daran arbeiten zu akzeptieren, wer und wie Ihre Eltern wirklich sind.

Wenn Kinder körperlich gesunde Eltern, die nicht mit Geld umgehen können oder nicht verantwortungsbewusst sind, finanziell, emotional oder körperlich unterstützen, sind die Rollen vertauscht. In diesen Situationen unterstützen die erwachsenen Kinder sowohl sich selbst und die eigene Familie als auch ihre Eltern, was Ärger und Frustration nach sich ziehen kann.

Es ist Ihre Entscheidung, ob Sie Ihren Eltern helfen oder es ihnen selbst überlassen wollen, sich um ihre Probleme zu kümmern.

Wenn es um die finanzielle Unterstützung von Eltern geht, kann es hilfreich sein,

- eine Summe festzulegen, wie eine Art festen Zuschuss, den Sie sich leisten können,
- nein zu sagen, wenn Sie es sich nicht leisten können,
- Ihren Eltern einen Finanzberater zu empfehlen,
- sich wie eine Art Sachwalter um ihre Ausgaben zu kümmern.

Wenn es um die emotionale Unterstützung von Eltern geht, kann es hilfreich sein,

- sie wissen zu lassen, über welche Themen Sie nicht reden möchten,
- sie zu ermuntern, sich ein Netzwerk aus Freunden und Familienmitgliedern gleichen Alters aufzubauen,
- sie wissen zu lassen, wie Sie sich beim Anhören bestimmter Dinge fühlen,
- das Gespräch in eine andere Richtung zu lenken, wenn Sie sich nicht wohl dabei fühlen,
- Ihrem Elternteil vorzuschlagen, dass es sich an einen Therapeuten wendet.

Wenn es um die Unterstützung körperlicher Bedürfnisse von Eltern geht, kann es hilfreich sein,

- mit ihrer Krankenversicherung zu sprechen und herauszufinden, welche Leistungen die Kasse übernimmt,
- andere Familienmitglieder um Hilfe zu bitten, anstatt alles allein bewältigen zu wollen,
- ein Unterstützungssystem aufzubauen, um die seelische Belastung aufzufangen, die das Betreuen von Eltern mit sich bringen kann.

Die eigenen Eltern großziehen

Kinder brauchen Strukturen, Anleitung und Erwartungen. Wenn das Kind die reife Person in der Beziehung ist, kann es schwerfallen, die Eltern ernst zu nehmen.

Amy erwartete jahrelang von ihrer Mutter, dass sie „erwachsen“ würde. Bei Feiern wurde Ihre Mutter häufig ausfallend gegenüber der Verwandtschaft und sie hatte immer wieder Probleme, in der Öffentlichkeit die Fassung zu bewahren. Amy sah ihre Mutter als unreif an und wollte, dass sie sich „ihrem Alter entsprechend“ verhielt. Unser physisches Alter und unsere psychologische Reife gehen jedoch nicht immer zusammen.

Wie Sie mit emotional unreifen Eltern umgehen

- Bestimmen Sie ihr emotionales Alter (im Gegensatz zu ihrem biologischen Alter), und passen Sie Ihre Erwartungen entsprechend an. Ihre Eltern sind eventuell ganz anders als andere Eltern, die Sie kennen.
- Vergleichen Sie Ihre Eltern nicht mit Gleichaltrigen. Berücksichtigen Sie ihre Geschichte und erinnern Sie sich an ihr früheres Verhalten. Die meisten Menschen bleiben die, die sie auch früher waren.
- Sprechen Sie das Problem an und äußern Sie (immer wieder) klar Ihre Erwartungen. Lassen Sie sich nicht von Reaktionen beeinflussen, die Sie ohnehin nicht steuern können.

Eltern mit unbehandelten psychischen Problemen

Es kann schwierig sein, eine Beziehung mit jemandem zu führen, der seine Probleme leugnet und keine Therapie in Betracht zieht. Depressionen, Ängste, Persönlichkeitsstörungen und andere psychische Probleme haben oft Auswirkungen auf die Beziehung zwischen Eltern und Kindern. Manche Menschen akzeptieren vielleicht nie eine Diagnose oder die Symptome, die zu dieser Diagnose führen. Auch wenn Symptome vorliegen, die eine ärztliche Diagnose nötig machen, begibt sich eine Person vielleicht niemals in Behandlung. Wenn ein Familienmitglied mit psychischen Problemen eine Behandlung verweigert oder die Symptome leugnet, können Sie es nicht dazu zwingen. Sofern die Person eine Gefahr für sich selbst oder andere darstellt, kann man sich Unterstützung holen und sicherstellen, dass der Ihnen nahestehende Mensch sicher ist und auch niemand anderem schadet.

Jims Vater litt unter schrecklichen Stimmungsschwankungen, Wutausbrüchen und Nachtängsten. Aber selbst als er die Diagnose PTBS bekam, verweigerte er jegliche Behandlung.

Umgang mit Eltern mit unbehandelten psychischen Problemen

- Halten Sie sich aus Situationen heraus, in denen Gewalt oder Missbrauch drohen. Ein psychisches Problem gibt niemandem das Recht, Sie zu beschimpfen oder körperlich anzugreifen.
- Geben Sie ihnen Raum, wenn sie darum bitten oder distanziert wirken.
- Erstellen Sie einen Notfallplan. Das kann vor allem hilfreich sein bei Familienmitgliedern, die unter Depressionen, bipolaren Störungen oder Schizophrenie leiden. Der Notfallplan sollte triggernde Verhaltensweisen enthalten, ebenso wie Notfallkontakte (wie Ärzte und das nächstgelegene Krankenhaus), Versicherungsdaten und zu ergreifende Schritte. Wichtige Familienmitglieder und andere Beteiligte sollten eine Kopie dieses Plans erhalten.

Einseitige Beziehungen zu Eltern

Riley ruft ihre Mutter Alice einmal pro Woche an. Ihre Mutter redet meist nur über sich und fragt nur selten, wie es Riley geht. Wann immer die Sprache auf Rileys Leben kommt, beginnt sie sofort wieder, über sich selbst zu reden.

Riley ist durchaus daran interessiert zu erfahren, wie es ihrer Mutter geht, aber es frustriert sie, dass es immer nur um das Leben und die Probleme von Alice geht. Außerdem wünscht sie sich, dass ihre Mutter sie ab und an von sich aus anriefe, anstatt immer auf Rileys Anruf zu warten.

Umgang mit einseitigen Beziehungen zu Eltern

- Bestehen Sie darauf, auch über sich zu reden. Ihre Eltern müssen das Gespräch nicht dominieren. Es ist in Ordnung, wenn Sie sich Raum nehmen, um von sich zu erzählen.
- Teilen Sie Ihren Eltern mit, was Sie empfinden.
- Lenken Sie das Gespräch wieder auf Ihre Themen, wenn es abschweift.

Ihre Eltern wissen zu lassen, wie Sie sich fühlen, kann beispielsweise so klingen:

- „Wenn wir uns unterhalten, würde ich mich freuen, wenn Ihr mich öfter fragtet, was sich in *meiner* Welt tut."
- „Ich habe das Gefühl, unsere Gespräche tun Dir gut und ich würde gerne öfter von Dir hören. Melde Dich doch einmal pro Woche bei mir."

Der Umgang mit den Interaktionen kann so aussehen:

- Es kann schwierig sein, mehrmals pro Woche mit einer selbstzentrierten Person zu sprechen. Sie sind nicht verpflichtet, öfter mit ihr zu sprechen als es sich gut für Sie anfühlt.
- Ihre Eltern glauben entweder, dass Sie besonders gut zuhören können oder sie haben schlichtweg niemand anderen, mit dem sie

reden könnten. Akzeptieren Sie, dass es in Gesprächen mit ihnen Ihre Rolle ist zuzuhören, ohne sich um die angesprochenen Probleme kümmern zu müssen.

- Ermuntern Sie Ihre Eltern, sich Unterstützung von anderen zu holen. Sie wollen nicht der einzige Ansprechpartner sein.

Reparenting (Neubeelterung)

Geben Sie sich selbst das, was Ihnen während Ihrer Kindheit gefehlt hat. Einige Eltern sind emotional nicht in der Lage, Ihren Erwartungen zu entsprechen, und werden vielleicht nie fähig sein, sich so um Sie zu kümmern, wie Sie es sich wünschen. In diesem Fall ist es von entscheidender Wichtigkeit, dass Sie sich selbst beeltern. Reparenting (Neubeelterung) stellt eine gute Möglichkeit dar, Ihr inneres Kind zu nähren und sich selbst die Zuwendung zu geben, die Sie brauchen.

Neubeelterung kann beispielsweise so aussehen:

- Sagen Sie sich selbst, wie stolz Sie auf sich sind.
- Bereiten Sie nahrhafte Mahlzeiten für sich zu.
- Erledigen Sie die Dinge in Ihrem Tempo.
- Beruhigen Sie sich selbst.
- Feiern Sie sich.
- Bestätigen Sie sich selbst mit „Ich bin…“-Sätzen, wie beispielsweise „Ich bin bezaubernd, wenn ich lächle und man meine Grübchen sieht.“
- Schlafen Sie jede Nacht acht Stunden (und setzen Sie sich eine Bettgehzeit).
- Spielen Sie.
- Belohnen Sie sich selbst für kleine und große Erfolge.

Selbstfürsorge ist wichtig

Wenn Sie einer dysfunktionalen Familie entstammen, sollte das Erfüllen Ihrer emotionalen und körperlichen Bedürfnisse Vorrang haben. Eine Therapie kann eine wunderbare Möglichkeit sein, sich selbst zu unterstützen, ebenso wie das Pflegen gesunder Beziehungen zu anderen Menschen in Ihrem Leben.

Ihre Eltern zu ändern ist vielleicht nicht möglich, aber Sie können ändern, auf welche Art und Weise Sie in der Beziehung zu ihnen auftreten. Wenn Sie weiterhin Kontakt halten möchten, dann müssen Sie herausfinden, wie Sie dies tun können, ohne dabei Schaden zu nehmen.

Erlauben Sie sich nach anstrengenden Zusammentreffen mit der Familie Zeit zur Erholung, und legen Sie fest, wie der Umgang in Zukunft aussehen soll. Wenn ein neues Problem auftaucht, können Sie im jeweiligen Moment entscheiden, wie Sie reagieren möchten, oder Sie suchen später nach einer Lösung. Lassen Sie aber Probleme nicht vor sich hin schwelen, sondern gehen Sie sie so schnell wie möglich an.

ÜBUNG

Schnappen Sie sich Ihr Notizbuch oder ein Stück Papier, und beantworten Sie für sich die folgenden Fragen:

- Was sind die größten Herausforderungen in Ihrer Beziehung zu Ihren Eltern?
- Kennen Sie die Geschichte Ihrer Eltern?
- Wie sorgen Sie gut für sich auf eine Weise, in der es Ihre Eltern nicht getan haben?

KAPITEL 12

ABHILFE BEI SCHWIERIGEN BEZIEHUNGEN ZU GESCHWISTERN

Sierra und Sylvester wuchsen bei ihren Eltern auf. Weil sie drei Jahre älter war, hatte Sierra immer das Gefühl, Sylvester werde verzärtelt und dürfe sich viel mehr herausnehmen als sie. Wenn sie Hilfe brauchte, bat sie ihre Eltern nie darum, denn diese hatten sie dazu erzogen, verantwortungsbewusst und unabhängig zu sein. Bei Sylvester hingegen schlugen sie den entgegengesetzten Weg ein, was dazu führte, dass er unselbstständig und unzuverlässig war.

Sierra fragte sich häufig, wie sie und ihr Bruder so unterschiedlich sein konnten, obwohl sie im gleichen Haushalt aufgewachsen waren. Wenn sie unter vier Augen mit ihrem Vater William darüber sprach, räumte dieser ein, dass Sylvester „erwachsen werden müsse", und dass die Mutter für die Unselbstständigkeit verantwortlich war. Sonya war unzertrennlich mit ihrem Sohn und weigerte sich zuzugeben, dass sie ihre Kinder unterschiedlich behandelt hatte.

Sierra ließ ihren Frust über ihre Eltern unbewusst an Sylvester aus. Sie war ihm gegenüber kurz angebunden, fand ihn nervig und weigerte sich, außerhalb von Familientreffen mit ihm zu sprechen. Sie nannte folgende Unterschiede in der Behandlung seitens ihrer Eltern:

- Sylvester bekam zu seinem 16. Geburtstag ein brandneues Auto geschenkt, während Sierra zu ihrem 18. Geburtstag ein gebrauchtes bekam.

- Sierra wurde aufgefordert, auf ein nahe gelegenes College zu gehen, um Kosten zu sparen. Sylvester hingegen durfte ein College in einem anderen Bundesstaat besuchen.
- Sierra legte innerhalb von vier Jahren ein Prädikatsexamen hin und organisierte ihre Abschlussfeier selbst. Als Sylvester nach sechs Jahren College seinen Abschluss machte, organisierten seine Eltern eine Party für ihn.
- Nach ihrem Abschluss zog Sierra in einen anderen Bundesstaat und zog dort mit ihrem Ehemann ihre Kinder groß. Ihre Eltern besuchten sie einmal im Jahr. Als Sylvester Vater wurde, passten sie nahezu jedes Wochenende auf seine Kinder auf. Obwohl sich der Unterschied durch die räumliche Entfernung erklärte, war Sierra dennoch eifersüchtig.

Sierra suchte nach Zeichen für eine ungerechte Behandlung und behielt sie im Gedächtnis. So entstand in ihr das Gefühl, auf der Verliererseite zu sein. Es fiel ihr schwer, ihrem Bruder gegenüber keine Wut zu entwickeln. Es war zwar zum größten Teil nicht sein Fehler, aber er setzte sich auch nie für seine Schwester ein oder kämpfte dafür, dass sie gleichbehandelt wurde. Stattdessen nahm er ungeniert all die Unterstützung an, die er von den Eltern bekam.

Im Alter von vierzig Jahren begann Sierra mit einer Therapie, um die Verbitterung und Feindseligkeit abzubauen, die sie gegenüber ihrer Familie empfand. Wir konzentrierten uns darauf, eine Beziehung zu ihrem Bruder aufzubauen, die auf gemeinsamen Interessen und einer echten Verbindung zueinander beruhte. Wir konnten ihre Eltern nicht dazu bringen zuzugeben, dass sie durch ihr Handeln die Geschwisterdynamik beeinflusst hatten, aber wir konnten Sierra helfen für sich selbst einzustehen, indem sie ihre Eltern bat, auf ihre besonderen Bedürfnisse einzugehen. In einigen Fällen benötigte sie nicht genau das, was ihr Bruder bekam. Sie musste herausfinden, wie ihre Eltern sie auf eine Weise unterstützen konnten, die für sie von Bedeutung war.

Wie Eltern Geschwisterbeziehungen schaden

Eltern tragen nicht die alleinige Verantwortung dafür, wie gut Geschwister sich verstehen, aber das, was sie tun oder nicht tun, kann die Dynamik zwischen Brüdern und Schwestern beeinflussen. Die meisten Eltern werden wahrscheinlich zustimmen, dass es eine Phase gab, in der sich ihre Kinder um nahezu alles gezankt haben. Ich habe von Eltern Sätze gehört wie: „Ich mische mich da nicht ein, klärt das unter Euch" oder „Er ist Dein Bruder, Du musst mit ihm teilen". Solche Sätze tragen nur wenig dazu bei, Streitigkeiten zu beenden und können sogar zu noch stärkeren Konflikten unter Geschwistern führen.

In diesem Kapitel möchte ich sowohl Eltern Tipps geben als auch allen, die als Erwachsene mit schwierigen Beziehungen zu ihren Geschwistern zu kämpfen haben.

Stellung beziehen oder nicht

Geschwister sind nicht immer nett zueinander. Nehmen wir einmal das Beispiel, dass ein Kind mit einem Spielzeug spielt und sein Geschwister ihm dieses wegnimmt.

In dieser Situation ist es angemessen, wenn Eltern so etwas sagen wie:
„Deine Schwester hat gerade mit dem Spielzeug gespielt. Wenn Du damit spielen möchtest, dann warte, bis sie fertig ist, oder bitte sie, es Dir zu geben."

Auch wenn Kinder dieser Bitte nicht immer folgen, kommt doch die Botschaft an, dass nicht jedes Verhalten akzeptabel ist.

Nicht angemessen ist, wenn Eltern beispielsweise sagen:
„Ich halte mich da raus. Ihr müsst das allein klären."

Der Versuch, es unter sich zu klären, hat ja erst dazu geführt, dass die Kinder sich um das Spielzeug stritten. Kinder müssen (wiederholt) darauf hingewiesen werden, wie man andere behandelt – vor allem wenn sie noch jünger sind und Empathie erst lernen müssen.

Bei Teenagern und erwachsenen Kindern ist es hingegen durchaus sinnvoll, mit ihnen gemeinsam Lösungen zu erarbeiten.

Beispiel: Ihre Tochter beklagt sich über ihre Schwester, die sich von ihr Geld für eine Autoreparatur geliehen hat und es nun nicht zurückzahlt.

In dieser Situation ist es angemessen, wenn Eltern so etwas sagen wie:
„Wenn ich es richtig verstanden habe, hat sie sich verpflichtet, Dir das Geld zurückzuzahlen, und nun hält sie sich nicht an ihr Versprechen. Wie willst Du das Thema ansprechen?"

Als Elternteil müssen Sie sich nicht in den Streit zwischen erwachsenen Kindern einmischen. Andererseits sollten Sie auch kein Verhalten billigen, das Sie für inakzeptabel halten.

Nicht angemessen ist, wenn Eltern beispielsweise sagen:
„Sie braucht das Geld nötiger als Du. Warum vergisst Du es nicht einfach?"

Es ist möglich, dass eine Schwester weniger Geld hat als die andere, aber niemand sollte sich genötigt oder gezwungen fühlen, einer anderen Person Geld zu leihen.

Ein Kind dem anderen vorziehen

Für Sierra war ihr Bruder eindeutig das „Lieblingskind". Sylvester hatte sich diese Rolle nicht ausgesucht, es war die Wahl seiner Eltern, auf die er keinen Einfluss hatte. Vielleicht behandelten sie ihn anders, weil er der Jüngste beziehungsweise ein Sohn war, man leichter mit ihm auskam oder er die Mutter an sie selbst erinnerte. Für Eltern ist es unangenehm, der Tatsache ins Auge zu blicken, dass sie nicht fair waren, weshalb viele es leugnen werden.

Es ist angemessen, wenn Eltern so etwas sagen wie:
„Du hast Recht. Wir haben Deinem Bruder ein neues Auto geschenkt, weil wir es uns zu dem Zeitpunkt finanziell leisten konnten. Ich kann verstehen, wie frustrierend es sein muss, dass wir Euch unterschiedlich behandelt haben."

Nicht angemessen ist, wenn Eltern beispielsweise sagen:
„Das ist doch Jahre her. Dein Auto war genauso gut wie seins. Sei lieber dankbar dafür, dass Du überhaupt eins bekommen hast."

Eltern behandeln ihre Kinder in der Regel unterschiedlich, und es ist in Ordnung, das zuzugeben. Die Bedürfnisse und Interessen jedes Menschen sind anders, weshalb es nahezu unmöglich ist, alle immer zu 100 Prozent fair und gleich zu behandeln. Unfaires Verhalten zu leugnen ist jedoch nicht hilfreich, denn es untergräbt das Vertrauen zwischen Kind und Eltern. Wenn Eltern in Bezug auf unfaires Verhalten ehrlich sind, kann das benachteiligte Kind eventuell wieder eine stärkere Verbundenheit zu ihnen entwickeln.

„Liebe" und positive Gefühle erzwingen

Auch wenn sie miteinander verwandt sind, muss es zwischen Geschwistern keine starken emotionalen Bande geben. Das kommt besonders häufig vor, wenn sie getrennt voneinander aufwachsen, wenig gemeinsam haben, altersmäßig weit auseinander liegen, verschiedene Ansichten über die Dysfunktionalität der Familie haben oder ganz unterschiedliche Persönlichkeiten sind. Liebe ist etwas, das ganz natürlich und von selbst geschieht, und Eltern können ihre Kinder nicht zwingen, einander zu lieben.

Um Verbundenheit zu fördern, setzen manche Eltern ihre Kinder unter Druck, positiv übereinander zu sprechen und Schwierigkeiten zu überwinden, selbst nachdem ein Kind das andere sehr verletzt hat. Sicherlich ist es für Eltern nicht leicht zuzuhören, wenn eines ihrer Kinder schlecht über ein anderes spricht, aber sie sollten auch ein offenes Ohr für die Belange ihrer Kinder haben. Einen Raum zu schaffen, in dem Gefühle ausgedrückt werden können, wird ihnen helfen, sich weniger allein und stärker mit ihren Eltern verbunden zu fühlen.

Es ist angemessen, wenn Eltern so etwas sagen wie:
„Ich höre, dass Du keine große Verbundenheit zu Deinem Bruder fühlst, weil er um einiges jünger ist und ihr nicht viel gemeinsam habt."

Nicht angemessen ist, wenn Eltern beispielsweise sagen:
„Deine Brüder und Schwestern sind Deine Familie, und Du musst sie lieben, weil sie alles sind, was Du hast."

Vergleiche

Oft tappen wir nur allzu leicht in die Vergleichsfalle. Dabei können Menschen durchaus unterschiedlich sein, ohne dass man sie deswegen vergleichen muss. Manchmal denken Eltern sich nichts dabei, Vergleiche zwischen ihren Kindern zu ziehen, aber es kann die Beziehung unter den Geschwistern belasten – insbesondere, wenn ein Kind das Gefühl hat, ein Bruder oder eine Schwester schneidet dabei immer besser ab. Das Kind möchte dann oft das gleiche hören und sagt dann zum Beispiel: „Du hast gesagt, sie hat so hübsche Haare. Sind meine Haare auch hübsch?" Da Kinder unterschiedlich sind, ist es sinnvoll, sie für unterschiedliche Dinge zu loben. Lügen zu erzählen, nur um Gleichwertigkeit zu schaffen, indem man sagt: „Deine Haare mag ich auch", wird als nicht echt empfunden. Wenn Sie also ein Kompliment machen, dann sollten sie am besten gleich mehrere auf Lager haben. Oder ganz einfach gesagt: Ziehen Sie nie Vergleiche zwischen Ihren Kindern.

Vermeiden Sie es beispielsweise Dinge zu sagen wie: „Dein Bruder konnte sich schon mit fünf Jahren selbst die Schuhe binden. Warum kannst Du das noch nicht?" Lassen Sie nicht zu, dass sich Kinder unzulänglich vorkommen, weil sie etwas nicht im gleichen Zeitrahmen erreicht haben wie ein anderes Kind in der Familie. Das gilt auch dann noch, wenn die Kinder erwachsen sind.

Es ist angemessen, wenn Eltern so etwas sagen wie:
„Ich helfe Dir in diesem Monat gerne mit der Miete aus."

Nicht angemessen ist, wenn Eltern beispielsweise sagen:
„Dein Bruder hat mich noch nie um Unterstützung gebeten. Warum kannst Du nicht so unabhängig sein wie er?"

Bei einem Kind über das andere tratschen

Manchmal sind Eltern frustriert in Bezug auf eines ihrer Kinder und brauchen jemanden, bei dem sie ihren Frust loswerden können. Wenn sie dies jedoch gegenüber einem Geschwisterkind tun, kann das zu großen Problemen in der Familie führen. Wenn Sie mit einem Ihrer Kinder über die Probleme reden, die Sie mit einem seiner Geschwister haben, sitzt das Kind zwischen den Stühlen. Es hat womöglich das Gefühl, es müsse die Situation klären oder es verschlimmert sie zusätzlich, indem es seinen eigenen Senf dazugibt.

Tratschen kann sich äußern in:

- dem Versuch, den Charakter eines Menschen schlecht zu machen,
- dem Reden über Informationen aus zweiter Hand, als wären es Fakten,
- Übertreibungen, um Personen oder Situationen schlimmer erscheinen zu lassen als sie sind,
- dem ständigen Wiederholen einer unwahren Geschichte über jemanden,
- dem Weitergeben von Informationen, die für andere schmerzlich zu erfahren sind,
- dem Verbreiten von Vermutungen,
- dem Aufbauschen von Details,
- dem Preisgeben der Geheimnisse des anderen.

Forschungsergebnisse zeigen allerdings auch, dass soziale und psychologische Verbindungen entstehen, wenn wir über das sprechen, was uns frustriert. Bei Klatsch und Tratsch zwischen Eltern und Kindern ist es besonders wichtig darauf zu achten, dass die geteilten Informationen keineswegs anzüglicher oder schädlicher Natur sind. Eltern sollten ihren Unmut nur gegenüber erwachsenen Kindern äußern, die die Situation verstehen und ebenfalls ein Interesse daran haben, sie zu verbessern. Außerdem sollten Informationen, die weitergegeben werden, allein auf Fakten beruhen.

Es ist angemessen, wenn Eltern so etwas sagen wie:
„Ich mache mir Sorgen um Deine Schwester. Seit sie ihre neue Freundin hat, zieht sie sich immer mehr zurück."

Nicht angemessen ist, wenn Eltern beispielsweise sagen:
„Ich glaube nicht, dass Deine Schwester schon bereit für eine neue Beziehung ist, und ich mag ihre neue Freundin nicht. Wusstest Du schon, dass sie sich bei der Arbeit kennengelernt haben? Ich fasse es einfach nicht, dass sie mit jemandem von der Arbeit etwas angefangen hat. Das ist unmöglich."

Probleme leugnen

Wenn Eltern sich in Co-Abhängigkeit zu einem Kind befinden, wirkt sich das auf die Beziehung unter den Geschwistern aus. Erica beispielsweise machte ihren College-Abschluss, und war ab dann finanziell unabhängig. Ihre Eltern schienen sich allerdings stärker für ihre jüngere Schwester zu interessieren, die mehrfach straffällig geworden und ständig in Geldnot war. Ericas Schwester wurde ständig für die kleinsten Fortschritte gelobt, wie beispielsweise das Finden einer Arbeitsstelle. Erica war seit ihrem Abschluss erwerbstätig, aber das schien ihre Eltern nicht auf die gleiche Weise zu freuen wie die Erfolge ihrer Schwester.

Es ist angemessen, wenn Eltern so etwas sagen wie:
„Es stimmt, dass wir Deiner Schwester finanziell unter die Arme greifen, weil wir glauben, dass sie ohne unsere Unterstützung nicht klarkommt."

Nicht angemessen ist, wenn Eltern beispielsweise sagen:
„Wir behandeln alle unsere Kinder gleich."

Wenn Geschwister die Elternrolle übernehmen

Manchmal wird die Elternrolle an ältere, emotional reifere oder scheinbar kompetente Kinder abgegeben.

Unter folgenden Umständen kann es dazu kommen, dass Kinder Elternrollen übernehmen:

- Die Eltern arbeiten und ältere Geschwister werden als Betreuungspersonen für die jüngeren eingesetzt.
- Ein Elternteil hat Suchtprobleme und das älteste Kind kümmert sich um die anderen Geschwister.
- Ein Elternteil ist krank und das älteste Kind kümmert sich um die anderen Geschwister.

Wenn dies passiert, kann es sein, dass das betreuende Kind eine Wut gegen die Geschwister entwickelt oder sich schwertut, die Betreuungsrolle abzulegen, auch wenn diese längst erwachsen sind. Ich höre öfter Sätze wie: „Meine Schwester war meine Mutter." Eine solche Dynamik lässt wenig Raum für die Entwicklung einer wahren, gesunden Geschwisterbeziehung.

Wenn ein älteres Kind die jüngeren Geschwister großziehen musste, lässt sich die Dynamik verändern, wenn das Thema im Erwachsenenalter angesprochen wird. Das Kind, das ein Elternteil ersetzt hat, kann beginnen, Ressourcen zur Verfügung zu stellen und die Geschwister befähigen, für sich selbst zu sorgen, anstatt weiterhin ihre Aufgaben für sie zu erledigen. Es ist hilfreich, über den Rollenwechsel zu sprechen, der stattgefunden hat.

Häufige Probleme in Beziehungen unter erwachsenen Geschwistern

Wenn Geschwister als Erwachsene Probleme miteinander haben, dann geht es meist um Neid, Verbitterung, einseitige Beziehungen, Verrat, unterschiedliche Überzeugungen und andere Lebensstile. Auf dem Weg von der Kindheit ins Erwachsenenalter lernen allerdings die meisten Geschwister Streitigkeiten zu klären, einander zu akzeptieren und sich gegenseitig zu unterstützen.

In einer meiner Online-Umfragen wurde beispielsweise über folgende Probleme berichtet:

- „Meine Mutter hat meine Halbgeschwister großgezogen und war nicht für mich da."
- „Mein Vater bevorzugt meinen Bruder, was man daran sieht, dass er mehr Zeit mit ihm verbringt und ihm aufwendige Geschenke macht."
- „Meine Geschwister denken, ich sei das Lieblingskind."
- „Meine Geschwister behandeln mich immer noch, als wäre ich ein Kind."
- „Meine Schwester hat ein schweres Drogenproblem, und meine Eltern unterstützen sie sehr stark."
- „Mein Bruder nutzt meine Eltern aus."
- Mein Geschwister hat mich als Kind tyrannisiert und macht sich heute noch über mich lustig."
- „Meine Mutter hat uns fünf Kinder gegeneinander aufgehetzt, und jetzt kommen wir nicht miteinander aus."

Zusätzlich zu Herausforderungen dieser Art, werden Geschwisterbeziehungen auch durch Folgendes belastet:

- Erbschaftsstreitigkeiten
- Streit darüber, wer sich um die Eltern kümmert
- Unterschiedliche politische Ansichten
- Schweres Mobbing in der Kindheit
- Körperliche oder sexuelle Misshandlungen

In einer dysfunktionalen Familie ist jedes Kind betroffen

In dysfunktionalen Familien spielt meist jedes Kind eine bestimmte Rolle. Hier sind einige der Rollen, die Kinder unbewusst in Familien übernehmen.

Das verantwortungsbewusste Kind

Dieses Kind kümmert sich um Probleme, indem es Krisen bewältigt, Rechnungen begleicht, Regeln einführt und sich um alle in der Familie kümmert. Es ist in hohem Maße auf Struktur angewiesen und schafft sie sich selbst, wenn die Eltern nicht dazu in der Lage sind. Eigenständigkeit wird zu einer Lebensform, da das Kind verstanden hat, dass andere nicht verlässlich sind.

Das beschwichtigende Kind

Dieses Kind gilt als einfühlsam und spricht Gefühle an und zeigt sie. Oft versucht es, anderen beim Bewältigen ihrer Emotionen zu helfen und bürdet sich die Last auf, in chaotischen Momenten für Ruhe zu sorgen. Es zieht keine Aufmerksamkeit auf sich selbst. Es spürt den Schmerz der anderen und versucht, ihn zu lindern.

Das heldenhafte Kind

Dieses Kind erscheint von außen erfolgreich und emotional stabil. Außenstehende gehen davon aus, dass es aus einer funktionierenden Familie stammt, weil es keinerlei Anzeichen von Dysfunktionalität zeigt. Dennoch haben diese Kinder oft mit Ängsten und Problemen bei emotionalen Bindungen zu kämpfen, weil sie sich latent schämen und von ihrer Familie emotional vernachlässigt wurden.

Das Maskottchen

Dieses Kind hilft dabei, Familienprobleme zu verbergen, indem es alle unterhält. Es hat ein Muster entwickelt, mit dem es Probleme kaschiert, von Gefühlen ablenkt und sich emotional von seinem Umfeld abgrenzt. Diesen Kindern fällt es schwer, Gefühle zuzugeben oder über sie zu sprechen, und sie denken oft bis ins Erwachsenenalter, sie seien für die Gefühle der anderen verantwortlich.

Das angepasste Kind

Dieses Kind versucht ruhig zu bleiben und niemandem zur Last zu fallen. Es passt sich klaglos an nahezu alle Umstände an. Es fügt sich allem, was passiert und versucht, möglichst wenig Aufmerksamkeit auf sich zu ziehen. Daraus folgt, dass es viele unbefriedigte Bedürfnisse hat und glaubt, dass andere diese nicht erfüllen können oder werden. Da sie damit aufgewachsen sind, sich von sich selbst und anderen abzukoppeln, fällt es diesen Kindern oft schwer, im Erwachsenenalter intime Beziehungen aufzubauen.

Das „auffällige" Kind (Sündenbock)

Diesen Kindern wird oft die Schuld für Probleme in der Familie gegeben. Sie legen durch Verhaltensweisen wie Stehlen, Alkohol- oder Drogenkonsum, Lügen, Kämpfen oder andere Dinge, die ihnen Aufmerksamkeit sichern, die Dysfunktionalität der Familie offen. Mit ihrem Verhalten machen sie auf die Probleme in der Familie aufmerksam.

Geschwisterbeziehungen heilen

Wenn Sie Probleme in ihrer Beziehung zu einem oder mehreren Geschwistern haben, können folgende Strategien hilfreich sein.

Akzeptanz

Holen Sie Ihre Geschwister da ab, wo sie sind, und machen Sie keinen Druck. Vielleicht kämpft Ihr Geschwister mit Suchtproblemen oder es hat eine Lebensweise, die Sie nicht verstehen. Sie können diese Dinge nicht ändern, und wenn Sie sich einzumischen versuchen, dann vergrößern Sie die Kluft nur weiter.

Sie können mit einem Geschwister auskommen, dessen Persönlichkeit sich radikal von der Ihrigen unterscheidet, aber Sie müssen die Unterschiede akzeptieren – einschließlich der Aspekte, die Sie für nicht gerade ideal halten. Bei Maries Bruder Carter beispielsweise wurde eine bipolare Störung festgestellt, als er Anfang 20 war. Sein Verhalten war unvorhersehbar und manchmal beängstigend. Marie fühlte sich unwohl damit, ihn in ihrem Haus zu haben, aber ihn einmal im Monat in einem seiner Lieblingsrestaurants zu treffen, war kein Problem für sie. Es war nicht die Art von Beziehung, die sie sich immer gewünscht hatte – es war das, was für sie machbar war.

Emotionale Reife

Für Ihren Seelenfrieden ist es wichtig, dass Sie das Bedürfnis aufgeben, kontrollieren zu wollen, was Ihre Geschwister tun oder nicht tun. Das Einzige, das Sie kontrollieren können, ist Ihre eigene Reaktion darauf. Seien Sie nicht überrascht, wenn Ihre Geschwister ihr Leben auf ihre ganz eigene Art und Weise führen wollen. In der Therapie sprechen Klienten immer über Probleme mit Menschen, die nicht mit ihnen gemeinsam in Therapie sind. Diese Menschen suchen nicht nach Hilfe oder, wenn sie es doch tun, sind sie nicht mit im Raum anwesend, also geht es auch nicht darum, sie zu verändern. Das Ziel ist vielmehr, dass die Person, die sich in Therapie befindet, ihre eigenen Gefühle erforscht, ihre Reaktionen ändert und die eigenen Erwartungen senkt.

Gnade und Mitgefühl

Der Grammy-Gewinner und Gospel-Sänger Kirk Franklin erzählte einmal folgende Geschichte: *Zwei Jungen wuchsen bei ihrem alkoholabhängigen Vater auf. Ein Sohn trat in die Fußstapfen seines Vaters und wurde ebenfalls Alkoholiker. Gefragt, was passiert sei, antwortete er: „Ich habe meinen Vater beobachtet." Der andere Sohn wuchs ebenfalls heran und trank keinen Alkohol. Als er gefragt wurde, was passiert sei, sagte er: „Ich habe meinen Vater beobachtet." Der gleiche Haushalt, die gleichen Erfahrungen, aber zwei unterschiedliche Sichtweisen.*

Sie können die gleichen Erfahrungen wie Ihre Geschwister machen, und eine völlig andere Sichtweise darauf sowie einen unterschiedlichen Umgang damit entwickeln. Persönlichkeit, Temperament, mentale und emotionale Gesundheit sowie genetische Faktoren bestimmen Ihre Geisteshaltung. Wenn Sie Ihre Geschwister als einzigartige Individuen sehen, kann es leichter fallen, Mitgefühl für sie zu entwickeln – ganz gleich, welchen Weg sie eingeschlagen haben.

Verärgerung äußern

Abneigung und Verärgerung können sich ansammeln und einen Punkt erreichen, an dem Sie es schwierig finden, mit Ihren Geschwistern umzugehen. Es ist wichtig, Ihre Emotionen anzuerkennen, zu benennen und zu fühlen. Sie müssen sich nicht dafür schämen, dass vergangene Ereignisse Sie verletzt oder verärgert haben. Sie bilden sich nichts ein, und Sie sind auch nicht gemein. Lassen Sie Ihre Gefühle zu, ohne sie zu bewerten, damit Sie sie nicht an anderen auslassen.

Wenn Sie Geschwistern Ihre Gefühle mitteilen, geben Sie ihnen Einblicke, die ihnen vielleicht helfen können, die Dinge aus Ihrer

Sicht zu sehen. Niemand kann die Vergangenheit ungeschehen machen, aber Ihre Verletzungen anzuerkennen kann dabei helfen, Ihre jetzige Beziehung zu heilen und zukünftige Interaktionen zu verbessern.

Ihren Unmut anzuerkennen und zu äußern, könnte beispielsweise so klingen:

- „Mama hat Euch als Jungs immer vorgezogen. Ich hatte zumindest das Gefühl, dass sie zu mir viel strenger war und Ihr mit viel mehr durchgekommen seid."
- „Du konntest immer auf eine Weise für Dich einstehen, wie ich es nie konnte, und unsere Eltern schienen Dir immer zuzuhören, wenn Du das getan hast."
- „Dich schien es gar nicht zu stören, dass unsere Eltern abhängig waren. Du hattest Freunde und warst gut in der Schule. Ich konnte das nicht mit dem ganzen Chaos zu Hause."
- „Als wir jünger waren hat Mama mich immer gezwungen, Dich überall hin mitzunehmen. Ich war dann gemein zu Dir und manchmal bin ich immer noch wütend, dass Mama mir die Aufgabe übertragen hat, mich um Dich zu kümmern."
- „Für Papa warst Du immer „sein kleines Mädchen". Zu mir war er viel strenger. Ich habe Dich Jahre lang links liegen lassen, weil ich Dich nicht auch wie eine kleine Prinzessin behandeln wollte."

Mit dem Unbehagen umgehen, das durch Offenheit entsteht

Sie können steuern, wie Sie etwas sagen, aber Sie können nicht kontrollieren, wie Ihr Gegenüber das Gesagte aufnimmt. Es ist verständlich, sich Gedanken darüber zu machen, dass Ihre Geschwister überreagieren oder in die Defensive gehen könnten. Bedenken Sie aber auch, dass das offene Ansprechen von Themen eine klärende Wirkung haben kann. Stellen Sie klar, dass Sie Probleme offen und ehrlich ansprechen, weil Sie die Beziehung verbessern möchten. Wenn Ihre Geschwister in die Defensive gehen, dann lassen Sie sie reden, denn es ist gut möglich, dass sie von Ihren

Ausführungen schockiert sind, ganz gleich wie wahr und offensichtlich sie Ihnen erscheinen mögen. Streiten sie ihre Erfahrungen nicht ab, und bleiben Sie gleichzeitig bei ihren eigenen.

Sechs Wege, wie Sie in Geschwisterbeziehungen Ihren Frieden wahren können

- *Legen Sie den für Sie passenden Zeitrahmen fest.*
  Wie lange halten Sie es mit Ihrem Geschwister aus, bevor Sie Ihre Geduld oder Ruhe verlieren? Wie sieht der optimale Zeitrahmen aus? Wie lange dauert es, bis Sie sich unwohl fühlen?
- *Vermeiden Sie hitzige Diskussionen.*
  Es gibt Themen, die Sie in Gesprächen mit Ihren Geschwistern vermeiden möchten. Welche sind das? Wie lange sollten Sie zuhören, bevor Sie das Thema wechseln?
- *Sprechen Sie nur über Dinge, die Ihnen angenehm sind.*
  Sie können Ihrem Geschwister Dinge über sich erzählen, die es über Sie wissen möchte, aber Sie müssen nicht gleich alles offenlegen, wenn Sie noch nicht dazu bereit sind.
  Wenn jemand Ihnen eine Frage stellt, zu deren Beantwortung Sie noch nicht bereit sind, dann sagen Sie beispielsweise:
  „Ich bin noch nicht bereit, darüber zu reden."
  „Ich verarbeite das noch und bin noch nicht bereit, darüber zu reden."
  „Ich spüre, dass Du Dir Sorgen machst. Ich sage Dir Bescheid, wenn ich bereit bin, darüber zu reden."
- *Lassen Sie sich Zeit, Verbindung aufzubauen.*
  In einigen Fällen geht Qualität über Quantität. Sie müssen einander nicht häufig sehen, um sich verbunden zu fühlen. Zwingen Sie sich nicht, mehr Zeit miteinander zu verbringen, als Ihnen lieb ist. Finden Sie stattdessen etwas, das Ihnen beiden Spaß macht, und dass Sie gemeinsam tun können. Vielleicht gibt es eine Fernsehsendung, die Sie beide gerne schauen oder es macht Ihnen Freude, zusammen ein neues Restaurant auszuprobieren.

- *Erkennen Sie Ihre gegenseitigen Unterschiede an.*
  Es ist in Ordnung, unterschiedlich zu sein, und wichtig, Ihre Unterschiede anzuerkennen. Wenn Sie beschließen, sich mit einer Person zu treffen, dann nehmen Sie sie in den gemeinsam verbrachten Momenten und auch sonst so an, wie sie ist. Wenn Sie eine Person lieben, gehört auch dazu, ihre Einzigartigkeit anzuerkennen.
- *Setzen Sie Grenzen und halten Sie sie ein.*
  Beziehungen brauchen Grenzen. Ihre eigenen Grenzen liegen in Ihrer Verantwortung, und wenn Sie eine setzen, dann müssen Sie dafür sorgen, dass sie nicht überschritten wird. Wenn Sie beispielsweise Ihrem Bruder sagen, dass er sich erst dann wieder Geld von Ihnen leihen kann, wenn er Ihnen das bislang Geschuldete zurückgezahlt hat, dann müssen Sie seine Bitte um Geld jedes Mal ablehnen, wenn er sie stellt. Sie können ihn nicht daran hindern zu fragen, aber Sie können Ihre Grenze setzen und sie aufrechterhalten.

Wenn die eigenen Kinder sich nicht verstehen

Ganz gleich wie alt sie sind – es tut immer weh zu sehen, wenn die eigenen Kinder nicht miteinander auskommen. Solange Sie für sie Sorge tragen, können Sie versuchen, ihre Beziehung zu verbessern. Sobald sie erwachsen sind, gehört dies jedoch nicht mehr zu Ihren Aufgaben. Selbst wenn Sie sich wünschen, dass Ihre erwachsenen Kinder ein gutes Verhältnis zueinander haben, kann es zu mehr Problemen führen, wenn Sie sich einmischen.

Ich hörte einmal eine Geschichte von einem Mann, der stets eine kontroverse Beziehung zu seinem Bruder hatte. Die Eltern forderten ihn immer auf, „nett zu sein“ und „seinen Bruder unter allen Umständen zu lieben“. Er wiederum hatte das Gefühl, sein Bruder sei neidisch und suche Streit. Nachdem die Mutter verstorben war, fand er eine von ihr geschriebene Mitteilung, die seinen

Verdacht bestätigte. Seine Mutter gab darin zu, dass sein Bruder neidisch und kleinlich sei und sie sich nicht erklären könne, woran das liege. Der Mann war sehr erleichtert, dass seine Mutter letztendlich seine Einschätzung teilte.

Das können Sie tun, wenn Ihre Kinder den Kontakt zueinander abgebrochen haben:

- Respektieren Sie die Grenzen, die festgelegt wurden, oder fragen Sie gezielt nach: „Was möchtest Du, dass ich als Mutter/Vater in dieser Situation mache beziehungsweise unterlasse?“

Ihre Kinder könnten beispielsweise Grenzen setzen wie:

- „Wenn mein Bruder auch zum Familientreffen kommt, dann sag mir bitte Bescheid. Ich werde dann nicht daran teilnehmen.“
- „Bitte erzähle meinen Geschwistern nichts von dem, was ich Dir über mich erzählt habe.“
- „Es interessiert mich nicht, was bei meinen Geschwistern los ist – bitte erzähle mir nicht davon.“
- Zwingen Sie Ihre Kinder nicht, zu reden. Wecken Sie in ihnen keine Schuldgefühle, indem Sie Dinge sagen wie: „Wie soll das nur werden, wenn ich mal sterbe?“ oder „Ich will doch nur, dass Ihr Euch versteht.“ Ihre Kinder dazu zu überreden, dass sie wieder Kontakt aufnehmen, ist keine gesunde Alternative, auch wenn Sie sich dann besser fühlen. Beziehungen sind nur dann gesund, wenn sie nicht auf Zwang basieren.
- Wenn es Sie belastet, dass Ihre Kinder sich nicht verstehen, dann sprechen Sie mit einem Therapeuten oder einem vertrauten Freund darüber. Leugnen Sie den Schmerz nicht, sondern verarbeiten Sie ihn.
- Bleiben Sie neutral, und versuchen Sie beide Seiten zu verstehen.

Wichtige Punkte in Bezug auf Geschwisterbeziehungen

- Sie und Ihre Geschwister müssen keine besten Freunde sein.
- Auch als Erwachsene kann es noch Rivalität zwischen Ihnen und Ihren Geschwistern geben.

- Ihre Eltern haben womöglich zu Ihren Beziehungsproblemen mit Ihren Geschwistern beigetragen.
- Sie müssen die Persönlichkeit Ihrer Geschwister nicht mögen.

Mithilfe all dieser Tipps können Sie, wenn Sie wollen, Ihre Herausforderungen in Angriff nehmen und eine Beziehung zu Ihren Geschwistern pflegen.

ÜBUNG

Schnappen Sie sich Ihr Notizbuch oder ein Stück Papier, und beantworten Sie für sich die folgenden Fragen:

- Was sind die drei größten Probleme in Ihrer Beziehung zu Ihren Geschwistern?
- Was können Sie tun, damit Sie sich im Umgang miteinander besser fühlen?

KAPITEL 13

ABHILFE BEI SCHWIERIGEN BEZIEHUNGEN ZU KINDERN

Chris hatte schon zwei Jahre lang nicht mehr mit seiner Tochter London gesprochen. Nach der Scheidung von seiner Frau, mit der er 21 Jahre lang verheiratet war, versuchte er, ein Teil von Londons Leben zu bleiben, aber sie hatte nie Zeit, wenn er ein Treffen vereinbaren wollte. Verbrachten Sie dann doch einmal Zeit zusammen, war sie launisch und zurückgezogen. Er wusste, dass die Scheidung seine Beziehung zu London beeinträchtigt hatte, konnte aber gleichzeitig kaum glauben, dass zwei Jahre vergangen waren, seit sie sich zuletzt gesehen oder auch nur geredet hatten.

London war immer Papas kleines Mädchen gewesen. Sie war zwölf, als die Konflikte in der Ehe immer mehr zunahmen, und sie ergriff die Seite ihrer Mutter. Ihr Bruder Lance war fünf Jahre jünger und verhielt sich neutral. Lance hatte es geschafft, zu beiden Eltern eine Beziehung aufrechtzuerhalten und entschied sich sogar dafür, nach der Scheidung bei Chris zu leben.

London kam in den College-Ferien nach Hause, machte aber keinerlei Anstalten, Chris zu sehen. Als er sich mit anderen Frauen zu treffen begann, sagte sie schreckliche Dinge über seine Freundinnen und ließ sich darüber aus, wie ihr Vater ihre Mutter behandelt hatte. Irgendwann ging sie nicht mehr ans Telefon, wenn er anrief. Nach ein paar Anläufen gab Chris es auf, eine Beziehung erzwingen zu wollen. Er verpasste sogar ihre Abschlussfeier und wusste nicht einmal mehr, wo sie lebte oder arbeitete. Er vermisste seine Tochter sehr und hatte keine Ahnung, wie er die Beziehung kitten sollte bzw. ob dies überhaupt möglich war.

Chris schämte sich, mit anderen über seine Probleme zu sprechen. In der Therapie war er sehr verhalten, wenn es darum ging, warum seine Beziehung zu London so schlecht war. Er gab größtenteils seiner Ex-Frau die Schuld, was sich in Sätzen äußerte wie „Sie lässt mich wie ein Monster aussehen“ oder „Sie hat London gegen mich aufgehetzt“. Sein Verhältnis zu Lance war weiterhin gut. Sie telefonierten mindestens einmal pro Woche miteinander, schrieben sich zwischendurch Textnachrichten und verreisten manchmal sogar gemeinsam. Lance hielt sich jedoch aus dem Konflikt heraus und sprach nicht über seine Schwester. Chris wusste, dass die Geschwister in Kontakt zueinander standen, aber er beschloss, ihn nicht auszufragen, weil er Angst hatte, sein gutes Verhältnis zu Lance zu gefährden. Also veranstaltete er oft einen wahren Eiertanz um seinen Sohn.

In der Therapie wollte Chris seine Ängste loswerden. Es dauerte eine Zeit, bis er sich öffnen und mir erzählen konnte, wie verantwortlich er sich fühlte und wie traurig und ängstlich ihn der Gedanke machte, womöglich nie wieder mit seiner Tochter zu sprechen. Damit er durch seine Angst gehen konnte, musste er es schaffen, seine Gefühle zu benennen, Mitgefühl für sich selbst zu entwickeln und sich eingestehen, was er zum Entstehen der Situation beigetragen hatte. Erst dann konnte er entscheiden, wie er weiter vorgehen wollte.

Verantwortung übernehmen

Manchmal sind Sie für das Problem verantwortlich, und es kann schwer sein zuzugeben, dass etwas, das Sie getan oder unterlassen haben, zu einem Zerwürfnis mit Ihrem Kind geführt hat. Die Wahrheit anzuerkennen kann aber dazu beitragen, die Beziehung retten.

Wir alle sind Produkte unserer Erziehung und neigen dazu, Verhaltensweisen zu wiederholen. Aus diesem Grund haben wir womöglich nicht gelernt, die Art von Elternteil zu sein, die wir gerne wären. Es ist essenziell, Klarheit darüber zu gewinnen, was wir bei unseren eigenen Kindern anders machen wollen.

Am Ende entscheiden Ihre Kinder darüber, wie Sie als Eltern abgeschnitten haben, nicht Sie selbst. Während Eltern vielleicht glauben, alles für ihre Kinder getan zu haben, mögen diese das Gefühl haben, ihre Eltern wären nie für sie da gewesen. Vielleicht sind beide Sichtweisen wahr, aber die Widersprüchlichkeit in diesen unterschiedlichen Wahrnehmungen sollte untersucht und nicht geleugnet werden. Aller Wahrscheinlichkeit nach war das Elternteil auf eine Weise präsent, die es als wichtig empfand, während das Kind etwas anderes gebraucht hätte.

Beispiele für nicht übereinstimmende Erfahrungen

Elternteil: „Ich war alleinerziehend und habe hart gearbeitet, damit wir alles haben, was wir brauchen."

Kind: „Meine Mutter war nie da, wenn meine Mannschaft gespielt hat."

Elternteil: „Meine Eltern haben nie mit mir über irgendetwas geredet und ich wollte, dass meine Kinder immer die Wahrheit wissen."

Kind: „Meine Eltern haben mir Dinge zu einem Zeitpunkt gesagt, an dem ich noch nicht reif genug war, damit umzugehen."

Elternteil: „Ich war süchtig. Ich konnte mich kaum um mich selbst kümmern, geschweige denn, dass ich für mein Kind hätte da sein können."

Kind: „Mein Vater war abhängig, und nun ist er clean und erwartet, dass ich ihm einfach so verzeihe."

Elternteil: „Mein Kind hatte eine großartige Kindheit. Ich habe immer dafür gesorgt, dass es glücklich war."

Kind: „Meine Eltern haben nie gefragt, wie es mir geht, sondern mir gesagt, was ich fühlen soll. Für sie war es am wichtigsten, dass ich einen *glücklichen Eindruck* machte. Wenn ich mich mal beschwert habe, war ich gleich undankbar."

Selbst wenn Sie gute Absichten haben, können Sie Ihrem Kind unwillentlich schaden. Für den Fortbestand der Beziehung ist es wichtig, dass Sie die Verantwortung für Ihre Rolle übernehmen, ganz gleich, ob Sie wissentlich oder unwissentlich gehandelt haben.

Häufige Fehler, die Eltern bei ihren Kindern machen, wenn sie klein sind

Das Kind anlügen
Wenn Sie möchten, dass Ihre Kinder ehrlich zu Ihnen sind, dann seien Sie es umgekehrt auch zu ihnen. Bauen Sie schon früh und in altersgerechter Form Vertrauen auf.

Nicht zugeben, dass Sie auch einmal falsch liegen können
Eltern können sich auch irren, und viele versagen, weil sie das nicht zugeben können. Wenn Sie verantwortungsbewusste Menschen heranziehen wollen, dann leben Sie vor, wie man Verantwortung übernimmt. Kinder sind wie Schwämme – sie saugen Ihr Verhalten auf, und zwar das gute wie das schlechte.

Alle Kinder auf die gleiche Weise erziehen
Jedes Kind ist anders und benötigt etwas anderes von Ihnen. Sie können zwei unterschiedliche Menschen nicht auf die gleiche Weise großziehen. Lernen Sie Ihre Kinder kennen, und gehen Sie bei jedem auf die individuellen Bedürfnisse ein.

Einem Kind die Schuld für etwas geben, wofür es nichts kann
Kinder geraten oft in Situationen, mit denen sie nicht umgehen können, und werden dann dafür verantwortlich gemacht, wenn etwas schiefläuft. Nevaeh wollte beispielsweise ihre Klassenreise bezahlen, aber ihre Mutter forderte Geld von ihr, um die Stromrechnung begleichen zu können. Als Nevaeh beschloss, ihr Erspartes lieber für die Klassenreise zu verwenden, wurde der Familie der Strom abgedreht und Nevaehs Mutter gab ihr die Schuld dafür.

Frühe Bindungen

Sowohl Mütter als auch Väter profitieren davon, wenn sie frühzeitig eine Bindung zu ihren Kindern aufbauen. Wenn die Eltern getrennt leben, kann dies die Verbindung zu dem Elternteil, das nicht mit dem Kind unter einem Dach lebt, erschweren. Psychische Probleme, Substanzmissbrauch und das Verhältnis der Eltern untereinander können das ursprüngliche Band zwischen Eltern und Kindern brüchig werden lassen. Wenn ein Elternteil emotional unbeteiligt oder verschlossen ist beziehungsweise mit sich selbst zu kämpfen hat, können diese Probleme der Eltern-Kind-Bindung schaden. Natürlich ist es nie zu spät, sein Verhalten zu ändern, vielen Eltern fällt es jedoch schwer, diese ersten Schäden auszubügeln, die Kinder mit in ihr Erwachsenenalter nehmen können.

Jessicas Mutter wurde mit ihr schwanger, nachdem sie mehrere kurze Affären hatte. Als ihr Vater von der Schwangerschaft erfuhr, erklärte er sich bereit, mit für das Kind zu sorgen, zog aber kurze Zeit später in einen anderen Bundesstaat. Wann immer Jessica ihren Vater besuchte, hatte sie das Gefühl, bei einem Fremden zu sein. Die Beziehung fühlte sich merkwürdig an, und es kostete sie viel Mühe, eine Verbindung aufzubauen.

Es ist möglich, die Verbindung zu einem Kind zu halten, das nicht im gleichen Haushalt lebt, aber dafür muss das betroffene Elternteil bereit sein, weiter am alltäglichen Leben des Kindes teilzunehmen. Der Aufbau enger Bindungen braucht Zeit. Wenn Eltern eine enge Beziehung zu ihren erwachsenen Kindern pflegen möchten, dann müssen sie die Grundlagen dafür frühzeitig legen.

Scheidungen und Trennungen betreffen Kinder in jedem Alter

Selbst wenn ein Kind bereits erwachsen ist, wenn die Eltern sich trennen, bleibt die Tatsache für gewöhnlich dennoch schmerzhaft. Dazu zählen auch Trennungen von nicht biologischen Eltern, da Kinder auch zu Stiefeltern und anderen wichtigen Personen in ihrem Leben Bindungen aufbauen.

Als Elternteil sind Sie entscheidend daran beteiligt, wie eine Trennung abläuft. Am besten besprechen beide Partner das Ende der Beziehung mit den Kindern, versichern ihnen, dass sie keine Schuld daran tragen und klären, wie die Familie in Zukunft weiter funktionieren wird.

Für Kinder sind Trennungen aus den folgenden Gründen in der Regel traumatische Ereignisse.

Die Eltern trauern und verschließen sich

Wenn Eltern eine Trennung durchleben, ziehen sie sich womöglich von der Familie zurück. Kinder brauchen aber weiterhin Eltern an ihrer Seite, egal, was diese gerade mental und emotional durchmachen.

Ein Elternteil ist wütend auf das andere

Die Hoffnung ist natürlich, dass eine Beziehung hält, aber wenn dies nicht der Fall ist, kann ein Partner leicht wütend auf den anderen werden. Einen Partner zu verlassen, bedeutet allerdings nicht notwendigerweise, auch das gemeinsame Kind zu verlassen. Kinder (auch erwachsene) geraten in elterlichen Konflikten oft zwischen die Fronten. In einigen Fällen lassen Eltern dem Frust über den Partner freien Lauf gegenüber dem Kind und versuchen es so dazu zu bewegen, eine Seite zu ergreifen. Kinder jeglichen Alters sind keine gute emotionale Anlaufstelle für den Beziehungsfrust ihrer Eltern.

Eltern müssen darauf achten, dass ihre Gefühle für den Ex-Partner nicht die Gefühle ihrer Kinder negativ beeinflussen. Die Wut eines Elternteils kann häufig der Beziehung des Kindes zum anderen Elternteil im Weg stehen, was sehr schädlich für das Kind sein kann. Ich erlebe es häufiger, dass erwachsene Kinder emotional zu kämpfen haben, wenn ihre Eltern sich zusammen im gleichen Raum aufhalten. Wenn ein Elternteil verletzt ist, dann kann es schwer sein, diese Gefühle für sich zu behalten, und dennoch ist es für das Kind wichtig, gesunde Beziehungen zu beiden Eltern zu unterhalten, trotz der Probleme, die diese miteinander haben.

Die Eltern suchen emotionalen Halt bei den Kindern

Kinder sind emotional nicht dazu in der Lage, mit den Gefühlen ihrer Eltern füreinander richtig umzugehen. Wenn ein Partner aber sowohl den anderen als auch das Kind emotional verletzt hat, kann das Sprechen über diese Erfahrungen dem Kind helfen, sich weniger allein zu fühlen. Entscheidend ist dabei, wie das Thema angegangen wird.

Schädliche Aussagen sind beispielsweise:

„Deine Mutter ist eine Schlampe und hat mich unsere gesamte Beziehung hindurch betrogen."

„Dein Vater denkt immer nur an sich selbst."

„Deine Mutter ist faul und wird ihr Leben nie auf die Reihe bekommen."

Hilfreiche Aussagen können so klingen:

„Ich sehe, dass die Affären Deiner Mutter Dir zu schaffen machen."

„Es kann schwierig sein, mit Deinem Vater zu sprechen, und ich frage mich, ob ihm das überhaupt bewusst ist."

„Ich hoffe auch sehr, dass Deine Mutter ihr Leben wieder in den Griff bekommt."

Die finanzielle Situation der Familie verändert sich

Eine Veränderung der finanziellen Situation ist nach einer Trennung oft unvermeidbar, und die neue Situation kann das Sicherheitsgefühl eines Kindes stark beeinträchtigen. Vielleicht muss die Familie in eine kleinere Wohnung umziehen oder erst einmal bei Verwandten unterkommen oder ein Elternteil benötigt finanzielle Unterstützung von einem erwachsenen Kind. Diese erheblichen Veränderungen können eine weitere unbeabsichtigte Folge einer Trennung sein – eine, die die gesamte Familie betrifft.

Die Kinder übernehmen zu Hause mehr Verantwortung

Wenn Beziehungen auseinandergehen, kann es sein, dass Kinder die Rolle des Partners oder mehr Verantwortung zu Hause übernehmen. Vater oder Mutter sind womöglich nicht mehr da, um ein jüngeres Geschwister von der Schule abzuholen, also übernimmt das ältere Geschwister die Aufgabe. Auch wenn ein Kind grundsätzlich gerne in der Familie aushilft, kann es den Eltern diese Verlagerung der Zuständigkeiten dennoch insgeheim übelnehmen.

Die Eltern konzentrieren sich auf ihre Gefühle und vernachlässigen die ihrer Kinder

Kinder haben Gefühle, auch wenn es von außen so aussieht, als sei alles in Ordnung. Nach einer Trennung ist es wichtig, dass die Eltern immer wieder nachfragen, wie es ihnen geht. Wenn das Kind sagt, alles sei „ok“ oder „gut“, sollten Eltern dies zum Anlass nehmen, tiefer nachzugraben. Veränderungen sind immer schwer, und auch Kinder müssen diese emotional verarbeiten.

Der Familienverband ist für immer verändert

Bis an das Lebensende gemeinsam glücklich zu sein, gelingt nicht in allen Partnerschaften. Sowohl Eltern als auch Kinder trauern der verlorenen Beziehung und dem Leben, wie es hätte sein können, nach. Eltern sollten sich stets bewusstmachen, dass eine Trennung sowohl ihnen als auch ihren Kindern Kummer bereitet.

Den Schaden reparieren

Vergeben Sie sich selbst

Wenn Eltern im Selbstmitleid versinken, kann Co-Abhängigkeit entstehen. Eltern machen Fehler. Also vergeben Sie sich selbst, dass Sie es nicht besser gewusst beziehungsweise keine besseren Entscheidungen getroffen haben. Schauen Sie nicht immer nur auf das, was Sie nicht gut gemacht haben, sondern loben Sie sich für das, was gut gelaufen ist, und bauen Sie auf Ihren Stärken auf, um diesen Weg weiterzugehen.

Entwickeln Sie ein höheres Maß an Empathie

Mitgefühl ist der Schlüssel, um bessere Eltern zu werden. Eltern können Mitgefühl entwickeln, indem sie sich mit den Gefühlen ihrer Kinder auseinandersetzen und sich selbst besser verstehen – einschließlich ihrer eigenen Erfahrungen als Kind. Erwachsene sind Experten in Sachen Kindheit, weil sie alle selbst einmal eine hatten. Erinnern Sie sich daran, wie es war, in bestimmten Kindheitsphasen Veränderungen zu erleben, und Sie werden besser verstehen, wie sich Ihre Kinder fühlen.

Verstehen Sie Ihre eigene Kindheit

Verfallen Sie beim Umgang mit Ihren Kindern nicht in gewohnheitsmäßige Abläufe. Einige Dinge, die Ihre Eltern für Sie getan haben, waren vielleicht hilfreich, andere wiederum nicht. Wiederholen Sie keine Erziehungsmuster, die für Sie nicht hilfreich oder gesund waren. Seien Sie offen dafür, neue Wege in Betracht zu ziehen, anstatt zu sagen: „Ich habe das auch durchgemacht, also stell

Dich nicht so an.“ Die Zeiten haben sich verändert, und auch Ihre Erziehungsmethoden sollten dem Rechnung tragen.

Stehen Sie dazu, nicht perfekt zu sein

Bitte wiederholen Sie: So etwas wie perfekte Eltern gibt es nicht. Ihre Kinder werden mal zufrieden und mal unzufrieden mit Ihnen sein, egal wie gut Sie sie erziehen. Ich habe festgestellt, dass Eltern, die sich ihrer Aufgabe bewusst sind, in der Regel einen guten Job machen. Es ist richtig, dass Sie sich Gedanken darüber machen, welchen Einfluss Sie auf Ihre Kinder haben. Wenn Sie sich Sorgen oder Gedanken machen, dann wandeln Sie diese in Taten um: Führen Sie bewusste Gespräche mit Ihren Kindern und haben Sie, wenn nötig, auch Mitgefühl mit sich selbst. Sie werden nicht alles richtig machen, aber das ist vollkommen in Ordnung.

So etwas wie perfekte Eltern gibt es nicht.

Stehen Sie zu Ihren Fehlern

Es kann in einer Beziehung einen entscheidenden Unterschied machen, wenn Sie eingestehen, auf welche Weise Sie einen anderen Menschen beeinflusst haben. Bedauern auszudrücken bedeutet nicht, dass Sie ein schrecklicher Mensch sind – Sie sind einfach ein Mensch, der bereit ist zu lernen und herauszufinden, wie man sich besser verhalten kann. Wenn Sie Ihrem Kind gegenüber einen Fehler eingestehen, sollten Sie dabei Folgendes beachten:

- Hören Sie sich die Sichtweise Ihres Kindes an, ohne Ihr Handeln zu verteidigen oder Gründe für Ihr Tun anzuführen. Es ist extrem wichtig, dass Ihr Kind sich gehört fühlt und seine Bedürfnisse anerkannt werden.
- Danken Sie Ihrem Kind dafür, dass es Ihnen Raum zum Reden und Zuhören gegeben hat. Anerkennen Sie die Bereitschaft Ihres Kindes, mit Ihnen zu reden.

- Fragen Sie: „Was brauchst Du jetzt?“ Dinge, die in der Vergangenheit geschehen sind, können Sie nicht im Nachhinein korrigieren. Sie können aber sehr wohl herausfinden, was Ihr Kind von Ihnen braucht. Wie kann sich die Beziehung wandeln?
- Gehen Sie regelmäßig in Kontakt. Fragen Sie: „Wie stehen die Dinge mit uns?“ Das ist vor allem für Kinder hilfreich, die sich wütend oder passiv-aggressiv zeigen.
- Geben Sie der Vergangenheit Raum. Auch wenn Sie sich nicht ständig Vorhaltungen wegen früherer Verfehlungen anhören möchten, können Sie nicht ignorieren, dass diese Erinnerungen eventuell weiterhin schmerzhaft für Ihre Kinder sind. Schaffen Sie ihnen einen sicheren Raum, in dem sie über ihre Gefühle zu Problemen in der Vergangenheit sprechen können. Auf keinen Fall sollten Sie Ihren Kindern jedoch erlauben, Sie als Punchingball zu benutzen – auch wenn sie über Situationen sprechen, die sie verletzt haben, sollte alles respektvoll ablaufen.

Dinge, die Sie nicht steuern können

Sie können das Leben Ihrer erwachsenen Kinder nicht beeinflussen, und wenn Sie Ihren Kindern Raum geben, erwachsen zu werden und eine eigene Persönlichkeit zu entwickeln, dann trägt dies zu einer gesunden Beziehung bei. Erwachsene Kinder sind vor allem *Erwachsene*. Selbst wenn ein Elternteil nicht der gleichen Ansicht wie ein erwachsenes Kind ist, können Äußerungen des Missfallens der Beziehung schaden.

Der Übergang zur Beziehung zwischen zwei Erwachsenen kann für beide Seiten schwierig sein. Die erwachsenen Kinder versuchen die Eltern nicht zu kränken, und die Eltern versuchen ihren Platz zu finden. Denken Sie immer daran: Auch wenn Ihre Kinder noch klein sind, ziehen Sie doch zukünftige Erwachsene groß. Die Kinder-Eltern-Beziehung verlagert sich, wenn die Kinder immer mehr an Autonomie gewinnen.

Die erste Veränderung setzt im Teenager-Alter ein, wenn Kinder zunehmend Zeit mit Freunden verbringen, statt mit den Eltern. Im nächsten Schritt zieht das Kind dann aus, beginnt ernsthafte Partnerschaften und hat womöglich bald selbst Kinder. In jeder Phase geben die Eltern mehr und mehr Kontrolle über ihr Kind ab. Es ist ungesund, wenn Eltern über erwachsene Kinder ebenso viel Kontrolle ausüben wie über jüngere.

Was Sie tun können, wenn Sie sich eine gute Beziehung zu Ihrem erwachsenen Kind wünschen

- **Geben Sie Ihrem Kind die Freiheit, eigene Entscheidungen zu treffen.** Ermutigen Sie Ihr Kind, selbst zurechtzukommen, ohne gleich Antworten vorzugeben. Kinder müssen lernen, auch ohne Ihre Hilfe gesunde Entscheidungen zu treffen.
- **Üben Sie zu fragen, ob das Kind Ihre Meinung hören möchte.** Wenn Sie das Gefühl haben einschreiten zu müssen, dann bitten Sie vorher um Erlaubnis. Erhalten Sie diese, geben Sie dem Kind Raum, seine eigene Meinung zu äußern und mit Ihnen zusammen eine Lösung zu erarbeiten.
- **Hören Sie auf, Ihrem Kind zu sagen, was das Beste wäre.** Sie haben Ihre Kinder bereits erzogen, jetzt sind Sie nicht länger für ihre Erziehung zuständig.
- **Schaffen Sie neue Umgangsregeln.** Traditionen ändern sich, Wünsche ändern sich, und in der Folge auch, wie Sie die Beziehung gestalten. Wenn Kinder gerade erst von zu Hause ausgezogen sind, suchen sie womöglich noch häufiger den Kontakt. Sobald sie dann erst einmal in der neuen Umgebung Fuß gefasst haben, kann aus zweimal am Tag einmal am Tag werden und schließlich einmal in der Woche oder noch seltener.
- **Erinnern Sie Ihre Kinder nicht ständig daran, wie sie einmal waren.** Lassen Sie zu, dass Ihre Kinder sich ändern. Zwingen Sie sie nicht in eine Version ihrer selbst, die Ihnen besonders gefallen hat, indem Sie ihnen ein schlechtes Gewissen machen.

„Früher hast Du mich jeden Tag angerufen, und jetzt hast Du gar keine Zeit mehr für mich."

- **Lernen Sie, zu teilen.** Kinder heiraten und haben dann Schwiegerfamilien, Partner, ein eigenes Sozialleben und berufliche Karrieren. Das wirkt sich auch auf Ihre Beziehung zu ihnen aus.
- **Haben Sie Verständnis für Grenzen.** Eltern haben nicht das Recht auf unbegrenzten Zugang zu ihren Kindern.
- **Gehen Sie mit gutem Beispiel voran.** *Elternteil: „Meine Kinder rufen mich nie an." Therapeutin: „Rufen Sie denn bei ihnen an?" Elternteil: „Nein, sie sind ja sowieso immer beschäftigt."* Wenn Sie möchten, dass sich etwas ändert, dann machen Sie den ersten Schritt. Erwarten Sie nicht, dass die anderen alles übernehmen, ohne dass Sie Ihren Teil dazu beitragen.

Wenn Sie an eine gesunde Elternbeziehung zu erwachsenen Kindern denken, dann machen Sie sich bewusst, wie Erwachsene mit anderen Erwachsenen umgehen, einschließlich Freunden und Kollegen. Idealerweise gibt es in diesen Beziehungen gegenseitigen Respekt, Verständnis und Raum für Unterschiede. Elterliche Beziehungen zu erwachsenen Kindern gedeihen, wenn man sie wie andere Erwachsene in seinem Leben behandelt.

Erwachsene Kinder brauchen immer noch elterlichen Beistand. Wir werden niemals aus dem Bedürfnis herauswachsen, jemanden in unserem Leben zu haben, der uns unterstützt. Einige Erwachsene fühlen sich verlassen, weil ihre Eltern die Fürsorgerolle abgegeben haben. Eltern sein ist eine lebenslange Verpflichtung. Auch wenn Kinder erwachsen sind, haben sie immer noch Bedürfnisse, nur dass es jetzt andere sind.

Denken Sie daran: Erwachsenen Kindern als Eltern zur Seite zu stehen bedeutet, sie zu unterstützen, nicht sie zu lenken.

Häufige Anlässe für Streitigkeiten

Eltern können sich ihre Kinder nicht aussuchen, und sie bedingungslos zu lieben löst nicht automatisch alle Probleme. Sie können Menschen lieben und sie trotzdem nicht mögen – oder nicht in Ihrem Leben haben wollen. Persönlichkeit, Temperament und Lebenserfahrung haben einen bedeutenden Einfluss auf die Qualität der Eltern-Kind-Beziehung.

Substanzmissbrauch (Trinken, Rauchen, Drogen, Medikamente usw.), psychische Probleme und unterschiedliche Lebensweisen sind häufige Punkte, die das Verhältnis von Eltern zu Kindern belasten. Bedingungslose Liebe bedeutet nicht, dass Eltern jedes Verhalten tolerieren müssen. Alle Beziehungen, auch die zwischen Eltern und Kindern, haben ihre Regeln.

Substanzmissbrauch

Substanzmissbrauch kann untragbare und gefährliche Veränderungen in der Persönlichkeit eines Kindes bewirken. Eltern sollten möglichst eindeutige Grenzen setzen und die Beziehung gegebenenfalls auf Distanz führen. Sie entscheiden, wo sie die Grenze ziehen, und für einige kann das Abbrechen des Kontakts die beste Option sein. In manchen Fällen behandelt ein Elternteil das Kind vielleicht auf eine Weise, die für den anderen keinen Sinn ergibt. Wenn ein Kind mit Substanzmissbrauch zu kämpfen hat, kann die Reaktion der Eltern ganz unterschiedlich ausfallen. Ein Elternteil leugnet womöglich die Situation oder bricht den Kontakt ab, während das andere Elternteil die Beziehung aufrechterhält. Es ist nicht günstig, wenn Eltern unterschiedliche Meinungen dazu haben, wie ihre Beziehung zu einem suchtkranken Kind aussehen soll. Eine Paartherapie könnte einen Raum bieten, in dem Eltern lernen, die Unterschiede in ihrer Vorstellung von Erziehung anzuerkennen und einzuordnen.

Janine und ihr Mann Ronald zogen ihre Enkel groß. Ronald war strikt dagegen, ihrer Tochter Zugang zu den Kindern zu ermöglichen, nachdem diese das Sorgerecht verloren hatte. Janine hingegen telefonierte hin und wieder mit ihrer Tochter und erlaubte ihr auch, mit den Kindern zu sprechen.

Religion

Wenn ein Kind konvertiert oder eine neue Religion für sich entdeckt, kann dies die Beziehung zwischen Eltern und Kind belasten. Religion beeinflusst, wie man die Welt betrachtet, und in manchen Fällen führen neue Betrachtungsweisen dazu, dass ein Kind einen anderen Umgang mit seiner Familie pflegt. Wenn Familienmitglieder sich über Glaubenslehren, Geschichte und religiöse Fakten streiten, dann kann dies zu Spannungen führen und manchmal sogar dazu, dass Familien sich entzweien. Am wohlsten fühlen sich Eltern in der Regel, wenn das Kind die Glaubensrichtung beibehält, auf deren Grundlage sie es erzogen haben. Ein wichtiger Teil des Erwachsenseins besteht allerdings darin zu entscheiden, wer man sein will.

Wenn Ihr Kind eine andere religiöse Richtung einschlägt, können Sie

- den Wunsch Ihres Kindes respektieren, sich für einen neuen Glauben zu öffnen,
- sich für die neue Religion interessieren, indem Sie versuchen, mehr darüber zu erfahren und Ihrem Kind zuhören, wenn es darüber erzählt,
- an Aktivitäten rund um die neue Religion teilnehmen,
- erhitzte Diskussionen über Religion vermeiden, die zu Streit führen könnten,
- sich die positiven Auswirkungen der Religion auf das Leben Ihres Kindes bewusst machen,
- Übereinstimmung in Themen finden, die nichts mit Religion zu tun haben.

LGBTQIA+

Die Akzeptanz ist in diesem Bereich sicher gestiegen, aber viele Familien haben noch ein langes Stück Weg zu gehen. Eine der größten Ängste, die ich von Eltern höre, deren Kinder der LGBTQIA+-Gemeinschaft angehören, ist die um die Sicherheit ihrer Kinder. Aufgrund dieser Sorge haben viele Eltern ihre Kinder ermutigt sich nicht zu outen, mit negativen Auswirkungen auf das Selbstwertgefühl des Kindes. Es ist schwer, einen wichtigen Teil dessen, was man ist, geheim zu halten.

Einige Eltern schämen sich, und manchmal geben sie sich auch die Schuld. Emerys Vater Larry hatte sie immer als „burschikos" bezeichnet. Als sie ihm erzählte, dass sie sich für Mädchen interessiert, meinte Larry, dass sei sicherlich nur eine Phase. Er begann sofort, einen großen Wirbel darum zu machen, wie sie sich kleidete und mit welchen Mädchen sie sich umgab. Emery wusste, wer sie war, aber ihr Vater weigerte sich, es zu akzeptieren.

Für Eltern

- Es ist hilfreich, zusammen mit einem Therapeuten Ihre Erwartungen an Ihr Kind zu verarbeiten.
- Respektieren Sie Ihr Kind als die Person, die es ist, auch wenn es nicht Ihren Vorstellungen entspricht. Es ist nicht leicht sich selbst zu akzeptieren, und jede Form der Ablehnung macht es nur noch schwerer.
- Informieren Sie sich darüber, wie Ihr Kind gerne angesprochen werden möchte.
- Ihr Kind ist vielleicht eine andere Person geworden, als Sie sich vorgestellt haben. Mitleid ändert nichts daran und kann die Dinge eher schlimmer machen.

Denken Sie daran: Wenn Sie eine bessere Beziehung zu Ihrem Kind haben wollen, müssen Sie lernen es so zu akzeptieren, wie es ist.

Für Kinder

- Lassen Sie Ihren Eltern Zeit, ein Bewusstsein für die Person zu entwickeln, die Sie jetzt sind.
- Setzen Sie klare Grenzen in Bezug darauf, wie Sie angesprochen und behandelt werden möchten.
- Arbeiten Sie die Veränderungen in Ihrer Beziehung zu Ihren Eltern eventuell in einer Therapie auf.
- Wenn Sie das Gefühl haben, dass das Miteinander problematisch wird und Ihre geistige Gesundheit gefährdet, entscheiden Sie, ob Sie die Beziehung aufrechterhalten oder abbrechen möchten beziehungsweise mehr Abstand für sich benötigen.

Psychische Probleme

Für die meisten Eltern ist es schmerzhaft, wenn ihr Kind bei psychischen Problemen eine Behandlung ablehnt. Meine frühere Nachbarin hatte einen Sohn, bei dem Schizophrenie diagnostiziert wurde. Sie warnte mich davor, ihm die Tür zu öffnen, wenn er vorbeikommen sollte. Nachdem sie ihn viele Jahre lang dazu zu bringen versucht hatte, dass er seine Medikamente nahm und eine Therapie begann, beschloss sie irgendwann, den Kampf aufzugeben. Da es zuvor schon einmal zu Gewalttätigkeiten gekommen war, ließ sie ihn nicht mehr in ihr Haus. Es war eine harte Entscheidung für sie, aber auch eine notwendige.

Unterschiedliche Lebensweisen

Erwachsene Kinder entscheiden, zu wem sie werden. Sie können auch die Wahl treffen, nicht so zu werden, wie Sie sie erzogen haben.

Unterschiedliche Lebensweisen können verschiedene Aspekte betreffen:

- Finanzielle Entscheidungen
- Traditionelle oder nicht traditionelle Partnerschaftsmodelle

- Ernährung
- Politische Ansichten

Seit ihr Sohn Miles vor fünf Jahren Amber heiratete, hat Eva ein schwieriges Verhältnis zu ihm. Amber kontrolliert die Beziehung und legt es offenbar darauf an, die Menschen, die Miles liebt, auf Distanz zu halten. Für Eva fühlt es sich so an, als sei ihr Miles nicht länger die freundliche und offene Person, die sie großgezogen hat, da er es Amber erlaubt, seine Beziehungen zu allen anderen Menschen zu zerstören.

Das Bedürfnis, die Eltern-Kind-Beziehung zu kitten, kann manchmal einseitig sein. Eine Wiederherstellung kann aber nur stattfinden, wenn beide Seiten dies wollen.

Erwachsene erziehen

Manchmal starten erwachsene Kinder nicht so ins Leben, wie geplant, aber das bedeutet nicht, dass es hilfreich ist, sie weiterhin wie Kinder zu behandeln. Es ist verständlich, wenn Eltern sich Sorgen machen und alles tun, damit erwachsene Kinder selbst für sich sorgen können, aber es kann Eltern auch eine Menge kosten. Eine Studie von *MagnifyMoney* (amerikanisches Online-Finanzberatungsunternehmen; Anm. d. Verlags) fand heraus, dass 22 Prozent der Erwachsenen jeder Altersgruppe, aber 67 Prozent der Generation Z (Generation der überwiegend 1997 bis 2012 Geborenen; Anm. d. Verlags) von ihren Eltern finanziell unterstützt werden. Wenn das erwachsene Kind wahrscheinlich ohne Unterstützung Schiffbruch erleiden würde, schaffen einige Eltern ohne es zu wollen eine Co-Abhängigkeit.

In einer Untersuchung des Finanzdienstleisters *Bankrate* zeigte sich, dass 34 Prozent aller Eltern ihre Altersvorsorge belasten, um ihre erwachsenen Kinder in punkto Miete, Gesundheitsfürsorge oder bei plötzlichen finanziellen Nöten zu unterstützen. Die Lösung für das Problem ist nicht einfach und erfordert eventuell Hilfe von Profis wie Finanzberatern oder Therapeuten. In jedem

Fall sollte die Lösung nicht allein auf den Schultern der Eltern lasten.

Eltern möchten sicherstellen, dass es ihren Kindern in jedem Alter gut geht, und es ist wichtig zu bedenken, dass man helfen sollte, ohne dafür zu sorgen, dass der Status Quo einfach weitergeführt wird.

Wenn Sie einem erwachsenen Kind helfen, kann das beispielsweise so aussehen:

- Sie bieten Unterstützung auf einer temporären, zeitlich begrenzten Basis.
- Sie bringen dem Kind bei, wie es etwas tun kann, anstatt es für das Kind zu tun.
- Sie setzen Grenzen im Hinblick auf den Umfang Ihrer Hilfe.
- Sie geben Ihrem Kind die Möglichkeit, selbst eine Lösung zu finden, ohne die Antworten vorzugeben oder das Problem in die Hand zu nehmen.
- Sie bewegen sich langsam aus der Rolle der Betreuungsperson heraus und übernehmen eine eher unterstützende Rolle.

Wenn ein erwachsenes Kind ständig Grenzen überschreitet, müssen Eltern zum langfristigen Besten für das Kind herausfinden, wie sie anders mit ihm umgehen können. Unterstützung kann nur zusammen mit Grenzen angeboten werden und sollte nicht auf Kosten der Eltern gehen.

Lösungen für Beziehungsprobleme mit erwachsenen Kindern

Familientherapie

Therapie ist ein Raum, in dem alle Parteien Unterstützung finden. Probleme allein in den Griff bekommen zu wollen, ist nicht immer die beste Lösung. Schwierige Familienthemen erfordern eventuell die Hilfe eines erfahrenen Therapeuten. So können sich in der Therapie Probleme zeigen, die ansonsten nicht angegangen würden.

Wenn Sie die Person sind, die an einer Familientherapie interessiert ist, dann kann es hilfreich sein, wenn Sie Ihre Angehörigen auf eine der folgenden Weisen einladen, mitzumachen:

- „Ich liebe Dich und möchte mit Dir gemeinsam an unserer Beziehung arbeiten. Ich habe einen Familientherapeuten gefunden. Würdest Du mit mir in die Therapie gehen?"
- „Ich habe bemerkt, dass es oft in Streit endet, wenn wir allein versuchen, über die Dinge zu reden. Ich würde gerne mit einem Therapeuten über unsere Art zu kommunizieren sprechen."
- „Unsere Beziehung ist sehr wichtig für mich. Bitte komm mit mir in die Therapie."

Einzeltherapie

Wenn ein Familienmitglied nicht zur Therapie gehen will, oder Sie nicht bereit sind, es dazu einzuladen, können Sie sich allein daran machen, die Themen so gut wie möglich zu bearbeiten. Es ist durchaus üblich, dass man mit Therapeuten über das Verhältnis zu Menschen spricht, die nicht bei der Therapie mitmachen. Sie können lernen, mit einer schwierigen Beziehung umzugehen, und Ihre Gefühle verarbeiten, ohne dass die andere Person anwesend ist. In der Einzeltherapie haben Sie die Möglichkeit, an sich und der Art und Weise zu arbeiten, wie Sie mit Ihren Beziehungen umgehen.

Kinder von klein auf richtig erziehen: Sie können die Zukunft formen

Sie können Ihre eigene Zukunft beeinflussen, indem Sie Dinge anders machen und sich weigern, ungesunde Kreisläufe bei Ihren eigenen Kindern fortzuführen. Welche Probleme gibt es in Ihrer

Familie, und was benötigen Sie, um ein anderes Ergebnis zu erzielen? Schauen wir uns nun einige Möglichkeiten an, wie sich die Wiederholung generationsübergreifender Muster vermeiden lässt.

Ermuntern Sie Ihre Kinder, über ihre Gefühle zu sprechen

Als Sydney elf Jahre alt war, ließen sich ihre Eltern scheiden. Sie und ihre Geschwister bekamen dies erst mit, als der Vater seine Sachen packte und auszog. Niemand hatte mit ihnen darüber geredet, was vorging. Stattdessen bekamen sie lediglich zu hören, dass alles gut sein würde. Aber die Kinder hatten nicht das Gefühl, dass „alles gut war", denn ihr Leben änderte sich auf signifikante Weise.

Immer wenn Sydney mit ihrer Mutter über die Scheidung zu sprechen versuchte, wechselte diese das Thema. Irgendwann hörte Sydney auf, über die Dinge zu reden, die sie beschäftigten – eine ungesunde Entwicklung, denn Kinder brauchen eine emotionale Verbindung zu den Erwachsenen in ihrem Leben.

Gefühle sind häufig ein Tabu-Thema in Familien und werden ignoriert. Aber sie sind da, auch wenn wir nicht über sie reden. Wenn es eine Krise in der Familie gibt, spüren Kinder das, und sie fühlen sich weniger allein, wenn sie mit Erwachsenen über ihre Gefühle reden können.

Seien Sie vorsichtig mit Sätzen wie „alles ist gut" oder „es ist nicht so schlimm". Manchmal ist eben *nicht* alles gut und es ist *doch* schlimm. Als Erwachsener können Sie zuhören, wenn Ihre Kinder darüber reden, wie sie sich fühlen. Sie können vielleicht nichts an der Situation ändern, aber über komplizierte Gefühle zu reden zeigt, dass Sie die Verbindung halten und bemüht sind, ihnen durch schwierige Zeiten zu helfen.

Verhaltensweisen, die dazu führen, dass Kinder sich emotional abkapseln, sind beispielsweise:

- Sich über sie lustig machen und ihnen sagen, dass sie zu sensibel sind.
- Sie davon abhalten, Emotionen zu zeigen.

- Sie dazu drängen, über Gefühle hinwegzukommen, bevor sie dazu bereit sind.
- Dinge sagen wie „alles ist gut“, wenn sie traurig oder wütend sind.
- Ihnen sagen, wie sie sich fühlen sollen.
- Sie dazu zwingen, Ihnen zuzustimmen, wie sie sich fühlen sollten.
- Vermeiden von Gesprächen über Gefühle.
- Selbst keine Emotionen vor den Kindern zeigen.
- Den Eindruck machen wollen, dass Sie immer alles im Griff haben.

Bitten Sie Ihre Kinder um Entschuldigung, wenn Sie falsch gelegen haben

Aus meinem Elternsein habe ich gelernt, dass ich nicht alles weiß. Ich verstehe Dinge falsch und mache Fehler, und wenn das passiert, sollte ich um Entschuldigung bitten. Als Kind habe ich es erlebt, dass Erwachsene Ausreden erfanden oder stur auf etwas beharrten, wenn sie falsch lagen. Sie baten nicht um Entschuldigung, und sie gaben auch nicht zu, dass sie etwas Falsches gesagt oder getan hatten. Es ist wesentlich mutiger, Nichtwissen zuzugeben als vorzutäuschen, dass man alles weiß.

Es ist wichtig, dass Sie Ihre Kinder um Entschuldigung bitten, wenn:

- Sie sie aus Wut oder Frust angeschrien haben,
- Sie sie emotional vernachlässigt oder ihre Gefühle abgetan haben,
- Sie falsch lagen,
- Sie sie in eine Situation gebracht haben, in der sie allein und ohne Unterstützung durch einen Erwachsenen klarkommen mussten,
- Sie sie zu Unrecht für etwas beschuldigt haben,
- Sie sie schlecht behandelt haben.

Entschuldigungen machen die Sache nicht immer besser, aber sie lassen Ihr Kind wissen, dass Sie bereit sind, die Verantwortung für Ihren Teil des Geschehens zu übernehmen.

Entschuldigungen gegenüber einem Kind können beispielsweise so klingen:

- „Ich habe Dich angeschrien und das war nicht in Ordnung. Es tut mir leid."
- „Du wolltest vorhin mit mir reden und ich habe nicht zugehört. Es tut mir leid. Können wir vielleicht jetzt darüber sprechen?"
- „Ich habe mich geirrt. Du hattest Recht."
- „Ohne Unterstützung konntest Du nicht wissen, wie man das macht. Ich hätte da sein sollen, um Dir zu helfen."
- „Es tut mir leid, dass ich Dir die Schuld gegeben habe. Es war meine Schuld."
- „Bitte verzeih mir, dass ich so zu Dir gesprochen habe. Das war nicht in Ordnung."

Lassen Sie zu, dass Ihre Kinder Ihre Gefühle sehen können und erklären Sie sie ihnen

Ihren Schmerz zu verbergen ist nicht gesund – weder für Sie noch für Ihre Kinder. Es erfordert Stärke, verletzlich genug zu sein, um seine Gefühle mit anderen zu teilen. Ich habe Klienten viel zu häufig sagen hören: „Ich habe meine Mutter noch nie aufgewühlt erlebt. Sie ist immer die Ruhe selbst." Wenn es normal ist, Gefühle zu zeigen, hilft das Ihren Kindern auszudrücken, was in ihnen vorgeht. Erzählen Sie Ihrem Kind auf altersgerechte Weise, was Sie fühlen.

Über Ihre Gefühle zu sprechen kann sich beispielsweise so anhören:

- „Ich weine, weil meine Mutter gestorben ist und ich sie vermisse."
- „Ich habe Dich angeschrien, weil ich so wütend war."
- „Ich brauche ein paar Minuten für mich allein, weil ich gerade etwas frustriert bin."

Leugnen Sie Ihre Gefühle gegenüber Ihren Kindern nicht, wenn diese sehen, dass Sie etwas Schweres durchmachen, denn andernfalls wissen sie nicht, wie sie reagieren sollen, wenn ihnen etwas ähnliches widerfährt. Kinder können mit Ehrlichkeit umgehen. Sie müssen sich nicht verstellen und sagen „Ich bin nicht traurig“ oder „Mir geht es gut“.

Natürlich kann es vorkommen, dass Erwachsene zu viele Details mitteilen oder zu häufig über ihre Gefühle sprechen, aber gelegentliche Äußerungen sind in Ordnung, solange Sie Ihre Kinder nicht zu Ihren emotionalen Bezugspersonen machen. Wenn Sie feststellen, dass Sie zu häufig mit Ihren Kindern über Ihre Gefühle sprechen, dann ist dies ein Zeichen dafür, dass Sie eine andere erwachsene Person zum Reden brauchen, eventuell im Rahmen einer Therapie.

Verbringen Sie Zeit mit Ihren Kindern und deren Lieblingsbeschäftigungen

Laut einer kürzlich veröffentlichten Studie zählt die Qualität der miteinander verbrachten Zeit mehr als die Quantität. Zum Glück sind Eltern heutzutage weitaus öfter bereit, mit ihren Kindern zu spielen, ihnen vorzulesen und sich auf kindgerechte Aktivitäten einzulassen.

Wieviel Zeit ausreichend ist, lässt sich schwer sagen. Entscheidend ist, dass Sie die gemeinsame Zeit mit Dingen verbringen, die Ihren Kindern wichtig sind. Sie möchten spüren, dass Sie an dem interessiert sind, was ihnen wichtig ist. Deshalb bitten sie mit Sätzen wie „Schau mal, was ich gezeichnet habe“ oder „Lass uns zusammen Fernsehen schauen“ um Ihre Aufmerksamkeit.

Menschen, die in dysfunktionalen Familien aufgewachsen sind, hatten häufig keine Erwachsenen, die sich mit ihnen in ihre Welt begeben haben, und wenn sie doch vorhanden waren, waren sie häufig nicht in der Lage, einfach nur Spaß zu haben. Stattdessen haben sie ihr Kind vielleicht dazu gedrängt, eine Sportart auszuüben, aber das ist nicht dasselbe wie an der Welt des Kindes teilzuhaben. Das Kind sollte sich selbst dafür interessieren und nicht einfach zu etwas gezwungen oder überredet werden. Das Elternteil wiederum muss in die Aktivität involviert sein, indem es dem Kind hilft, zu üben, und zu den Spielen kommt. Anstatt eine Aktivität für Ihr Kind auszuwählen, sollten Sie es lieber fragen, was es gerne tun würde.

Lehren Sie Ihr Kind gesunde Möglichkeiten, um mit Triggern umzugehen

Wir alle werden im Kleinen oder Großen jeden Tag emotional getriggert. Kinder bekommen Wutanfälle, weil sie emotional dysreguliert sind. Es ist also sinnvoll, ihnen einige Strategien beizubringen, wie sie sich allein (Selbstregulation) oder auch zusammen mit anderen (Ko-Regulation) regulieren können.

Selbstregulation kann beispielsweise so aussehen:

- Kontrolliertes Atmen
- Spielen mit einem Fidget Spinner
- Tagebuch schreiben

Ko-Regulation kann beispielsweise so aussehen:

- Über seine Probleme reden
- Gemeinsam mit anderen tief atmen
- Eine Umarmung

Seien Sie die Person, die Ihre Kinder brauchen und die Sie in Ihrer Kindheit gerne gehabt hätten

Wir alle sind Kinderexperten, weil wir selbst einmal Kinder waren. Erinnern Sie sich wie es war, sich hilflos zu fühlen. Erinnern Sie sich wie es war, für die meisten Dinge auf Erwachsene angewiesen zu sein. Denken Sie daran, was Sie damals gebraucht haben. Besuchen Sie Ihr Kinder-Ich, um besser zu verstehen, was Ihre Kinder brauchen und wie Sie es ihnen geben können.

Menschen sind einzigartig, und aus diesem Grund benötigen wir meist eher unterschiedliche Dinge. Deshalb ist es auch unmöglich, zwei Kinder genau gleich zu erziehen und trotzdem ihre individuellen Bedürfnisse zu erfüllen. Auch der Ansatz, Ihren Kindern genau das zu geben, was Sie gebraucht haben, ist nur begrenzt effektiv. Für Kinder ist es wichtig, dass Sie auf ihre individuellen Bedürfnisse eingehen, während Sie sich stets daran erinnern, wie es ist, ein Kind zu sein.

Im Laufe der Zeit verlagern sich die Aufgaben der Elternschaft weg von den eher erzieherischen Aspekten hin zur Unterstützung der Art und Weise, wie Ihr Kind leben möchte. Umstellungen in der Eltern-Kind-Beziehung können kompliziert sein, sind aber gesund, weil das Kind wächst und sich entwickelt. Mit jedem Schritt, den ein Kind vorangeht, geben die Eltern ein kleines Stück Kontrolle ab. Es kann schwierig sein, in die Rolle des erwachsenen Kindes hineinzuwachsen. Gut gelingen kann es dann, wenn Eltern ihre Kinder beim Erwachsenwerden unterstützen und sich bewusst machen, dass Liebe nichts mit Kontrolle zu tun hat.

ÜBUNG

Schnappen Sie sich Ihr Notizbuch oder ein Stück Papier, und beantworten Sie für sich die folgenden Fragen:

- Was sind/waren Ihre Hoffnungen in Bezug auf die Eltern-Kind-Beziehung?
- Was müssen Ihre Kinder von Ihnen hören?
- Welche Grenzen müssen Sie setzen, um Ihr Kind zu unterstützen?

KAPITEL 14

ABHILFE BEI SCHWIERIGEN BEZIEHUNGEN ZUR ERWEITERTEN FAMILIE

Trauerfälle können familiäre Beziehungen belasten, speziell wenn es um Erwartungen geht, die mit dem Erbe zusammenhängen. Der Tod von Averys Großvater Albert brachte sehr viel Unruhe in die Familie, da er einigen Tanten, Onkeln und Cousinen nichts vererbt hatte. Diese Verwandten erwarteten von denjenigen, die im Testament bedacht worden waren, dass sie ihnen einen Anteil abgaben. Die Situation war ziemlich verfahren.

Albert schien alle seine fünf Kinder geliebt zu haben, doch im Laufe der Jahre wurde deutlich, dass seine beiden Ältesten, ein Sohn und eine Tochter, ihm am meisten am Herzen lagen. Solange er am Leben war, bedachte er alle Kinder bis zu einem gewissen Grad finanziell, aber in seinem Testament hinterließ er Geld und Besitztümer allein seinen beiden ältesten Kindern sowie zweien seiner zwölf Enkelkinder.

Nach Alberts Tod kam die Familie nicht mehr an Feiertagen zusammen, weil sie wegen des Testaments zerstritten war. Averys Vater, Alberts drittes Kind, brach den Kontakt zu seinen beiden jüngeren Schwestern ab.

Avery hatte nie eine besondere Beziehung zu ihrem Großvater gehabt, weswegen es sie auch nicht verwunderte, dass sie im Testament nicht genannt wurde. Sie verstand nicht, warum Ihr Vater und seine Schwestern sich nicht zugunsten der Familie wieder versöhnen konnten. Sie sah das Testament als die Entscheidung ihres

Großvaters an, wusste aber auch, dass das offene Äußern dieser Ansicht sie in der Familie zu einer Ausgestoßenen machen könnte.

Während sie aufwuchs, hatte sie viel Zeit mit ihren Tanten, Onkeln, Cousins und Cousinen verbracht. Jetzt aber, da alle untereinander zerstritten waren, fiel es ihr immer schwerer, die Verbindungen aufrecht zu erhalten. Sie wollte sich nicht auf eine Seite schlagen, sich aber auch nicht verstecken müssen, wenn sie ihre Verwandten sehen wollte. Wann immer sie mit ihren Tanten redete, tratschten diese über ihre älteren Geschwister.

Avery war verlobt und wollte gerne ihre ganze Familie zu ihrer Hochzeit einladen, aber sie hatte Bedenken, was passieren würde, wenn alle im gleichen Raum zusammentrafen. Sie zerbrach sich den Kopf über Sitzordnungen, die für ausreichend Abstand sorgen sollten, wusste aber zugleich, dass ihr Vater es ihr übelnehmen würde, wenn sie bestimmte Verwandte überhaupt einlud.

Averys wollte ihrem Vater sagen, dass sie seinen Bruder und alle seine Schwestern zur Hochzeit einladen würde. Sie kam zu mir in die Therapie, um Wege zu finden, wie sie mit seinem Ärger über das umgehen konnte, was er vermutlich als Verrat empfinden würde.

Wenn man zwischen den Stühlen sitzt

Selbst Familienstreitigkeiten, die gar nichts mit Ihnen zu tun haben, können Sie in Mitleidenschaft ziehen. Wenn Ihre Eltern sich mit ihren Geschwistern streiten, dann kann das auf Ihre Beziehungen zu Tanten, Onkeln, Großeltern, Cousins und Cousinen abfärben. Leider kann man niemanden dazu zwingen, Beziehungen zu kitten.

Avery wollte gerne neutral bleiben, was so lange gut funktionierte, wie sie andere nicht darum bat, miteinander in Kontakt zu gehen. Sie hatte es geschafft, ihre Tante und ihren Onkel heimlich bei ihnen zu Hause zu besuchen, aber ihre bevorstehende Hochzeit verkomplizierte die Beziehungen.

Was Avery helfen könnte

Ehrlich sein
Auch wenn es einige verärgern könnte, kann Avery ehrlich sagen, dass sie Beziehungen zu allen Verwandten aufrechterhalten möchte, auch wenn diese untereinander zerstritten sind.

Grenzen setzen
Avery kann allen gegenüber kommunizieren, dass sie sich aus ihren Problemen heraushalten möchte. Das kann beispielsweise so klingen:

An ihren Vater gerichtet: „Ich verstehe, dass es Dich verletzt, dass Du nichts geerbt hast. Auch wenn Du mit Deinen Geschwistern im Streit liegst, tue ich es nicht, und ich möchte meine eigene Meinung dazu haben dürfen."

An ihre Tanten, Onkel, Cousins und Cousinen gerichtet: „Ich möchte, dass unsere Beziehung auf unserem Verhältnis zueinander basiert und nicht auf den Problemen, die ihr mit anderen Menschen habt, die ich liebe."

Menschen die Wahl geben
Wenn Avery zu einer Feier einlädt, wollen manche Menschen vielleicht nicht kommen, weil sie die Begegnung mit anderen vermeiden wollen. Sie kann sie nicht dazu zwingen und muss lernen, wie sie damit umgeht, dass nicht alle gut miteinander auskommen.

Neutral bleiben
Es ist nicht Ihre Aufgabe, Familienstreitigkeiten zu regeln oder die Familie zu therapieren. Lassen Sie stattdessen die anderen wissen, dass Sie eine neutrale Partei sind und nicht in das Drama hineingezogen werden möchten.

Familienfehden haben ihren Ursprung häufig in Erbstreitigkeiten, bösartigem Gerede übereinander, Mustern chronischer Dysfunktionalität wie Sucht oder Misshandlungen oder auch dem Bevorzugen einzelner Familienmitglieder. Wenn Sie sich Familiendramen wie *Parenthood, Das ist Leben* (*This is us*) oder *Succession* ansehen, ist eine der oben genannten Dynamiken immer am Werk. In der Serie *Shameless* beispielsweise ist jedes Familienmitglied auf seine eigene Weise dysfunktional. Trotzdem hat Patriarch Frank Gallagher einen Lieblingssohn, Liam, vielleicht weil er der jüngste ist und die positivste Sicht auf Franks Dysfunktionalität hat. Liam hat auch noch nicht so viel mit Frank erlebt wie seine Geschwister, und dadurch ist seine Sicht auf seinen Vaters weniger stark verzerrt. Frank kümmert sich zudem um die Beziehung, womöglich weil er weiß, dass dies seine letzte Chance ist, so etwas wie ein guter Vater zu sein.

Häufige Probleme mit Großeltern, Tanten, Onkeln, Cousins und Cousinen

Streit über alte Themen

Geschichte wiederholt sich in Familien manchmal über Generationen hinweg, bis jemand mutig genug ist, die Probleme offen anzusprechen. Über Dinge zu reden, ist etwas anderes als darüber zu streiten, denn hier geht es nicht darum, den anderen zu übertönen oder die eigene Meinung durchzusetzen. Einige Familienthemen können allerdings so tiefgreifend sein, dass professionelle Hilfe erforderlich ist oder man sie einfach ruhen lassen sollte.

Bei Familienfeiern stritt Sallys Mutter mit ihren Geschwistern ständig über Dinge, die in ihrer gemeinsamen Kindheit vorgefallen waren. Es begann meist mit einer lockeren Unterhaltung und endete unweigerlich damit, dass alle sich anschrien. Sally begann irgendwann, Familientreffen zu meiden, weil sie die erhitzten Streitgespräche einfach nicht mehr ertragen konnte.

Möglichkeiten, mit diesem Problem umzugehen:

- Machen Sie sich bewusst, dass nicht alle Probleme gelöst werden können, und verpflichten Sie sich, das Thema in Zukunft ruhen zu lassen.

- Lassen Sie Probleme los, wenn Ihr Seelenfrieden gefährdet ist.
- Besprechen Sie Themen lieber unter vier Augen als in großen Gruppen.
- Gehen Sie, bevor der Streit hitzig wird.

Sich ausgeschlossen fühlen

Vielleicht haben Sie schon einmal gehört, dass man bei Geburten, Hochzeiten und Beerdigungen am ehesten herausfindet, wie ein Mensch wirklich ist. Wichtige Ereignisse im Leben stellen für Familien oft die größten Herausforderungen dar. Aus diesem Grund ist es wichtig, vorab die Erwartungen aller Beteiligten zu klären.

Miguel hatte beispielsweise ein sehr gutes Verhältnis zu seiner Tante Patrice. Als er seine Hochzeit plante, nahm sie an, dass sie als seine Lieblingstante an der Planung beteiligt sein würde. Da Miguel im Vorfeld alle Hände voll zu tun hatte, sprach er nur noch selten mit seiner Tante und diese fühlte sich ausgeschlossen.

Es ist verständlich, dass wir Erwartungen an unsere Beziehungen zu anderen knüpfen. Wir können aber nicht steuern, ob diese Erwartungen erfüllt werden. Indem wir reifen und neue Menschen in unser Leben treten, ändern sich auch unsere Wünsche an eine Beziehung. Wenn Sie andere Beziehungen eingehen oder neue Vorstellungen entwickeln, können sich einige Familienmitglieder ausgeschlossen fühlen. Vielleicht wählen Sie nicht Ihre Schwester als Brautjungfer aus, oder laden Ihre einstige Lieblingscousine nicht zu Ihrer Hauseinweihung ein. Sie ändern sich, und mit Ihnen Ihre Beziehungen.

Möglichkeiten, mit diesem Problem umzugehen:

- Sprechen Sie das Thema frühzeitig an: „Meine Partnerin und ich wollen die Hochzeit gemeinsam planen und so lernen, wie wir uns am besten ergänzen.“
- Überprüfen Sie, ob die andere Person Sie richtig verstanden hat. „Ich möchte sicherstellen, dass Du mich richtig verstanden hast. Was habe ich gerade gesagt?“

Verletzende Bemerkungen

In den meisten Familien gibt es mindestens eine unhöfliche oder gemeine Person. Viele Familienmitglieder werden einfach sagen: „So ist er/sie halt." Zum Glück müssen Sie keine Menschen tolerieren, die gemein sind, auch wenn andere ihr Verhalten hinnehmen.

Bei jedem Thanksgiving-Essen daran erinnert zu werden, wie man mal ins Bett gemacht hat, kann einem mit der Zeit einen schmerzlichen Stich versetzen. In manchen Familien mögen Frotzeleien und Sticheleien als gemeinschaftsstiftendes Verhalten verstanden werden. Aber es gibt den Punkt, an dem Dinge nicht mehr witzig sind, sondern verletzend, und Sie sollten Ihre Familie wissen lassen, was für Sie akzeptabel ist und was nicht. „War doch nur ein Witz" bedeutet, dass man Ihre Gefühle nicht ernst nimmt. Grobe Bemerkungen zu machen und zu behaupten, es seien lediglich Witze, ist ein Verdrehen der Realität. Wenn so etwas passiert, ist es schmerzlich, denn die Person, die die grobe Bemerkung gemacht hat, sagt praktisch: „Ehe ich die Wahrheit zugebe, lasse ich Dich lieber glauben, dass mit Deiner Wahrnehmung etwas nicht stimmt." Weil es so schockierend ist, wenn jemand so etwas tut, zerbrechen Sie sich den Kopf, ob wirklich etwas mit Ihnen nicht in Ordnung ist. In Wahrheit sind *nicht* Sie das Problem. Die andere Person nutzt die missbräuchliche Taktik des *Gaslighting*, um Sie zu verunsichern.

Als Chris zugenommen hatte, sprachen mehrere Familienmitglieder dies bei Treffen an und einige rissen sogar Witze darüber. Chris war verletzt, wusste aber nicht, was er dagegen tun sollte.

Möglichkeiten, mit diesem Problem umzugehen:

- Treten Sie für sich ein: „Hör auf, über mein Gewicht zu reden. Das ist nicht witzig, es ist gemein."
- Sprechen Sie das Thema wiederholt an: „Ich habe es schon einmal gesagt. Ich weiß, dass ich zugenommen habe. Es ist nicht hilfreich, wenn Du es immer wieder erwähnst."
- Überlegen Sie sich, wie häufig Sie mit Ihrer Familie zusammentreffen möchten, wenn Ihre Bitten wiederholt ignoriert wurden.

Anders als alle anderen sein

Menschen wachsen und verändern sich – und manchmal geschieht dies in Richtungen, die von der Familiennorm abweichen und für die anderen schwer zu akzeptieren sind. Auch wenn Ihre Familienmitglieder Ihnen das Beste wünschen, kann eine Veränderung in Ihrem Leben ihnen bewusst machen, dass sich bei ihnen selbst nichts geändert hat.

Tamara trennte sich nach zwei Jahren Ehe und einem gemeinsamen Kind von ihrem Mann. Sie wurde von ihrer Familie, in der die Ehe einen hohen Stellenwert hatte, dafür geächtet. Auch wenn es Probleme gab, war Scheidung keine Option.

Missy war unter ihren Cousins und Cousinen die Einzige mit einem College-Abschluss. Ihre Familie zog sie ständig damit auf, dass sie Anwältin war und nannte sie hochnäsig und abgehoben. Wenn sie Fragen zu ihrem Leben beantwortete, sammelten die Familienmitglieder die Informationen, um sie ihr später unter die Nase zu reiben. Missy hatte das Gefühl, sie müsse ihre Identität vor ihrer Familie verbergen.

Möglichkeiten, mit diesem Problem umzugehen:

- Seien Sie Sie selbst. Vorzugeben, jemand anderes zu sein, schadet Ihrer seelischen Gesundheit
- Machen Sie sich klar, dass Sie die Sichtweise Ihrer Familie nicht ändern können. Sie sieht Sie auf der Grundlage ihrer eigenen Beschränkungen, die nicht die Ihrigen sind. Sie können ihren Wunsch, Sie mögen stets der- oder dieselbe bleiben, nicht beeinflussen.
- Finden Sie Gemeinsamkeiten und konzentrieren Sie sich darauf.

Möglichkeiten, das Leben zu erschaffen, das Sie sich wünschen:

- Gehen Sie hinaus in die Welt, ganz gleich was Ihre Familie davon hält.
- Seien Sie freundlich zu Ihrer Familie, ohne schädliches Verhalten zu dulden.

- Entwickeln Sie neue Gewohnheiten.
- Akzeptieren Sie, dass einige Menschen nicht mit jeder Entscheidung einverstanden sind, die Sie für sich und Ihr Leben treffen.
- Glauben Sie an sich, auch wenn andere es nicht tun.

Streitthemen

Politische Meinungen, Corona-Impfungen, Rassismus, offene Beziehungen, sexuelle Identität und vieles mehr können in Familien schwierige Diskussionen hervorrufen. Anstatt Verständnis zu zeigen, werden Familienmitglieder häufig argumentieren, den anderen zum Umdenken bewegen wollen oder das Glaubenssystem beziehungsweise die Lebensweise einer Person ablehnen. Das Beste ist, sein Leben nach seinen eigenen Vorstellungen zu führen und jeden Versuch aufzugeben, die Menschen ändern zu wollen, die Sie nicht verstehen.

Megan beschloss eines Tages, dass sie sich nicht länger verstecken wollte. Also brachte sie ihre Partnerin mit zum Thanksgiving-Essen, obwohl sie wusste, dass ihre Familie gleichgeschlechtlichen Partnerschaften kritisch gegenüberstand. Megan war mittlerweile älter, und die Meinung der Familie war nicht mehr so wichtig für sie. Obwohl ihre Großeltern ein paar Bemerkungen machten, akzeptierten ihre Eltern und Geschwister sie und ihre Partnerin.

Möglichkeiten, mit diesem Problem umzugehen:

- Machen Sie sich bewusst, dass Ihre Familie Ihren Entscheidungen nicht zustimmen muss.
- Sprechen Sie mit einzelnen Familienmitgliedern vorab darüber, wie Ihre Erwartungen aussehen. Sie sollten Ihnen Respekt entgegenbringen, auch wenn sie Ihre Entscheidungen nicht gutheißen oder akzeptieren.
- Überlegen Sie, Situationen zu meiden, in denen Sie sich als Person herabgewürdigt oder verspottet fühlen. Sie können die anderen nicht ändern, aber Sie müssen sich solchen Begegnungen auch nicht immer wieder aussetzen.

- Weigern Sie sich, Streitgespräche zu führen. Ein Streitgespräch findet zwischen zwei Menschen statt, also können Sie es ablehnen mit jemandem zu streiten, wenn Sie es nicht wollen.

Erbstreitigkeiten

Familienbeziehungen können besonders schwierig werden, wenn Geld mit im Spiel ist. Einige Familienmitglieder haben womöglich aufgrund ihres Verhältnisses zu der verstorbenen Person das Gefühl, sie hätten Anspruch auf ein Erbe. Familien können in Streit geraten, wenn sie glauben, dass nicht alle es verdienen, etwas zu erben. Wenn im Testament überraschende Bestimmungen auftauchen und Menschen sich ausgeschlossen fühlen, können wahre Kriege entfesselt werden.

Averys Situation nach dem Tod ihres Großvaters war unfair, aber sie konnte selbst entscheiden, wie sie auf den sich daraus ergebenden Familiendisput reagieren wollte.

Möglichkeiten, mit diesem Problem umzugehen:

- Stellen Sie Fragen, anstatt anzunehmen, dass Sie die Motive der anderen kennen.
- Machen Sie sich bewusst, auf wen Sie wütend sind, und lassen Sie Ihre Wut nicht an anderen aus. Sie können nicht steuern, wie andere Menschen ihr Geld ausgeben oder wem sie ihre Habseligkeiten hinterlassen.
- Wenn es für Sie in Ordnung ist, dann sprechen Sie offen darüber, was mit Ihrem Vermögen nach Ihrem Tod geschehen soll, damit es keine Überraschungen bei den Erben gibt.

Denken Sie immer daran: Verwandte sind die Menschen, mit denen Sie durch Blutsbande verbunden sind. Familie sind die Menschen, die Sie akzeptieren und Ihnen ein Gefühl von Zugehörigkeit und Verbundenheit geben. Wenn Sie die Verbindung zu Verwandten aufrechterhalten wollen, müssen Sie eventuell in Kauf nehmen, dass nicht alle Ihren Idealvorstellungen entsprechen. Nehmen Sie sie so wie sie sind, und versuchen Sie nicht, sie Ihren Ansprüchen gemäß zu ändern. Über einige Themen lohnt es sich zu streiten, über andere nicht. Sie müssen sich nicht von Menschen schlecht behandeln lassen, nur weil Sie mit ihnen verwandt sind.

ÜBUNG

Schnappen Sie sich Ihr Notizbuch oder ein Stück Papier, und beantworten Sie für sich die folgenden Fragen:

- Was sind die Hauptprobleme in Ihren Beziehungen zur erweiterten Familie?
- Wem fühlen Sie sich in Ihrer Familie am nächsten und zu wem haben Sie den meisten Abstand?
- Welche Hindernisse standen Ihnen im Weg bei Ihrem Versuch, die Beziehungen zu Ihrer erweiterten Familie zu verbessern?

KAPITEL 15

BEZIEHUNGEN ZUR SCHWIEGERFAMILIE

Probleme mit der Schwiegerfamilie sind ein häufiges Thema bei den Menschen, die zu mir kommen. Nia träumte davon, ein enges Verhältnis zu ihrer Schwiegermutter Doris aufzubauen. Ihre eigene Mutter war nicht wirklich für sie da gewesen, also liebte sie die Vorstellung, eine Art neue Chance für eine enge Mutter-Tochter-Beziehung zu bekommen.

Leider entsprach Doris in keinerlei Hinsicht Nias Erwartungen. Statt der Erfüllung Ihrer Träume fand sie sich in einem Albtraum wieder. Doris war kontrollsüchtig und gemein und verhielt sich nicht wie die Mutter, sondern eher wie die Partnerin ihres Sohnes. Nia schien allerdings die Einzige zu sein, die ein Problem mit der herrischen Natur von Doris hatte.

Am Anfang kamen sie gut miteinander aus. Die Probleme begannen, als Nia und ihr Mann Will ihr erstes Haus erwarben. Will besprach die möglichen Optionen nicht zuerst mit Nia, sondern mit seiner Mutter. Doris unterstützte das junge Paar bei der Anzahlung und leitete daraus das Recht ab, ihre Meinung zu allem abzugeben – vom Standort bis hin zur Inneneinrichtung. Sie gab ungefragte Ratschläge und mischte sich sogar in Nias Beziehung zu ihrem Sohn aus einer früheren Beziehung und zu ihrer Mutter ein.

Das führte zu Streitigkeiten zwischen Nia und Will, der die Dinge immer aus der Sicht seiner Mutter zu sehen schien. Weil Nia keine gute Beziehung zu ihrer eigenen Mutter hatte, teilte Will ihr mit, das was seine Mutter täte, wäre keineswegs übergriffig, sondern vielmehr normal und gesund. Frustriert, enttäuscht und wütend stellte Nia ihre eigene Wahrnehmung in Frage. War sie irrational, voreingenommen und unfreundlich?

Nia kam zu mir in die Therapie, weil sie verunsichert darüber war, wie ein angemessenes Verhalten aussah. „Ich bin es leid, mich dauernd wegen jemandem zu streiten, der nicht mit uns unter einem Dach lebt", sagte sie mir. „Ich liebe meinen Mann, aber so kann ich nicht leben. Wir kommen einen Moment lang gut miteinander aus, aber dann ist Doris wieder da und versucht unser Leben zu steuern. Ich versuche meinen Mann das regeln zu lassen, aber er tut es einfach nicht."

Die angeheiratete Familie

Viele Menschen fühlen sich verpflichtet, eine gute Beziehung zu ihrer Schwiegerfamilie zu haben, auch wenn das Verhältnis nicht gesund ist. Tatsächlich hat aber Ihr Partner oder Ihre Partnerin eine bestimmte Beziehung zur eigenen Familie, und Sie können sich selbst aussuchen, welche Beziehung Sie zu ihr haben möchten. Weder kann jemand Sie zwingen, ungesunde Beziehungen zu anderen Menschen zu pflegen, auch nicht zu Ihrer Schwiegerfamilie, noch können Sie die anderen nach Ihren Idealvorstellungen formen. Wenn Sie Ihre Erwartung an Ihre Schwiegermutter als ideale Mutterfigur loslassen, können Sie sie als das akzeptieren, was sie ist, und ein herzliches oder enges Verhältnis zu ihr entwickeln. Wenn Sie nicht länger erwarten, dass Ihre Schwägerin sich ändert, können Sie sie so akzeptieren wie sie ist und entweder die beste Beziehung für alle Beteiligten entwickeln oder beschließen, dass die Beziehung keine Substanz hat.

Eine freundliche Beziehung könnte so aussehen:

- Man grüßt sich
- Gespräche bei Bedarf
- Einschränken von Gesprächen, die Konfliktpotenzial bergen

- Entscheiden, wie viel Zeit Sie bei einer Familienfeier verbringen möchten
- Entscheiden, ob Sie eine Familienfeier überhaupt besuchen möchten
- Bei Besuchen überlegen, ob sie bei Ihnen zu Hause stattfinden sollen oder bei ihnen

Ich rate davon ab, sich gegenüber der Familie Ihres Partners oder Ihrer Partnerin passiv-aggressiv zu verhalten, indem Sie sie beispielsweise bewusst ausschließen. Stattdessen schlage ich vor, dass Sie sich überlegen, bis zu welchem Grad Sie in die Beziehung investieren möchten. Ihre Schwiegerfamilie sind nicht die Familie, die Sie sich aussuchen – sie ist die Familie, in die Sie einheiraten. Sie bestimmen, wie das Verhältnis zu ihr aussehen soll. Manchmal kann es für beide Seiten gut sein, einen gewissen Abstand zu wahren. Wählen Sie ein freundliches Verhältnis, kein enges.

Wählen Sie ein freundliches Verhältnis, kein enges.

Streben Sie nach Akzeptanz

Unter den Begriff der „Schwiegerfamilie“ fallen alle, die zur Familie Ihres Partners beziehungsweise Ihrer Partnerin gehören. Einige Menschen erwarten, dass sie in den Schwiegereltern ein zweites Paar Eltern finden oder ihre Schwägerin zu so etwas wie einer Schwester wird. Ihre Erwartungen herunterzuschrauben kann Sie vor Enttäuschungen schützen, was nicht bedeutet, dass Sie keine Erwartungen haben dürfen. Seien Sie einfach realistisch. Es kann hart sein festzustellen, dass Ihre Schwiegerfamilie Ihre tiefen Wünsche nicht erfüllen kann. Am besten nehmen Sie sie so wie sie ist, anstatt sie nach Ihrer Idealvorstellung ändern zu wollen.

Problem: Ihre Schwägerin tratscht Ihnen gegenüber über andere Mitglieder der Familie.

Akzeptanz: Reden Sie mit ihr nur über Dinge, die auch andere Familienmitglieder hören dürfen.

Seien Sie vorsichtig damit, Ihre Gefühle mit Menschen zu teilen, die

- Ihnen sagen, wie Sie sich fühlen müssen,
- Ihre Gefühle abtun,
- sich nicht für Sie freuen können,
- versuchen, Sie dazu zu bringen weiterzumachen, ohne Ihre Gefühle zu verarbeiten,
- zu abgelenkt scheinen, um wirklich zuzuhören,
- mit ihren eigenen Problemen beschäftigt sind,
- Ihnen sofort sagen, was Sie „falsch“ gemacht haben,
- Sie bedrängen, ihnen Dinge zu erzählen, die Sie lieber für sich behalten wollen,
- schnell dabei sind, Ihren Charakter zu beurteilen.

Problem: Ihr Schwiegervater hat keine gute Beziehung zu seinen Enkelkindern.

Akzeptanz:

- Erfinden Sie keine Entschuldigungen für sein Fernbleiben.
- Gehen Sie Beziehungen zu anderen Menschen ein, die gesunde Stützen für Ihre Kinder sein können.
- Denken Sie daran, dass Unterstützer keine Familienmitglieder sein müssen.

Auch wenn es Ausnahmen für jede Regel gibt, verhalten sich Menschen für gewöhnlich immer so, wie man es von ihnen kennt. Hören Sie auf, überrascht zu tun, wenn eine Person sich so benimmt wie sie es immer schon getan hat.

Sie kommen in eine bestehende Familie

Als außenstehende Person sehen Sie manche Dinge wahrscheinlich anders als die anderen. In Beziehungen mit dem Vorsatz einzutreten, diese zu verändern, wird eher Schaden anrichten als Gutes zu bewirken. Bemühen Sie sich erst einmal, die Beziehungsdynamiken zu verstehen, bevor Sie etwas zu verändern versuchen. Die Dynamiken, die Sie erkennen, sind für Ihre Schwiegerfamilie häufig kein Problem.

Nia empfand ihre Schwiegermutter als übergriffig, während ihr Mann Will das gleiche Verhalten als liebevoll bewertete. In diesem Fall kann es hilfreich sein, wenn Nia einfach sagt, was sie möchte, anstatt ihren Mann von ihrer Sichtweise überzeugen zu wollen.

Beispiel: Doris möchte sich an der Anzahlung für ein Haus beteiligen und beginnt ihre Vorstellungen darüber zu äußern, wo das Paar leben sollte.

Mögliche Lösung: Nia und Will erstellen eine Liste mit allen Dingen, die ihr zukünftiges Zuhause ihnen bieten soll. Wenn Will mit den Vorschlägen seiner Mutter kommt, bezieht sich Nia auf die gemeinsame Liste anstatt auf die Vorstellungen ihrer Schwiegermutter.

Beispiel: Doris möchte, dass ihr Enkel bei ihr übernachtet. Nia findet, dass er dazu noch zu klein ist.

Mögliche Lösung: Nia teilt ihre Bedenken mit Will und beide besprechen gemeinsam, wann ein Übernachtungsbesuch passend ist.

In meiner Arbeit erzählen mir Klienten und Klientinnen von folgenden Problemen mit Schwiegerfamilien:

- Sie halten den Kontakt zu einem Ex-Partner aufrecht.
- Sie beurteilen und kritisieren.
- Sie beanspruchen ungefragt Zeit.
- Sie haben andere Ansichten über Erziehung.

- Sie machen Dinge mit den Enkeln, die sie gebeten wurden, zu unterlassen.
- Sie mischen sich zu sehr in Ehestreitigkeiten ein.
- Sie erwecken Schuldgefühle in Bezug auf familiäres Engagement.
- Sie haben andere religiöse Ansichten.
- Sie respektieren die Privatsphäre nicht.
- Sie tratschen mit anderen Familienmitgliedern.
- Sie reißen wichtige Paarmomente an sich.
- Es bestehen Co-Abhängigkeiten und Verstrickungen.
- Sie stehlen immer die Show.
- Sie geben andauernd ungefragte Ratschläge.
- Sie helfen, aber verknüpft mit Bedingungen oder dem Wunsch, die Situation zu kontrollieren.

Diese Liste ist keinesfalls vollständig, deckt aber viele Punkt ab, die im Verhältnis zur Schweigerfamilie immer wieder für Probleme sorgen können.

Umgang mit den häufigsten Herausforderungen

Kontakt zu einem Ex-Partner

Es kann vorkommen, dass Ihre Schwiegerfamilie an einem Ex-Partner hängt, auch wenn Sie das verletzend finden. Sie halten womöglich den Kontakt, weil die Person mittlerweile wie ein „Teil der Familie“ für sie geworden ist. Bitten Sie nach Möglichkeit Ihren Partner, das Thema bei der Familie anzusprechen. Weigert sich Ihr Partner das zu tun, müssen Sie eventuell selbst das für Sie schwierige Gespräch suchen.

Hilfreiche Tipps:

- Lassen Sie Ihre Schwiegerfamilie wissen, dass Gespräche über den Ex-Partner Ihnen unangenehm sind.
- Äußern Sie Ihre Erwartungen in Bezug darauf, wie Ihr Partner mit dem Ex-Partner umgeht.

- Sie können die Beziehungen Ihrer Schwiegerfamilie zu anderen Menschen nicht kontrollieren, aber Sie können sie wissen lassen, wie Sie sich dabei fühlen.

Bedenken Sie, dass manche Ex-Partner Teil der Familie sind, weil Kinder mit im Spiel sind. In diesem Fall sollte ein gesunder Kontakt bestehen bleiben. Manchmal kann die Schwiegerfamilie ein guter Puffer sein, wenn Ex-Partner, die ein gemeinsames Sorgerecht haben, miteinander im Streit liegen.

Beurteilen und Kritisieren

Beurteilungen werden problematisch, wenn Menschen ihre Meinungen gegenüber anderen kundtun. Nias Schwiegermutter Doris schalt sie dafür, dass sie keine bessere Beziehung zu ihrer Mutter hatte, indem sie immer wieder sagte: „Man hat nur eine Mutter." Diese Sichtweise mochte für Doris richtig sein, für Nia war sie es nicht.

Hilfreiche Tipps:

- Akzeptieren Sie, dass Ihre Schwiegerfamilie womöglich andere Vorstellungen davon hat, wie Familienbeziehungen aussehen sollten. Sie müssen trotzdem nicht versuchen, ihren Standards zu entsprechen.
- Machen Sie auf besonders beurteilende oder kritisierende Bemerkungen Ihrer Schwiegerfamilie aufmerksam. „Obwohl meine Mutter mich schlecht behandelt hat, sagst Du mir, es sei schrecklich von mir, keine Beziehung zu ihr zu wollen – Du übst Kritik an mir."
- Teilen Sie nur das mit, was die andere Person wirklich wissen muss, nicht Dinge, die sie beurteilen oder kritisieren kann.

Zeit beanspruchen

Ihre Zeit gehört nicht Ihrer Schwiegerfamilie. Wenn Sie möchten, dass sie mehr Rücksicht darauf nimmt, müssen Sie wahrscheinlich dafür sorgen, dass Sie nicht einfach so verplant werden.

Schwiegereltern: „Wir fahren im Juli gemeinsam ans Meer, und wir übernehmen alle Kosten."

Sie dürfen das ablehnen.

Schwiegereltern: „Das ist das erste Weihnachten unserer Enkelin, und wir können es gar nicht erwarten, sie mit Geschenken zu überhäufen."

Sie dürfen Grenzen für die Anzahl der Geschenke setzen.

Schwiegereltern: „Wir möchten, dass Ihr Heiligabend bei uns übernachtet."

Sie dürfen die Feiertage so planen, wie es Ihnen gefällt.

Hilfreiche Tipps:

- Kommunizieren Sie frühzeitig Ihre Pläne für die Feiertage.
- Sagen Sie „Ja", wenn Dinge gut für Sie und die anderen Beteiligten passen.
- Sprechen Sie erst mit Ihrem Partner, bevor Sie irgendetwas zusagen.

Andere Ansichten über Erziehung

Ihr Erziehungsstil gefällt Ihrer Schwiegerfamilie womöglich deshalb nicht, weil er ihrer eigenen Erziehung den Spiegel vorhält. Wenn ein Mitglied der Familie auf die Unterschiede aufmerksam macht oder Ihnen Änderungen vorschlägt, dann treten Sie für Ihren Erziehungsstil ein.

Das kann beispielsweise so klingen:

- „Ich verstehe, dass Du die Dinge anders gemacht hast. Dies hier ist mein Weg und ich wünsche mir, dass Du ihn respektierst."
- „Wenn Du mich vor meinen Kindern korrigierst, untergräbt das meine Autorität."
- „Danke für Deinen Vorschlag. Wir gehen die Dinge anders an."
- „Unser Arzt hat diese Vorgehensweise empfohlen, und sie entspricht der aktuellen medizinischen Forschung."

Menschen können Vorschläge machen, aber wenn diese für Sie nicht passen, ignorieren Sie sie einfach. Wenn Schwiegereltern ständig unpassende Vorschläge machen, bitten Sie sie, dies zu unterlassen, indem Sie beispielsweise sagen:

- „Es fällt mir schwer, all diese Vorschläge zu verarbeiten. Ich muss auf mein eigenes Gefühl hören. Bitte hört auf mir zu sagen, was ich tun oder lassen soll."
- „Ich weiß, dass Ihr mehr Erfahrung in Kindererziehung habt als ich. Wenn ich Hilfe benötige, sage ich Bescheid."
- „Ich frage Euch gerne, wenn ich Feedback brauche."

Ihre Schwiegereltern müssen Ihren Erziehungsstil nicht gutheißen, und es wird wahrscheinlich einige Diskrepanzen geben. Nutzen Sie Ihre Stimme, um sich für die Belange Ihrer Familie einzusetzen. Es ist verständlich, dass Sie sich über einige Kommentare ärgern und zugleich besorgt darüber sind, was Ihre Schwiegereltern von Ihnen halten. Trotzdem bedeutet das nicht, dass Sie einen Erziehungsstil aufgeben müssen, den Sie für sich und Ihre Familie angemessen finden.

Wenn die Schwiegerfamilie Dinge mit den Enkeln tut, die sie gebeten wurde, zu unterlassen

Selbst wenn Sie Ihre Erwartungen ganz klar äußern, kann es sein, dass Ihre Schwiegereltern andere Vorstellungen und Ideen haben. Ich habe einmal zufällig gehört, wie jemand aus einer Schwiegerfamilie sagte: „Es kann doch nicht sein, dass ein Kind mit einer Nussallergie niemals Erdnüsse essen darf." Eltern müssen vor allem dort wachsam und präsent sein, wo kritische Sicherheitsthemen nicht ernstgenommen werden.

Einige Situationen sind unverhandelbar, während man über andere reden kann. Sie können zusammen mit Ihrem Partner entscheiden, ob die Kinder bei Oma mehr Süßes essen dürfen oder ob dies ein kritisches Thema für das Kind ist, auch wenn es nur ausnahmsweise einmal vorkommt. Die Regeln, die für Ihre Kinder und Ihren Haushalt gelten, stellen Sie und Ihr Partner auf. Andere mögen sich damit schwertun, sie zu respektieren, aber Ihre Regeln dürfen unverhandelbar sein.

Hilfreiche Tipps:

- Sprechen Sie Probleme sofort oder kurz nach einem Vorfall an. „Bitte gib ihnen nicht mehr davon“ oder „Ich habe Dich letztens, als wir hier waren gebeten, ____ nicht zu tun, und in Zukunft hätte ich gerne, dass ____.“
- Bekräftigen Sie den Unterschied zwischen Ihrer Erziehung und der Art, wie Ihre Schwiegereltern die Kinder gerne erziehen würden.
- Erinnern Sie sie daran, dass Sie im Interesse Ihrer Kinder handeln und das tun, was für Ihre Familie am besten ist.
- Lassen Sie sie wissen, dass Sie wollen, dass Ihre Kinder Kontakt zu ihren Verwandten haben und dass es deshalb wichtig ist, dass Ihre Regeln befolgt werden.

Zu starke Einmischung in Ehestreitigkeiten

Manchmal besprechen Ehepartner Probleme mit der eigenen Familie. Die Folge davon kann sein, dass Mitglieder der Schwiegerfamilie ihre Nasen zu sehr in Ihre Angelegenheiten stecken.

Umgang mit ungebetenen Ratschlägen aus der Schwiegerfamilie

- Versuchen Sie möglichst, mit Ihrem Partner auf der gleichen Wellenlänge zu sein.
- Äußern Sie ganz klar, dass Sie keine Einmischung in Ihre Beziehung möchten.
- Wenn die Schwiegerfamilie sich trotzdem einzumischen versucht, dann erinnern Sie sie notfalls noch einmal daran, dass dies nicht erwünscht ist.
- Bitten Sie Ihren Partner, zur Paartherapie zu gehen, wenn er mit jemanden über bestimmte Themen reden will.

Fechten Sie Ihre Kämpfe selbst aus.

Schwiegerfamilien können nachtragend sein, auch wenn ein Streit schon lange zwischen den Partnern geklärt wurde. Voreingenommenen Parteien Raum in einer Beziehung zu geben, kann sowohl der Paarbeziehung als auch dem Verhältnis zur Schwiegerfamilie schaden. Fechten Sie Ihre Kämpfe selbst aus.

Erwecken von Schuldgefühlen in Bezug auf familiäres Engagement

Ihre Kernfamilie besteht aus den Personen, die mit Ihnen unter einem Dach leben oder für die Sie sorgeberechtigt sind. Wenn Sie den Bedürfnissen der erweiterten Familie eine zu hohe Priorität geben, kann das negative Auswirkungen auf Ihre Kernfamilie haben.

Rachel plante jeden Sommer den Strandurlaub für die gesamte Familie, die aus rund zwanzig Verwandten bestand. Die Planung war sehr aufwendig, und wenn Rachel gestresst war, wurde sie ihrem Partner und den Kindern gegenüber leicht reizbar. Am Anfang machte es noch Spaß, sich mit allen auf einen Zeitraum und Ort zu einigen und zu planen, wie man die gemeinsame Zeit verbringen wollte. Aber irgendwann wurde es zu einer Last. Immer, wenn sie die Planung an jemand anderen abgeben wollte, schaltete sich ihre Schwiegermutter ein und erinnerte sie daran, wie gut sie im Planen war und dass alle sich auf sie verließen.

Menschen können versuchen, Ihnen ein schlechtes Gewissen zu machen, aber Sie müssen sich nicht schuldig fühlen, wenn Sie Ihre seelische Gesundheit an die erste Stelle setzen.

Wenn Menschen versuchen, Ihnen Schuldgefühle zu machen, sagen Sie beispielsweise:

- „Ich habe den Eindruck, als wärst Du nicht zufrieden mit meiner Antwort, aber ich werde bei meinem Entschluss bleiben."
- „Es ist in Ordnung, unterschiedliche Dinge zu wollen."
- „Du versuchst, mir ein schlechtes Gewissen zu machen."

- „Hier ist meine Grenze und von der werde ich nicht abrücken."
- „Du machst mir Druck."
- „Hör auf, mir ein schlechtes Gewissen zu machen, nur weil ich etwas anderes will als Du."
- „Ich habe meine Position deutlich gemacht und werde meine Meinung nicht ändern."
- „Ich höre, was Du sagst, und meine Antwort ist immer noch Nein."

Religiöse Differenzen

Religion beeinflusst die Kultur, und die Kultur beeinflusst Familiendynamiken. Es wäre zu einfach, zu sagen: „Lass uns das Thema ausklammern." Selbst innerhalb einer Religion gibt es unterschiedliche Glaubensauffassungen. Wenn uns etwas wichtig ist, ist es ganz normal, zu wollen, dass es anderen genauso geht. Das gilt auch für religiöse Ansichten.

Wenn Ihre Schwiegerfamilie darauf besteht, dass Ihr Kind getauft wird, obwohl Sie das nicht wünschen, oder Sie zum Besuch von Gottesdiensten bewegen will, dürfen Sie sie bitten, damit aufzuhören und ihnen freundlich mitteilen, dass Sie Ihre Wahl getroffen haben und die Entscheidung auch für Ihre Kinder gilt. Vielleicht möchten sie Sie dazu bringen, Ihre Meinung zu ändern. Lassen Sie sie wissen, dass Ihre Entscheidung feststeht.

Für ein friedliches Miteinander können folgende Tipps hilfreich sein:

- Konzentrieren Sie sich auf Gemeinsamkeiten und nicht auf Themen, bei denen die Meinungen auseinandergehen.
- Machen Sie deutlich, was respektvoll ist und was nicht.
- Wenn Sie nicht über Religion sprechen möchten, dann meiden Sie Gespräche darüber. Äußern Sie ganz klar, dass Sie sich nicht an erhitzten Debatten über Religion beteiligen werden.
- Lassen Sie die anderen wissen, dass Sie sich trotz der Differenzen eine gute Beziehung wünschen.

Missachtung der Privatsphäre

Teilen Sie etwas erst dann mit, wenn für Sie der richtige Moment gekommen ist und keinen Augenblick früher. Es gibt keine Regel, die besagt, dass Ihre Familie alles zuerst hören muss. Manches wollen Sie vielleicht erst einmal allein verarbeiten, oder nur mit Ihrem Partner oder der Kernfamilie teilen.

Denise beispielsweise war im dritten Monat schwanger, als sie ihrer Schwägerin erzählte, dass sie wieder ein Kind erwartete. Die Schwägerin fragte sie, warum sie so lange damit gewartet habe, es ihr mitzuteilen. Es war Denises dritte Schwangerschaft, bei den ersten beiden hatte sie Fehlgeburten erlitten. Es war ihr schwergefallen, anderen mitteilen zu müssen, dass sie die Babys verloren hatte, denn so musste sie nicht nur ihre eigene Trauer verarbeiten, sondern auch mit den Fragen und der Trauer der anderen umgehen. Die Situation hatte sie überfordert, und sie wusste, dass sie das nicht noch einmal durchstehen würde.

Andere können ein Problem damit haben, wann Sie etwas bekanntgeben oder ob Sie es überhaupt tun, und Sie haben keinen Einfluss auf ihre Reaktionen. Sie müssen Ihre Gründe nicht nennen, warum Sie sich dafür entschieden haben, etwas nicht mitzuteilen. Sie können wählen, wieviel Sie jeweils preisgeben wollen. Manchmal werden Sie Dinge für sich behalten wollen, weil Sie nicht bemitleidet oder mit der Reaktion des Gegenübers konfrontiert werden wollen. Vielleicht ist es auch gerade nicht der richtige Zeitpunkt oder es geht die andere Person einfach nichts an. Die eigene Privatsphäre zu wahren, ist etwas anderes, als Geheimnisse zu haben.

Tratsch mit anderen Familienmitgliedern

Das Weitergeben vertraulicher Informationen oder erfundene, gemeine oder abwertende Äußerungen über eine andere Person sind Klatsch und Tratsch. Es ist eine gängige Art und Weise, wie Menschen Verbindung zueinander aufbauen. Informationen werden dabei ohne Erlaubnis weitergegeben und auf eine Art, die Beziehungen schaden kann. In manchen Familien ist Klatsch und Tratsch ein ganz normaler – wenn auch kein guter – Teil der allgemeinen Gesprächskultur. Manchmal tratschen Menschen, um ihre Besorgnis zu äußern. Klatsch dient auch dazu, die Aufmerksamkeit von den Anwesenden auf andere zu lenken.

Wenn über Sie getratscht wird, dann zeigt dies einen Mangel an Vertrauen in einer Beziehung. Sie können andere nicht davon abhalten über Sie zu reden, Sie können lediglich steuern, wem Sie was erzählen. Wenn ein Familienmitglied nachweislich ihm anvertraute Geheimnisse nicht für sich behalten kann, dann erzählen Sie ihm nur Dinge, die andere auch wissen dürfen. Wenn Personen aus der Familie Informationen über Sie erfinden, kann es hilfreich sein, zu der Person zu gehen, die Unwahrheiten über Sie in die Welt setzt, und ihr zu sagen, was wirklich stimmt. Manche Menschen verbreiten allerdings lieber anzügliche Lügen, weil sie spannender als die Wahrheit sind oder weil sie Sie in ein bestimmtes Licht zu rücken versuchen.

Zeigen Sie Ihre Verletzlichkeit und lassen Sie andere wissen, wie Sie sich fühlen, wenn über Sie getratscht wird.

- „Ich würde Dir gerne vertrauen, aber das fällt mir schwer, wenn Du Dinge, die ich Dir anvertraue, anderen weitererzählst."
- „Hör auf, alles weiterzutragen, oder ich erzähle Dir nichts mehr."
- „Es verletzt mich zu erfahren, dass Du hinter meinem Rücken gemeine Dinge über mich gesagt hast."

Wenn Sie sich nicht an Klatsch und Tratsch beteiligen wollen, dann sagen Sie beispielsweise Folgendes:

- „Ich fühle mich unwohl darüber zu sprechen, wenn die Betroffenen nicht dabei sind."
- „Wenn sie gewollt hätten, dass ich es weiß, dann hätten sie es mir selbst erzählt."

- „Das geht mich nichts an."
- „Ich würde lieber etwas darüber hören, wie es Dir geht."
- „Ich habe nichts zu diesem Gespräch beizutragen."
- „Ich möchte damit nichts zu tun haben."
- „Es ist mir unangenehm, darüber zu sprechen."

Vereinnahmung wichtiger Paarmomente

Einige Menschen sind einfach so gestrickt, dass sie immer im Mittelpunkt stehen möchten. Wenn Sie bemerken, dass sie wieder einmal alles an sich reißen, selbst wenn es eigentlich Ihr großer Tag ist – ob es nun um Ihre Hochzeit, die Geburt eines Kindes oder ein anderes wichtiges Ereignis geht – bedenken Sie, dass sie eben so sind, wie sie sind. Dies zu akzeptieren bedeutet allerdings nicht, dass Sie es auch tolerieren müssen. Machen Sie darauf aufmerksam, dass es in diesem Moment um Sie und Ihren Partner geht beziehungsweise äußern Sie vor einem Ereignis Ihre Erwartungen, und erinnern Sie daran, wenn jemand gesetzte Grenzen überschreitet.

Akzeptanz bedeutet nicht zu erwarten, dass Menschen sich ändern, bloß weil Sie das möchten. Andere sollten Ihre Erwartungen kennen, aber selbst wenn sie dies tun, werden manche sie nicht erfüllen können. Wenn Sie Menschen so nehmen wie sie sind, ohne sie ändern zu wollen, gibt es dann Teile Ihres Lebens, an denen sie nicht teilhaben können? Oder können sie auf andere Weise daran teilhaben als bisher?

Co-Abhängigkeiten und Verstrickungen

Co-Abhängigkeit kann Teil einer Familienkultur sein, und schnell Veränderungen in den Beziehungen anderer anstoßen zu wollen, wird meist nicht funktionieren. Sie können aber mit Ihrem Partner darüber sprechen, welche Herausforderungen Sie oder Ihre Kernfamilie mit der jeweiligen Beziehung haben. Wenn Sie ihm jedoch sagen, dass er sich ändern muss, weil Sie eine seiner familiären Beziehungen für ungesund halten, kann dies eher kontraproduktiv sein. Dem Partner mitzuteilen, wie er sich in dieser Beziehung verhalten sollte, kann hilfreich sein, aber wenn die Dynamiken ihn und die andere involvierte Person nicht stören, ist es besser zuzuschauen und erst dann einzugreifen, wenn es notwendig ist.

Der Maßstab, den Sie an Beziehungen anlegen, kann ein anderer als der Ihres Partners sein. Es ist wichtig, über die Auswirkungen zu sprechen, ohne gleich das Etikett der Co-Abhängigkeit aufzudrücken.

- „Wenn Du Deinem Bruder Geld leihst, bevor wir unsere eigenen Rechnungen bezahlt haben, geraten wir mit den Zahlungen in Verzug."
- „Deine Mutter kommt immer wieder unangemeldet vorbei, dadurch haben wir weniger Zeit für uns."

Die Show stehlen

Als Tina Amari heiratete, ging sie gemeinsam mit ihrer Mutter und Schwiegermutter einkaufen. Tinas Mutter fand ein wunderschönes lilafarbenes Kleid, das gut zu den Kleidern der Brautjungfern passte, während Amaris Mutter darauf bestand, ein knielanges weißes Kleid zu tragen. Tina fand, dass nur sie als Braut weiß tragen sollte. Amaris Mutter vertrat jedoch den Standpunkt, dass sie als die Mutter des Bräutigams auch herausstechen wollte.

Ich habe viel zu viele Geschichten gehört, bei denen Schwiegermütter Hochzeiten an sich gerissen haben oder die Schwiegerfamilie Paaren in wichtigen Momenten die Show gestohlen hat. In solchen Fällen sollte man sich nicht länger vormachen, dass Menschen sich ändern, nur weil der Anlass ein anderer ist. Sprechen Sie frühzeitig über Ihre Erwartungen, und ziehen Sie andere zur Verantwortung.

Beispiele:

- „Meine Babyparty findet bald statt und ich weiß, dass Du einige meiner Freundinnen nicht magst. Bitte sei trotzdem freundlich zu ihnen, es ist schließlich ein großer Tag für mich."
- „Es ist meine Preisverleihung und ich weiß, dass Du deswegen aufgeregt bist, aber bitte unterbrich mich nicht während meiner Rede."

Ständig ungefragte Ratschläge geben

Jeder hat eine Meinung, und wenn Sie sie nicht hören wollen, dann müssen Sie das der anderen Person mitteilen. Es kann sein, dass es in der Familie Ihres Partners normal ist, dass alle ständig ihre Meinung äußern.

Wenn Familienmitglieder Ihnen ungefragte Ratschläge geben, können Sie beispielsweise so antworten:

- „Das ist gut zu wissen, und ich habe auch bereits eine eigene Lösung gefunden."
- „Das mag für Dich eine gute Lösung sein, aber mir wäre das nicht angenehm."
- „Bitte hör auf mir zu sagen, was ich tun soll."
- „Ich glaube Du möchtest mir helfen, und das Beste, was Du gerade tun kannst, ist mir einfach zuzuhören."
- „Ich muss mir erst selbst darüber klar werden, ohne Einmischung durch andere."
- „Ich weiß Du meinst es gut, und es fällt mir schwer es zu sagen, aber ich möchte keine Ratschläge, und wenn ich doch einmal einen benötige, melde ich mich."
- „Ich brauche keine Ratschläge, ich musste das einfach nur mal loswerden."

Hilfe, an die Bedingungen geknüpft sind

Hilfe, die mit Bedingungen oder dem Wunsch nach Kontrolle verbunden ist, ist nicht gesund. Wenn es in der Schwiegerfamilie immer wieder vorkommt, dass Hilfeleistungen im Nachhinein mit Forderungen verbunden werden, dann werden Sie sich dessen bewusst, bevor Sie die Hilfe annehmen.

Versuchen Sie in diesem Fall Folgendes:

- Suchen Sie nach anderen Möglichkeiten der Unterstützung.
- Machen Sie die andere Person auf das Muster aufmerksam und bitten Sie sie darum, keine Forderungen zu stellen.
- Bitten Sie die andere Person darum, ganz klar die Rahmenbedingungen zu nennen, und entscheiden Sie dann, ob Sie die Hilfe annehmen möchten.
- Bitten Sie nicht mehr um Hilfe.

Beziehungen zur Schwiegerfamilie sind schwierig, weil wir Menschen oft nicht so nehmen können, wie sie sind und sie zu ändern versuchen. Vielleicht sind Ihre Schwiegereltern nicht so, wie Sie sie sich vorgestellt haben.

Denken Sie daran: Sie können einen anderen Umgang mit Ihrer Schwiegerfamilie wählen und ihr Verhalten anders einordnen.

ÜBUNG

Schnappen Sie sich Ihr Notizbuch oder ein Stück Papier, und beantworten Sie für sich die folgenden Fragen:

- Was sind die Hauptprobleme in Ihren Beziehungen zu Ihrer Schwiegerfamilie?
- Welche Verhaltensweisen können Sie ändern, um bessere Ergebnisse in diesen Beziehungen zu erzielen?

KAPITEL 16

BEZIEHUNGEN IN PATCHWORK-FAMILIEN

Jason liebte Tanesha, aber ihr Sohn Caleb war so schwierig, dass er sich fragte, warum er sie geheiratet hatte. Das Paar hatte insgesamt drei Kinder, wobei zwei von ihnen aus einer früheren Beziehung Taneshas stammten. Caleb war vierzehn, seine Schwester Callie zwölf und Jaden, das gemeinsame Kind von Jason und Tanesha, drei Jahre alt. Callie verhielt sich respektvoll und der Umgang mit ihr war unproblematisch, wohingegen Caleb manchmal aggressiv und unhöflich war.

Jason und Tanesha verfolgten unterschiedliche Erziehungsmethoden, aber da Jason weniger Erfahrung hatte als sie, nahm Tanesha sein Feedback nicht an. Er sagte häufig: „Ich bin ein Mann, und ich weiß, dass es Jungs nicht guttut, wenn ihre Mütter sie verziehen." Tanesha sah das anders und blieb ihrem bisherigen Stil treu. Erziehung war das einzige Streitthema des jungen Paares. Jason wollte nicht, dass Jaden so erzogen wurde wie Taneshas ältere Kinder.

Aufgrund von Calebs Verhalten nahm Jason seine Stiefkinder meist nicht zu Treffen seiner Familie mit. Wenn doch einmal alle zusammen waren, war klar ersichtlich, dass seine Familie Jaden bevorzugte und Caleb und Callie mehr oder weniger links liegen ließ. Nachdem sie dies mehrere Male erlebt hatte und die Kinder alt genug waren, um allein zu bleiben, erlaubte Tanesha ihnen meist, zu Hause zu bleiben.

Tanesha hatte ständig das Gefühl, um einen fairen Umgang mit „ihren" Kindern kämpfen zu müssen. Tief drinnen wusste sie, dass

Jason „ihre" Kinder als Belastung ansah und Probleme hatte, eine Beziehung zu ihnen aufzubauen. Sie hatte alles richtig gemacht, den Kindern Jason erst vorgestellt, als die Beziehung ernst wurde, und sie waren auch erst nach der Hochzeit zusammengezogen. Gleichzeitig hatte sie versucht, über gemeinsame Ausflüge und Urlaube ein Band zwischen den Kindern und Jason entstehen zu lassen.

Der Vater von Caleb und Callie war physisch nicht so oft anwesend, wie es Tanesha sich gewünscht hätte, aber er unterstützte sie finanziell. Als sie Jason kennenlernte wusste sie, dass er eine großartige Vaterfigur sein würde, speziell für Caleb. Solange die beiden miteinander ausgingen war alles gut, aber nachdem sie geheiratet hatten und Jaden geboren wurde, verschlechterte sich die Beziehung zwischen Caleb und Jason zunehmend. Tanesha war es leid, immer der Prellbock zu sein und wünschte sich nichts sehnlicher, als ein friedliches Zuhause.

Sprache ist wichtig

In meiner Arbeit mit Patchwork-Familien fällt mir meist sofort auf, mit welchen Worten die Beziehungen beschrieben werden. Häufig gibt es klare Abgrenzungen zwischen „meine Tochter", „mein Haus" und „ihr Sohn" oder „sein Haus". Dadurch machen wir unsere Nähe oder Distanz zu Menschen oder Dingen schnell deutlich. Diese Formulierungen höre ich nicht nur in meinen Therapiestunden, sie werden auch in den entsprechenden Familien direkt ausgesprochen. Was wir sagen, gibt Aufschluss darüber, wie wir fühlen und bestimmte Situationen betrachten.

Wenn wir sagen: „*Ihr* Sohn bringt den Müll nur raus, wenn man ihn mindestens fünf Mal daran erinnert", dann heißt das nichts anderes als: „Das ist nicht mein Sohn, und sie sollte ihn wohl besser erziehen".

Wenn wir sagen: „Das war mein Haus, bevor Du eingezogen bist, und Regeln ändern sich nicht über Nacht", dann heißt das nichts anderes als: „Ich bin nicht bereit, Dinge zu verändern, nur damit sie Dir besser in den Kram passen."

Verbindende Sprache benennt etwas direkt oder verwendet Worte wie „wir", „das" (anstatt „meins" oder „deins") und „unser".

Beispiele für verbindende Sprache

- „Wir müssen darüber reden, wie wir ihn dazu motivieren können mehr mitzuhelfen, ohne ihn zu sehr unter Druck zu setzen."
- „Die Hausregeln müssen angepasst werden, um unseren beiden Erziehungsmethoden gerecht zu werden."

Erziehung ist eine Teamsportart, und Eltern – ganz gleich ob leibliche oder Stiefeltern – werden teils unterschiedliche Ansichten haben. Das Beste, was Paare tun können, ist den Partner verstehen zu lernen und flexibel in ihrem Erziehungsstil zu sein. Erziehung ist ein komplexes und schwieriges Thema – nicht umsonst gibt es so viele Bücher dazu auf dem Markt. Obwohl wir viel darüber wissen, was Kindern nicht guttut, kennt doch niemand eine optimale Strategie. Wenn Sie Kinder gemeinsam mit einem Partner erziehen, ist es wichtig sich bewusst zu machen, dass Ihr Weg nicht immer der Beste oder Einzige ist.

Achten Sie darauf, auch die erweiterte Familie anzuhalten, eine verbindende Sprache zu verwenden. Ein Familienmitglied könnte beispielsweise den Begriff „der Sohn Deiner Frau" verwenden. In diesem Fall können Sie korrigierend eingreifen und von „unserem Sohn" oder „meinem Bonus-Sohn" sprechen.

Bauen Sie eine Verbindung auf, bevor Sie Anweisungen geben

Leibliche Eltern profitieren von der Bindungszeit, die sie und ihre Kinder hatten. Deshalb können Kinder Erziehungsmaßnahmen meist auch leichter von ihnen annehmen als von Stiefeltern. Damit eine gelungene Beziehung zu ihrem Stiefkind entstehen kann, müssen Stiefeltern zuerst eine Verbindung aufbauen, bevor sie Regeln aufstellen oder gewisse Strukturen durchsetzen.

Dazu ist es notwendig, dass sie Vertrauen, Beständigkeit, Verständnis und Respekt aufbringen und auch beim Kind hervorrufen. Ich habe es leider viel zu oft erlebt, dass Stiefeltern glauben, sie verdienten automatisch Respekt, nur weil sie Erwachsene sind. Das ist falsch. Kinder sind häufig folgsam, auch ohne ihrem Gegenüber Respekt entgegenzubringen. Da sie nur wenig Einfluss auf ihre Umgebung haben, halten sie Folgsamkeit oft für ihre beste Option.

Da Erwachsene, die neu in die Familie kommen, die dort herrschenden Dynamiken verändern und neue Realitäten schaffen, sollten sie die Verantwortung dafür übernehmen, eine Beziehung zu ihren Stiefkindern aufzubauen. Nur für den Partner da zu sein und nicht für dessen Kinder, ist in Patchwork-Familien keine Option.

Sierras Tochter Tam beispielsweise war sechzehn und litt schon seit Jahren unter Depressionen. Sierras Partnerin Noelle dachte, Tam sei faul und müsse mehr angetrieben werden. Also setzte Noelle Tam unter Druck, weil Sierra es nicht tat. Das Paar stritt sich über den richtigen Ansatz, und weil Noelle nicht genug über Depressionen wusste, sah sie Tam als faul an anstatt als einen Menschen, der aufgrund seines Leidens unmotiviert war. Sobald das Paar sich tiefergehend darüber informiert hatte, welche Auswirkungen Depressionen bei Teenagern haben, schickte es Tam in die Therapie und überlegte sich Strategien, wie beide für Tam da sein konnten.

Mitgefühl ist ein zentrales Element, wenn Patchwork-Familien erfolgreich zusammenwachsen wollen. Ohne Mitgefühl fühlt man sich schnell angegriffen. Wenn ich mit einer anderen Person mitfühlen kann, kann ich auch unvoreingenommene Beziehungen aufbauen.

Setzen Sie vor jede Kritik ein Kompliment

Niemand möchte gerne hören, wie schlecht er oder sie eine Sache meistert. Wenn Sie Kritikpunkte haben, dann äußern Sie zuerst etwas Positives, um die Kritik abzufedern.

Beispiele für Kombinationen aus Kompliment und Kritik

- „Max ist so intelligent. Ich wette, er könnte sich großartig organisieren, wenn Du ihm erlauben würdest, mehr Dinge allein zu machen."
- „Es ist großartig, wie Du mit Tams Depression umgehst. Ich glaube, eine Familientherapie könnte ein weiterer Schritt in die richtige Richtung sein."
- „Ich finde es großartig, wie nah Du und Dein Sohn Steve Euch steht. Ich habe das Gefühl, wenn wir liebevoll und ruhig mit ihm über sein Verhalten sprechen, wird er bereit sein, sich zu bessern."
- „Tabbi liebt es, wenn es etwas gibt, auf das sie sich freuen kann. Ich frage mich, ob es ihre Ängste lindern würde, wenn wir ihr erklären, was als nächstes passiert oder was sie erwarten kann."

Behandeln Sie Ihre Stiefkinder wie Ihre leiblichen Kinder

Stiefeltern kommen in eine bestehende Familie hinein. Es wäre unrealistisch zu erwarten, dass große Veränderungen nicht eine gewisse Anlaufzeit erfordern. Stiefeltern müssen erst eine Beziehung aufbauen, und das braucht Zeit. In Patchwork-Familien findet die Bindung in der Regel nicht schon im Kleinkindalter statt, weil man sich meist erst später kennenlernt. Dennoch ist es möglich, eine gute Beziehung aufzubauen, wenn man sich bewusst macht, dass man in einem späteren Stadium hinzukommt, lernt was das Kind braucht, um sich geliebt zu fühlen und ausreichend Geduld für ein gegenseitiges Kennenlernen aufbringt. Am besten geht es mit kleinen Schritten in die richtige Richtung, und ein paar von ihnen möchte ich hier vorstellen.

Lassen Sie Ihren Frust nicht an den Kindern aus

Wenn ein Paar keinen funktionierenden gemeinsamen Erziehungsstil findet, ist es wichtig, dass es seinen Frust nicht an den Kindern auslässt. Die Kinder haben sich die Situation schließlich nicht ausgesucht, und die meisten Entscheidungen der Erwachsenen entziehen sich ihrer Kontrolle. Übernehmen Sie in dieser Situation also die Verantwortung für Ihr Handeln. Es geht nicht darum, perfekt zu sein. Wenn Sie also einmal etwas Falsches sagen oder etwas tun, auf das Sie im Nachhinein nicht besonders stolz sind, dann bitten Sie um Entschuldigung. Kinder respektieren es, wenn Sie Verantwortung übernehmen. Es zeigt ihnen, dass auch Sie nicht perfekt sind, und lehrt sie, selbst ebenfalls Verantwortung für ihr Tun zu übernehmen.

Vermeiden Sie es, Kinder auffallend unterschiedlich zu behandeln

Kyle verbrachte immer sehr viel Zeit in seinem *Man Cave* („Männerhöhle", Rückzugsort, in dem Männer allein oder unter sich sein können; Anm. d. Verlags). Anders war es nur, wenn jedes zweite Wochenende seine beiden Söhne zu Besuch kamen. Dann spielte er mit ihnen Basketball, ging mit ihnen essen und unterhielt sich mit ihnen. Lisas Söhnen fiel auf, dass er sie im Vergleich dazu eher ignorierte.

Wenn wir mit Menschen zusammenleben, sind Austausch und gemeinsame Aktivitäten von großer Bedeutung. Bestimmte Mitglieder des Haushalts zu ignorieren, ist extrem verletzend und trägt nicht dazu bei, positive Beziehungen aufzubauen. Selbst wenn Kinder von einem Elternteil unterstützt werden, das nicht mit ihnen unter einem Dach lebt, ist es notwendig für sie, eine

Beziehung zu den Stiefeltern aufzubauen. Vernachlässigung ist ungesund, und zu viel Liebe kann es gar nicht geben.

Überlassen Sie die Erziehung nicht allein dem Partner

Erziehung ist eine Pflicht, genau wie andere Pflichten in einem gemeinsamen Haushalt. Wenn Sie sich mit einer anderen Person zusammentun, die ebenfalls Kinder hat, dann gibt es wahrscheinlich die unausgesprochene Abmachung, die Familien miteinander zu verbinden. Die Kinder werden dadurch zu einer gemeinsamen Verantwortung, selbst wenn ein Teil des Sorgerechts beim anderen leiblichen Elternteil liegt. Es ist nicht gut, Kinder als „meine“ und „deine“ zu betrachten.

Was tun, wenn man alles versucht hat, aber die Kinder eine Beziehung verweigern?

Manchmal liegt es nicht an den Erwachsenen, sondern es sind die Kinder, die Stiefeltern trotz echter Bemühungen die kalte Schulter zeigen. Es kann Kindern schwerfallen, eine neue Person in ihrem Leben zu akzeptieren. Auch wenn sie es vielleicht nicht verbal formulieren können, möchten Kinder häufig herausfinden, ob der Stiefvater oder die Stiefmutter vertrauenswürdig ist und ob ihm oder ihr wirklich etwas an ihnen liegt. Aus diesem Grund ist Beständigkeit wichtig. Wenn ein Erwachsener zu schnell aufgibt, glauben Kinder, dass seine Versuche, eine Beziehung aufzubauen, unaufrichtig waren.

Wenn jeder Versuch fehlschlägt, eine Verbindung zu einem Stiefkind herzustellen, obwohl Sie ihm genügend Zeit gegeben haben, kann eine Familientherapie helfen, die Probleme des Kindes rund um Sie als Stiefelternteil zu klären.

Umgang mit schwierigen Ex-Partnern

Ex-Partner können eine gemeinsame Erziehung erschweren, auch außerhalb von Patchwork-Familien. Gerade wenn ehemalige Partner die Abläufe im eigenen Haushalt behindern, kann das an den Nerven des neuen Partners zerren.

Wenn es Probleme mit dem Ex-Partner gibt, versuchen Sie Folgendes:

- Zeigen Sie Verständnis für die Gefühle Ihres Partners, anstatt Ihren Ex-Partner zu verteidigen. Manchmal verhalten Menschen sich problematisch, weil sie verletzt sind. Dennoch haben sie nicht das Recht, Ihnen das Leben schwer zu machen. So können Sie beispielsweise auf die Gefühle Ihres Partners eingehen: „Ich verstehe, warum Du frustriert bist“ oder „Das war nicht richtig, und ich kann verstehen, warum Du keinen Kontakt mit meiner Ex haben willst.“
- Vermeiden Sie passiv-aggressive Kommentare über Ex-Partner vor den Kindern. Demonstrieren Sie Einigkeit, selbst wenn es Probleme mit Ex-Partnern gibt oder diese über Sie reden. Es ist sehr wichtig, dass Sie Ihrer Wut oder Frustration nicht vor den Kindern Luft machen.
- Machen Sie Ihrem Ex-Partner klar, dass Sie sich um der Kinder willen eine gute Beziehung wünschen. Machen Sie Ihrem Ärger Luft, aber seien Sie nicht kleinlich. Auch wenn Sie vielleicht Rachegelüste Ihrem Ex-Partner gegenüber hegen, wird das die Situation eher verschlimmern als verbessern.
- Es kann aber auch vorkommen, dass Ihr Ex-Partner so schwierig ist, dass eine Mediation oder eine juristische Unterstützung notwendig wird, um zu kommunizieren und Dinge zu regeln.
- Arbeiten Sie daran, Mitgefühl für Ihren Ex-Partner oder Ihre Ex-Partnerin zu entwickeln, denn Sie werden über die Kinder ein Leben lang mit ihm oder ihr verbunden sein. Wenn Ihre Kinder erwachsen sind, werden Sie wahrscheinlich zu den gleichen Feiern eingeladen und gemeinsam Großeltern werden. Versöhnen Sie sich

(zumindest innerlich) so schnell wie möglich mit Ihrem Ex-Partner, weil Sie ihn oder sie nicht aus Ihrem Leben ausschließen können.

Loyalität

Es ist weder schön noch fair, aber manche Eltern zwingen ihre Kinder immer noch dazu, sich für eine Seite zu entscheiden. Doch selbst wenn kein elterlicher Druck dahintersteht, ergreifen Kinder meist Partei, weil sie die Situation nicht in ihrer Gänze verstehen. Die Erwachsenen sollten die Kinder ermutigen, gesunde Beziehungen zu allen Beteiligten zu haben und nicht gemein oder unhöflich zu Stiefeltern zu sein.

Joshuas Vater beispielsweise machte sehr deutlich, dass seine Frau ihn betrogen und die Familie verlassen hatte. Wenn Joshua seine Mutter besuchte, gab es immer wieder Probleme mit seinem Verhalten, denn er war wütend auf sie und glaubte, sie habe die Familie zerstört.

Erwachsene tun Dinge, die Kinder nicht verstehen, und Kinder müssen auch nicht alles wissen. Die wichtigste Aufgabe von Eltern besteht darin, ihren Kindern bei der Verarbeitung ihrer Gefühle bezüglich der Trennung zu helfen und sie dabei zu unterstützen, mit der veränderten Familiensituation klarzukommen, auch wenn das bedeutet, dass die Eltern nicht mehr zusammenleben.

Einzel- und Familientherapie sind wunderbare Werkzeuge, um Kinder nach Scheidungen zu unterstützen und wenn sie sich in Loyalitätskonflikten befinden. Außerdem müssen Eltern und Stiefeltern darauf achten, das Verhalten des Kindes nicht persönlich zu nehmen. Sehen Sie sein Verhalten stattdessen als einen unbeholfenen Weg an, mit einer schwierigen Situation umzugehen.

Mangelnde Beteiligung

Wenn ein Stiefelternteil mehr für Kinder tut als das leibliche Elternteil, das nicht mehr im gleichen Haushalt lebt (wie beispielsweise Essen zubereiten, einen Teil der Lebenshaltungskosten übernehmen, bei den Hausaufgaben helfen usw.), kann dies dazu führen, dass das leibliche Elternteil feindselig reagiert oder das Stiefelternteil das Gefühl hat, sein Einsatz würde nicht genug gewürdigt.

Bethany behandelte ihre Stieftochter Haley beispielsweise wie eines ihrer eigenen Kinder, und sie verliebte sich in ihren Mann, weil er seine Tochter so sehr liebte. Er war ein wunderbarer Vater und hatte das volle Sorgerecht für Haley. Haleys leibliche Mutter zeigte sich bei wichtigen Anlässen ihrer Tochter nur selten, und sie hielt sich auch meistens nicht an die Abmachung, Haley in den Ferien, an manchen Feiertagen oder an jedem zweiten Wochenende zu sich zu nehmen. Bethany hatte häufig das Gefühl, zu wenig Wertschätzung für all das zu bekommen, was sie für ihre Stieftochter tat. Sie hatte widerstreitende Gefühle in Bezug auf ihr Mitgefühl für Haley und die Wut auf deren leibliche Mutter, die sich weigerte, mehr Einsatz zu zeigen.

Kinder haben keinen Einfluss darauf, was ein Elternteil tut oder unterlässt. Achten Sie also darauf, sich nicht ungewollt passiv-aggressiv gegenüber einem Kind oder Ihrem Partner zu verhalten, nur weil der Ex-Partner mangelnden Einsatz zeigt. Wenn Ihr Stiefkind Ihr Engagement jetzt noch nicht würdigen kann, dann geschieht dies vielleicht später, wenn es als Person gereift ist.

Eine Familientherapie kann beim Übergang in das Leben als Patchwork-Familie helfen. Machen Sie sich klar, wie Sie die Herausforderungen angehen wollen, die sich aus diesem Prozess ergeben. Häufig versuchen Menschen Probleme zu ignorieren, aber das kann die Lage nur verschlimmern.

Wenn Sie den „Elefanten im Raum“ ansprechen wollen, dann können Sie dies beispielsweise so tun:

An ein Stiefkind: „Ich weiß, dass Du Deine Mutter liebst, und vielleicht fühlt es sich deshalb wie Verrat an, mich auch gern zu haben. Ich werde Dich in jedem Fall lieben, und Du darfst mehr als eine Person liebhaben.“

An den Partner: „Meine Kinder spüren, dass Du sie anders als Deine eigenen behandelst. Lass uns darüber reden, wie wir mit Deinen und meinen Kindern umgehen wollen. Die Dinge werden vielleicht nicht zu 100 Prozent fair sein, aber eine Verbesserung ist sicher möglich.“

Ich habe mit vielen Familien gearbeitet, die ihre Patchwork-Situation erfolgreich gemeistert haben. Wichtig war dabei, dass die Eltern bewusst daran gearbeitet haben, gesunde Beziehungen aufzubauen und sich den schwierigen Emotionen, mit denen alle Beteiligten zu kämpfen hatten, zu stellen.

ÜBUNG

Schnappen Sie sich Ihr Notizbuch oder ein Stück Papier, und beantworten Sie für sich die folgenden Fragen:

- Vor welchen Herausforderungen stehen Sie in Ihrer Patchwork-Familie?
- Wie gehen Sie mit Konflikten beim gemeinsamen Erziehen der Kinder um?
- Was müssen Sie in Bezug auf Ihre Familiendynamik zu akzeptieren lernen?

KAPITEL 17

DER BEGINN EINES NEUEN KAPITELS

Familienprobleme sind ein Tabu. Da sie in der Regel mit Scham verbunden sind, versucht man sie entweder geheim zu halten oder zu ignorieren.

In meinem Leben waren mir Freunde eine Hilfe, die offen über ihre komplexen Beziehungen zu Geschwistern, Eltern und anderen gesprochen haben. Leider sind nur die allerwenigsten Menschen bereit, ehrlich und mutig genug zu sein, sich verletzlich zu zeigen.

Schon in der Mittelschule habe ich mir Freunde gesucht, die so mutig waren, zu sagen: „Meine Eltern nehmen Drogen" oder „Meinen Vater habe ich schon seit Jahren nicht mehr gesehen" oder „Der neue Freund meiner Mutter ist ein echter Idiot". Kinder und Jugendliche können sehr offen sein, wenn sie das Gefühl haben, dass man ihnen zuhört. Ich liebe es, zuzuhören, und ich liebe es, mich mitzuteilen – denn beides ist heilsam.

Ich habe häufig erlebt, dass Menschen in den sozialen Medien um jeden Preis den Schein aufrechtzuerhalten versuchen. Am Muttertag beispielsweise wimmelt es nur so von aufgesetzt klingenden Beschreibungen idealer Beziehungen. Da gibt es den langen Post mit Bildern, der die „perfekte" Beziehung zur Mutter beschreiben soll. Ich wünschte, ich könnte den Verfassern solcher Posts sagen, dass sie solche unaufrichtigen, nur scheinbar von Herzen kommenden Botschaften nicht posten müssen, nur weil andere das tun. Die Bilderbuchgeschichten anderer zu sehen kann hart sein, aber langfristig ist es härter, uns selbst und die Welt anzulügen.

Mangelnde Authentizität kann zu einem großen Problem werden, wenn wir das Gefühl haben, wir müssten eine Glückwunschkarte für ein Familienmitglied besorgen, zu dem wir eine dysfunktionale Beziehung haben. Nehmen wir zum Beispiel an, Sie wollten die Beziehung zu Ihrer Schwester wieder aufleben lassen, aber keine der Karten spiegelt wirklich das Auf und Ab Ihrer Geschwisterbeziehung wider. Ich breche hier keine Lanze für eine Kartenserie für dysfunktionale Familien, aber die fehlende Wahrnehmung für die Komplexität von Beziehungen kann beim Stöbern durch die üblichen Glückwunschkarten schon irritieren. Niemand spricht darüber, wie schwierig es ist, eine Karte für ein Elternteil zu finden, zu dem man kein gutes Verhältnis habt. Grußkarten sind auf gesunde Beziehungen ausgelegt, und es kann traurig machen, immer wieder mit der Nase auf das gestoßen zu werden, was man nicht hat. Lösen Sie sich von dem Gedanken, die perfekte Karte finden zu müssen.

Als ich damit begann, in den sozialen Medien offen über dysfunktionale Familien zu sprechen, überraschte es mich, wie viele Menschen sich mit den Inhalten identifizierten. Viele meiner Posts beginnen mit „Wenn Sie in einer dysfunktionalen Familie aufgewachsen sind, …“. Es geht um persönliche Geschichten darüber, wie wir mit anderen zusammenleben, sie akzeptieren und gut für uns sorgen. Mutige Menschen liken, speichern und teilen diese Posts. Andere senden mir Nachrichten, in denen sie mir erzählen, dass meine Worte ihnen geholfen haben Veränderungen vorzunehmen, von denen sie nicht einmal wussten, dass sie sie brauchten. Einmal berichtete eine Leserin mir, dass sie meine Posts mit ihrer Mutter geteilt hatte und sich daraus ein Gespräch ergab, das ihre Beziehung verbesserte. Natürlich sind die Reaktionen nicht durchweg positiv. Ich musste schon Kommentare von Menschen löschen, die andere dafür anprangerten, dass sie ungesunde Beziehungen verlassen haben oder einsahen, in dysfunktionalen Beziehungen gefangen zu sein.

Manchmal kann es für Menschen, die selbst keine dysfunktionale Familie erlebt haben, schwierig sein, die Entscheidungen anderer zu verstehen. Wenn jemand keinen Bezugsrahmen hat, ist es kraftraubend und sinnlos, ihn überzeugen zu wollen. Lassen Sie andere ihre Geschichte haben und bleiben Sie bei Ihrer. Es ist nicht immer möglich oder notwendig, andere zu bekehren, und es kann inneren Frieden geben, den Wunsch nach einer Einigung loszulassen. Die Art, wie Sie mit Ihrer Familie umgehen, darf anders sein als die Ihres Umfelds. Es geht hier nicht um richtig oder falsch, es ist einfach anders.

Scham macht uns stumm. Wir brauchen mehr Menschen, die über ihre Familien sprechen, auch um achtsame und zugewandte Beziehungen zu fördern. Mir erzählte einmal jemand: „Niemand anderer weiß, dass meine Mutter Alkoholikerin ist, und ich schäme mich viel zu sehr, um mit irgendjemandem darüber zu reden." Diese Person fühlte sich oft abgekapselt in ihren Beziehungen, weil die anderen über einen wichtigen Teil ihres Lebens nichts wussten. Sie kannten nur eine erfundene Version ihrer selbst.

Wenn einer den Anfang macht, kommen viele dazu. Nur durch bewusste Offenheit und Ehrlichkeit finden wir Gleichgesinnte.

Wenn Sie aus einer dysfunktionalen Familie stammen und nicht in die üblichen Dramen hineingezogen werden möchten, dann kann dies bedeuten, auf Familienfeiern zu verzichten. Wahrscheinlich haben Sie gelernt, dass sie immer und immer wieder auf die gleiche Weise enden und Sie wollen nicht mehr dort hineingezogen werden. Einige Menschen aus Ihrer Familie werden nicht verstehen, dass Sie Frieden statt Chaos wählen. Sie haben sich so sehr an das Chaos gewöhnt, dass ihnen nicht bewusst ist, dass sie auch Nein sagen könnten.

Es ist eine bewusste Entscheidung, Teil von Chaos und Drama zu sein. Wir müssen lernen, das zu wählen, was das Beste für uns ist, wenn sich die Situation nicht zum Besseren wendet. Es erfordert Übung, sich an das Treffen solch harter Entscheidungen zu gewöhnen.

Es ist eine bewusste Entscheidung, Teil von Chaos und Drama zu sein.

Der folgende Instagram-Post war meine Botschaft an ein Familienmitglied, das sein Verhalten immer wieder rechtfertigte und meine harte Arbeit, Zyklen in unserer dysfunktionalen Familie zu durchbrechen, konstant herunterspielte. Am Ende habe ich es nicht laut ausgesprochen, weil andere vorher bereits die gleiche Botschaft übermittelt hatten.

SPRECHEN SIE FOLGENDES LAUT AUS

„Ich bin kein Kind in einem dysfunktionalen Zuhause mehr. Ich bin erwachsen und in der Lage, gesunde Entscheidungen zu treffen, Grenzen zu setzen und das Leben zu leben, das ich mir erschaffe. Nur weil wir etwas nicht gelernt haben, heißt das nicht, dass wir unwissend bleiben müssen. Ich werde nicht länger die Ausrede benutzen, dass ich etwas nicht besser machen könnte, weil meine Eltern es mir nicht beigebracht haben. Ich kann mir selbst Dinge beibringen, indem ich lese, neugierig bin und mich mit Menschen umgebe, die mir guttun. Ich kann bei Mentoren, Rollenvorbildern, älteren Menschen und Therapeuten Unterstützung finden. Ich kann Dinge lernen, die mir nie beigebracht wurden, wie beispielsweise gute Beziehungen zu führen, Gefühle zuzulassen, für mich selbst zu sorgen, mich durchzusetzen und mit meinen Problemen auf gesunde Weise umzugehen."

Dinge zu verändern ist nicht leicht, aber es ist möglich. Vor rund zehn Jahren schrieb ich eine Liste generationsübergreifender Muster in mein Notizheft, die ich durchbrechen wollte. Wenn wir nicht selbst aktiv beschließen, etwas anders zu machen, werden sich andere Menschen nicht ändern. Nur darauf zu hoffen, dass sie es doch tun, reicht nicht aus, um Wandel anzustoßen. Veränderung entsteht dadurch, dass wir neue Gewohnheiten und Traditionen einführen und uns gleichzeitig ein gutes Unterstützungssystem aufbauen.

Keine Situation gleicht der anderen, deshalb gibt es auch keine Einheitslösung. In einigen Fällen werden Sie eine Beziehung beenden wollen, während sie in anderen das Verhältnis aufrechterhalten, aber gesunde Grenzen ziehen. Sie sind auf Ihrer eigenen Zeitlinie unterwegs – nicht auf meiner, der Ihres Partners, der Ihrer Therapeutin oder der von irgendjemand anderem. Sie müssen sich mit den von Ihnen gefällten Entscheidungen wohlfühlen, und einige Entscheidungen sind schwieriger als andere.

Sie können immer wieder in diesem Buch nachlesen, wenn Sie es brauchen, und das wird häufiger vorkommen, als Erinnerung daran, dass Sie gesunde Beziehungen aufbauen können, die Ihnen seelisch guttun. Seien Sie der Wandel, den Sie in Ihrer Familie sehen wollen. Sich selbst zu ändern ist der einzig mögliche Weg. Richten Sie sich neu aus, ändern Sie Ihre Erwartungen, setzen Sie Grenzen, schaffen Sie sich eine Gemeinschaft und kümmern Sie sich gut um sich selbst. Auf diese Weise werden Sie frei von dem, was Sie nicht beeinflussen können.

Seien Sie der Wandel, den Sie in Ihrer Familie sehen wollen.

HÄUFIG GESTELLTE FRAGEN

Ist es kontraproduktiv, die Beziehung zu meiner Mutter aufrechtzuerhalten, obwohl sie sich nicht geändert hat?

Die Beziehung zwischen Eltern und Kindern ist eine einzigartige Verbindung, und selbst wenn Eltern sich nicht ändern, werden viele Menschen die Beziehung zu ihnen aufrechterhalten. Das ist nicht kontraproduktiv, sondern entspringt der Hoffnung, dass ein Wandel doch noch eintreten kann.

Kontraproduktiv kann Ihr Verhalten in der Beziehung sein. Billigen Sie, dass ein Elternteil sich selbst oder anderen schadet? Ignorieren oder bagatellisieren Sie Verhalten, das angesprochen werden sollte? Wenn dies nicht der Fall ist, dann halten Sie einfach die Beziehung zu einer Person aufrecht, von der Sie wünschten, sie wäre anders.

Bedenken Sie Folgendes: Eine Beziehung zu beenden ist kein Muss. Es ist eine Option, die Sie bei Ihrer Mutter vielleicht nicht ziehen möchten, und das ist in Ordnung.

Eines meiner Elternteile ist 80 Jahre alt und alkoholkrank. Das macht mich wütend. Darf ich ihm das mitteilen?

Sie dürfen der Person klarmachen, wie Sie sich in Bezug auf die Alkoholsucht fühlen und in welcher Weise sie Ihr Leben beeinträchtigt hat. Es kann erleichternd sein, die Wut loszuwerden, wenn sie schon lange in Ihnen gärt. Wenn Sie hoffen, dass sich dadurch etwas ändert, sollten Sie dies allerdings deutlich machen und gleichzeitig verstehen, dass die Entscheidung, ob er in Zukunft auf Alkohol verzichten will, bei Ihrem Elternteil liegt. Vielleicht weiß er selbst, dass dies ein schwieriger Prozess ist.

Die Al-Anon Familiengruppen sind eine Selbsthilfegemeinschaft für Angehörige von Alkoholikern mit Niederlassungen weltweit, bei der Sie Unterstützung durch andere Betroffene finden können. Teil des Prozesses ist zu lernen, wie Sie besser für sich selbst sorgen. Sie können in den Familiengruppen von Al-Anon Unterstützung finden oder sich in Einzeltherapie begeben.

Bedenken Sie Folgendes: Achten Sie gut auf sich selbst, indem Sie Ihre seelische Gesundheit pflegen. Es gibt unterschiedliche Selbsthilfegruppen wie Al-Anon, bei denen Sie Unterstützung finden können. Informationen zu Al-Anon Deutschland finden Sie hier: https://al-anon.de/

Mein Vater hat mich als Kind misshandelt (verbal, seelisch und körperlich). Er rechtfertigt sein Handeln damit, dass er es für richtig hielt. Jetzt möchte er eine Beziehung zu meinen Kindern aufbauen. Wie kann ich sie davor schützen, dass sie das Gleiche mit ihm erleben? Im Moment sieht er meine Kinder nur selten.

Wenn Menschen sich nicht geändert haben, kann es schwer sein, eine Beziehung zu ihnen zu unterhalten. Wenn sie dazu noch versuchen, ihre Misshandlungen zu rechtfertigen, ist Sicherheit für Kinder oberstes Gebot. Sie haben sich nicht sicher gefühlt, und wissen auch nicht genau, ob Ihre Kinder sicher sein werden. Als Elternteil ist es Ihre Aufgabe, Ihre Kinder so gut wie möglich zu schützen.

Bedenken Sie Folgendes: Aufgrund Ihres Wissens über Ihren Vater halten Sie Ihre Kinder fern von ihm, was für den Moment die sicherste Option zu sein scheint.

Ich möchte, dass meine Mutter Hilfe bei ihren psychischen Problemen bekommt. Wie kann ich sie dazu bringen, mit einem Therapeuten zu sprechen?

Es kann schwer sein zuzusehen, wie ein geliebter Mensch leidet und zu wissen, dass eine Therapie wahrscheinlich helfen könnte. Aber wir können jemanden nicht dazu bringen, zur Therapie zu gehen, wenn er es selbst nicht möchte. Außerdem profitiert Ihre Mutter womöglich wenig bis gar nicht vom Therapieprozess, wenn sie dazu gezwungen oder gedrängt wurde.

Seien wir ehrlich: Sich auf eine Therapie einzulassen und sich der eigenen Verletzlichkeit zu stellen, ist schon dann hart, wenn man sich freiwillig dafür entscheidet. Sie können die Bereitschaft einer Person nicht erzwingen, nur weil Sie für eine Veränderung bereit sind.

Bedenken Sie Folgendes: Welche Art von Beziehung können Sie mit Ihrer Mutter trotz ihrer psychischen Probleme und ihres Verhaltens haben?

Meine Schwiegermutter und Schwägerin sind falsch und verlogen. Muss ich die Beziehung zu ihnen aufrechterhalten?

Sie können ein freundliches Verhältnis zur Schwiegerfamilie haben, ohne dass eine enge Beziehung besteht. Prüfen Sie einfach Ihren eigenen Beitrag. Sie müssen beispielsweise nicht über unwichtige Themen plaudern oder sie zu persönlichen Festen wie Ihrem Geburtstag einladen.

Bedenken Sie Folgendes: Möchten Sie Beziehungen aufrechterhalten, die nicht authentisch sind?

Wie gehe ich damit um, wenn mein Partner die Beziehung zu seinen Geschwistern und seiner Familie kappt?

Unterstützen Sie Ihren Partner, indem Sie fragen, was er braucht und indem Sie zuhören, wenn er über den Kontaktabbruch reden möchte. Wir alle haben eine lange gemeinsame Geschichte mit unseren Familien, und es fällt nicht immer leicht, die Beweggründe anderer zu verstehen.

Selbst wenn Familienmitglieder sich geändert haben, möchte Ihr Partner die Beziehung zu ihnen vielleicht nicht aufrechterhalten. Sie können Ihren Partner unterstützen, selbst wenn Sie vielleicht eine andere Wahl getroffen hätten. Manchmal müssen wir die Entscheidung eines Menschen einfach respektieren, auch wenn wir seine Beweggründe nicht vollständig verstehen.

Bedenken Sie Folgendes: Auf welche Weise beeinflusst die veränderte Familiendynamik Ihr Verhältnis zu Ihrem Partner?

Meine Stieftochter lügt andauernd. Meine Partnerin bestraft ihre Tochter nicht fürs Lügen, und wir geraten ständig in Streit darüber. Wie können wir auf einen gemeinsamen Nenner kommen?
Hier steht für beide Partner Arbeit an. Sie müssen eine empathische Beziehung zu Ihrer Stieftochter entwickeln, und Ihre Partnerin sollte sich um die Unaufrichtigkeit ihrer Tochter kümmern. Es ist wichtig zu wissen, warum ein Kind sich dafür entscheidet, die Unwahrheit zu sagen (welchen möglichen Nutzen es daraus zieht), und es ist wichtig, dem Kind zu versichern, dass man es trotzdem liebt. Alle Menschen sind nicht immer ehrlich, nicht nur Kinder. Für einige werden Lügen zur Standardmethode, um sich vor den Konsequenzen ihrer Handlungen zu schützen. In vielen Haushalten sind sich Eltern uneins darüber, welche Erziehungsmaßnahmen angemessen sind. Zeigen Sie Liebe und Mitgefühl, und überlassen Sie das Bestrafen solange Ihrer Partnerin, bis Sie eine bessere Beziehung zu Ihrer Stieftochter aufgebaut haben.

Bedenken Sie Folgendes: Ihre Stieftochter versucht über ihr Verhalten eine Botschaft zu vermitteln. Wie könnte diese lauten?

Wie gehe ich damit um, dass mein Vater meine Lebensweise ablehnt?
Es wäre schön, wenn Ihre Eltern alle Ihre Entscheidungen gutheißen würden, aber das ist wohl in den meisten Fällen nicht so. Ihr Vater würde Ihnen wahrscheinlich sagen, dass er sich wünscht, dass Sie glücklich sind. Vielleicht gehört es zu Ihrem Lebensglück, etwas zu tun, dass ihm nicht gefällt. Es könnte hilfreich sein, mit ihm ein Gespräch darüber zu führen, wie er Ihre Entscheidungen respektiert, auch wenn er sie nicht gutheißt.

Bedenken Sie Folgendes: Sie sind erwachsen und dürfen Ihre eigenen Entscheidungen treffen.

Meine Mutter bombardiert mich mit Textnachrichten, und unsere Beziehung ist belastet. Wie kann ich das Thema ansprechen?

Weiß Ihre Mutter, wie Sie die Beziehung empfinden? Haben Sie sie gebeten, nicht so viele Textnachrichten zu schicken? Antworten Sie darauf? So kann der falsche Eindruck entstehen, dass Sie stärker involviert sind, als Sie es eigentlich möchten. Vielleicht zeigen Sie ihr aber auch bereits, dass Sie keine engere Beziehung mit ihr wünschen, und sie ignoriert dies einfach. Ein kleiner Schritt in die richtige Richtung könnte die freundliche Bitte sein, nicht mehr so viele Nachrichten zu schicken, weil Sie das beunruhigt. Vielleicht führt diese Aussage zu einem tieferen Gespräch, und Sie haben in jedem Fall Ihre Erwartung deutlich gemacht.

Bedenken Sie Folgendes: Ihre Mutter erschafft sich die Art von Beziehung zu Ihnen, die sie sich wünscht, aber Sie wünschen sich etwas anderes.

DANKSAGUNG

Tausende Menschen haben meine Posts in den sozialen Medien geliked und mir über persönliche Nachrichten und E-Mails mitgeteilt, wie sehr sie sich dank meiner Berichte über dysfunktionale Familien in einer Welt voller idealer Familienstereotype gesehen und weniger allein gelassen fühlen. Ganz gleich wohin man schaut – in Fernsehserien, Zeitschriften und den sozialen Medien gibt es perfekte Familienbilder im Überfluss. Bei Menschen aus dysfunktionalen Familien kann so leicht der Eindruck entstehen, man sei ein Einzelfall. Aber Sie sind keineswegs allein damit. Aus der Geborgenheit guter Beziehungen zu Freunden und einigen Familienmitgliedern heraus habe ich begonnen, meine ehrlichen Gedanken über dysfunktionale Beziehungen zu Verwandten zu teilen. Ich danke allen, die auf meine Arbeit gestoßen sind dafür, dass sie mutig genug waren weiterzulesen. Ich hoffe ich konnte mit diesem Buch einen Anstoß geben und Sie motivieren, das umzusetzen, was für Sie richtig klingt.

Unser Leben hat sich grundlegend verändert, seit meine Arbeit bekannter geworden ist, und ich danke meinem Mann dafür, dass er bewusst Raum für mich und meine Pläne geschaffen hat. Danke, dass Du mich unterstützt hast noch mutiger voranzugehen. Für meine Töchter wünsche ich mir, dass die Muster, die ich in meiner Familie durchbrochen habe, einen tiefen Einfluss auf das haben, was Ihr im Leben erreichen werdet. Mein größter Antrieb, diese Muster zu durchbrechen, waren mein Muttersein und der Wunsch, etwas Besseres für mich und uns alle zu erschaffen. Meinen Eltern danke ich für das unermüdliche Fördern und Verbreiten meiner

Arbeit – wer Euch trifft erfährt von mir. Es gibt zahllose Menschen, denen ich nie persönlich begegnen werde und die trotzdem meinen Namen kennen und stolz auf mich sind, weil Ihr ihnen so begeistert von meiner Arbeit erzählt habt.

Ich danke meiner Wahlfamilie (Freunden) dafür, dass die zusammen verbrachte Zeit mich gerettet hat, ohne dass mir bewusst war, dass ich Unterstützung benötigte. Meine engen Freundschaften fühlen sich an wie Schwesternschaft, weil zwischen uns etwas Tiefes und Authentisches entstanden ist. Ich glaube daran, dass wir uns das erschaffen, was wir brauchen, und Darnell, ein langjähriger Nachbar und Art von Ersatzonkel, hat mich immer wie eine Nichte behandelt, mir beigebracht Auto zu fahren und mir durch viele Phasen meines Lebens geholfen.

Meine Agentin Laura Lee Mattingly und ich arbeiten seit meinem Buch *Set Boundaries, Find Peace* (erscheinen unter dem Titel „Grenzen machen uns frei: Ein Wegweiser sich selbst treu zu bleiben“ beim Unimedica Verlag) zusammen, und wir haben immer wieder neue Ideen. Du hast mir geholfen einige meiner besten Ansätze zu durchdenken und weiterzuentwickeln, und ich weiß Deine Branchenkenntnis sehr zu schätzen. Die Zusammenarbeit mit meiner Lektorin Marian Lizzi ist wunderbar leicht, und Deine Korrekturen sind stets respektvoll und durchdacht. Du hast meiner Expertinnenstimme vertraut und mir gezeigt, wie wichtig es ist, unmittelbar aus meiner Berufspraxis zu berichten. Mein Dank geht auch an Marians Team Jess Morphew (Art Director) und Natasha Soto (Redaktionsassistentin). Ihr habt mich durch den gesamten Prozess geleitet. Mein gesamtes Penguin Random House Team – Roshe Anderson, Marlena Brown, Sara Johnson, Lindsay Gordon und Carla Iannone – hat entscheidend zum Vermarkten und Fördern meiner Schreibprojekte beigetragen. Britney Irving, Du hast die erste Fassung dieses Buchs gelesen und mir wertvolles Feedback gegeben. Danke, dass Du mich bei meiner Zeitplanung unterstützt und mir wichtige Erkenntnisse vermittelt hast. Ich danke Shaunsie Reed für ihre Unterstützung meiner Arbeit von

Anfang an. Du kamst als wir nur sehr wenig zu tun hatten – nun haben wir mehr als genug.

Dieses Buch zu schreiben war für mich ein wenig wie Rechenschaft ablegen. Im Laufe der Jahre waren Therapien mir eine große Hilfe, und sie bleiben für mich ein wichtiger Punkt meiner Selbstfürsorge. Meine Therapeutin stellte mir die entscheidende Frage: „Warum haben Sie eine Beziehung zu dieser Person?" Auch ich musste lernen einzugestehen, dass ich zuweilen nicht bereit war meine Rolle in ungesunden Familienverhältnissen zu verlassen oder zu verändern. Ich danke meiner Therapeutin dafür, dass sie geduldig gewartet hat, während ich Kämpfe mit mir ausfocht, um harte und notwendige Veränderungen herbeizuführen.

WEITERFÜHRENDE LITERATUR UND MEDIEN

Einführung

J. Holt-Lundstad, T. B. Smith, J. B. Layton, „Social Relationships and Mortality Risk: A Meta-analytic Review." *PLoS Medicine* (27. Juli 2010). https://journals.plos.org/plosmedicine/article?id=10.1371/journal.pmed.1000316.

K. Weir, „Life-saving Relationships." *Monitor on Psychology* 49/3, (März 2018). https://www.apa.org/monitor/2018/03/life-saving-relationships.

Kapitel 1

S. Baker Collins, „From Homeless Teen to Chronically Homeless Adult: A Qualitative Study oft he Impact of Childhood Events and Adult Homelessness." https://ojs.uwindsor.ca/index.php/csw/article/download/5882/4872?inline=1.

H. Ewing, R. Grady (Regie), The Boys of Baraka, New York: Think Film, Loki Films and Independent Television Service, 2005.

T. F. Harrison, B. Forester, *The Complete Family Guide to Addiction: Everything You Need to Know Now to Help Your Loved One and Yourself*. Guilford Press, New York 2022.

O. P. John, J. J. Gross, „Healthy and Unhealthy Emotion Regulation: Personality Processes, Individual Differences, and Life Span Development." *Journal of Personality* 72/6 (Dezember 2004), 1301–34.

K. McLaughlin, „The Long Shadow of Adverse Childhood Experiences." *Psychological Science Agenda* April 2017.

O. Winfrey, B. D. Perry, Was ist dein Schmerz? Gespräche über Trauma, seelische Verletzungen und Heilung, Arkana in der Penguin Random House Verlagsgruppe GmbH, München 2022.

E. Radcliff, E. Crouch, M. Strompolis, A. Srivastav, „Homelessness in Childhood and Adverse Childhood Experiences (ACEs)." *Maternal and Child Health Journal* 23 (2019), 811–20. https:// doi.org/ 10.1007/ s10995- 018-02698-w.

B. van der Kolk, Das Trauma in dir. Wie der Körper den Schrecken festhält und wie wir heilen können, Ullstein Buchverlage GmbH, Berlin 2023.

Yale Medicine, „Parental Depression: How It Affects a Child.“ https:// www.yalemedicine.org/conditions/how-parental-depression-affects-child.

Kapitel 2

S. Campbell, *But It's Your Family: Cutting Ties with Toxic Family Members and Loving Yourself in the Aftermath*. Morgan James Publishing, New York 2019.

Kapitel 3

C. Black, *„It Will Never Happen to Me!“: Children of Alcoholics as Youngsters, Adolescents, Adults*, Ballantine Books, New York 1987.

Boston University Medical Center, „Child / Teen Sexual and Physical Abuse Linked to Fibroids in Premenopausal Women.“ *ScienceDaily* (17. Dezember 2010).
https://www.sciencedaily.com/releases/2010/11/101115111011.htm.

R. Boynton- Jarrett, J. W. Rich-Edwards, H.-J. Jun, E. N. Hibert, R. J. Wright, „Abuse in Childhood and Risk of Uterine Leiomyoma: The Role of Emotional Support in Biologic Resilience.“ *Epidemiology* 22/1 (Januar 2011).
https:// doi.org/ 10.1097/ EDE.0b013e3181ffb172.

Canadian Association for Neuroscience, „Addiction as a Disorder of Decision-Making.“ *ScienceDaily* (22. Mai 2013).
https:// www.sciencedaily.com/ releases/ 2013/ 05/ 130522095809.htm.

E. Christakis, „The Dangers of Distracted Parenting.“ *The Atlantic* (Juli-August 2018).
https:// www.theatlantic.com/ magazine/ archive/ 2018/ 07/ the- dangers-of-distracted-parenting/561752.

A. Dinneen, *Notes from Your Therapist.* Harvest, Irvine (CA) 2020.

E. E. Eger, In der Hölle tanzen. Wie ich Auschwitz überlebte und meine Freiheit fand, btb in der Penguin Random House Verlagsgruppe GmbH, München 2019.

K. E. Green, *Relationships in Recovery: Repairing Damage and Building Healthy Connections While Overcoming Addiction.* Guilford Press, New York 2021.

Imperial College London, „Gambling Addiction Triggers the Same Brain Areas as Drug and Alcohol Cravings.“ *Science-Daily* (3. Januar 2017).
https:// www.sciencedaily.com/ releases/ 2017/ 01/ 170103101751.htm.

S. S. Luthar, S. J. Latendresse, „Children of the Affluent: Challenges to Well-Being.“ *Current Directions in Psychological Science* 14/1 (Februar 2005), 49-53.
https:// doi.org/ 10.1111/ j.0963- 7214.2005.00333.x.

University at Buffalo Research Institute on Addictions, „RIA Reaching Others: Does Drinking Affect Marriage?“ (Herbst 2014).
https:// www.buffalo.edu/ content/ dam/ www/ ria/ PDFs/ ES12- Marriage-andDrinking.pdf.

University of Manchester, „Child Abuse Linked to Risk of Suicide in Later Life.“ *ScienceDaily* (9. Januar 2019). https:// www.sciencedaily.com/ releases/ 2019/ 01/ 190109192533.htm.

University of North Carolina at Chapel Hill, „Severe PMS Linked with Physical, Sexual Abuse in Childhood.“ *ScienceDaily* (13. November 1998). https:// www.sciencedaily.com/ releases/ 1998/ 11/ 981113082005.htm.

Wiley-Blackwell, „Abuse in Childhood Linked to Migraine and Other Pain Disorders.“ *ScienceDaily* (6. Januar 2010). https:// www.sciencedaily.com/ releases/ 2010/ 01/ 100106003608.htm.

Kapitel 4

George Mason University, „Grandfamilies: New Study Uncovers Common Themes and Challenges in Kinship Care.“ *ScienceDaily* (5. Mai 2020). https:// www.sciencedaily.com/ releases/ 2020/ 05/ 200505164629.htm.

Georgia State University, „Solo Grandparents Raising Grandchildren at Greater Risk Than Parents for Serious Health Problems.“ *ScienceDaily* (14. September 2015). https:// www.sciencedaily.com/ releases/ 2015/ 09/ 150914152912.htm.

H. Hendrix, Helen LaKelly Hunt, So viel Liebe wie du brauchst. Der Wegbegleiter für eine erfüllte Beziehung, RGV Renate Götz, Dörfles 2021.

University of Missouri-Columbia, „Emotional Disconnection Disorder Threatens Marriages, Researcher Says.“ *ScienceDaily* 12. November 2012). https:// www.sciencedaily.com/ releases/ 2012/ 11/ 121112171321.htm.

University of Oxford, „Grandma and Grandpa Are Good for Children.“ *ScienceDaily* (7. Juni 2008). https:// www.sciencedaily.com/ releases/ 2008/ 06/ 080605091358.htm.

Kapitel 5

American Addiction Centers, „Depression & Substance Abuse.“ (2022). https://americanaddictioncenters.org/treating-depression-substance-abuse.

American Addiction Centers, „Post-Traumatic Stress Disorder (PTSD) & Addiction: Signs, Symptoms & Treat ment.“ (2022). https:// americanaddictioncenters.org/ co-occurring- disorders/ptsd-addiction.

American Psychiatric Association, *Diagnostic and Statistical Manual of Mental Disorders*, 5. Aufl., The American Psychiatric Association, Washington (DC) 2013.

J. DeGruy, „Post Traumatic Slave Syndrome: America's Legacy of Enduring Injury and Healing. Upton Press, Milwaukie (OR) 2005.

National Center on Substance Abuse and Child Warfare, „Child Welfare and Alcohol and Drug Use Statistics.“

https:// ncsacw.acf.hhs.gov/ research/ child- welfare-and-treatment-statistics.aspx.

M. D. Yapko, *Depression Is Contagious: How the Most Common Mood Disorder Is Spreading Around the World and How to Stop It*, Atira Books, New York 2013.

Kapitel 8

University College London, „'Fat Shaming' Doesn't Encourage Weight Loss." *ScienceDaily* (10. September 2014)
https:// www.sciencedaily.com/ releases/ 2014/ 09/ 140910214151.htm.

University of Michigan, „Shame on Us: Shaming Some Kids Makes Them More Aggressive." (19. Dezember 2008).
https:// news.umich.edu/ shame-on-us-shaming-some-kids-makes-them-more-aggressive.

J. Vitug, *You Only Live Once: The Roadmap to Financial Wellness and a Purposeful Life*, Wiley, Hoboken (NJ) 2016.

Kapitel 9

L. Lowe, „Oprah Winfrey Opens Up About the Emotional Days Before Her Mother's Death." *Today* (12. Dezember 2018).
https:// www.today.com/ parents/ oprah- opens-about-her-mother-s-death-people-interview-t145038.

K. Pillemer, *Fault Lines: Fractured Families and How to Mend Them*, Penguin Publishing Group, New York 2022.

University of Michigan, „Step Back to Move Forward Emotionally, Study Suggests." *ScienceDaily* (24. September 2008).
https:// www.sciencedaily.com/ releases/ 2008/ 09/ 080923122006.htm.

Jeannette Walls, Schloss aus Glas, Diana Verlag in der Penguin Random House Verlagsgruppe GmbH, München 2006.

Kapitel 11

A. C. Brooks, „The Key to a Good Parent-Child Relationship? Low Expectations." *The Atlantic* (12. Mai 2022).
https:// www.theatlantic.com/ family/ archive/ 2022/ 05/ parents- adult-children-lower-your-expectations/629830/.

J. L. Cori, Wenn die Mutterliebe fehlte. Wie wir das ungeliebte Kind in uns entdecken und heilen, Kösel in der Penguin Random House Verlagsgruppe GmbH, München 2018.

L. C. Gibson, Kalte Kindheit. Wie wir trotz unemotionaler Eltern Wärme im Leben finden, Kailash in der Penguin Random House Verlagsgruppe GmbH, München 2018.

K. McBride, Werde ich jemals gut genug sein? Heilung für Töchter narzisstischer Mütter, G. P. Probst Verlag, Lichtenau 2020.

Society for Personality and Social Psychology, „Sometimes Expressing Anger Can Help a Relationship in the Long-Term.“ *ScienceDaily* (2. August 2012). https:// www.sciencedaily.com/ releases/ 2012/ 08/ 120802133649.htm.

J. Webb, C. Musello, *Running on Empty: Overcome Your Childhood Emotional Neglect*, Morgan James, New York 2013.

Kapitel 12

A. Faber, E. Mazlish, Hilfe, meine Kinder streiten. Wie Sie Geschwistern helfen, einander zu respektieren, Oberstebrink, Freiburg 2018.

P. Perry, Das Buch, von dem du dir wünschst, deine Eltern hätten es gelesen (und deine Kinder werden froh sein, wenn du es gelesen hast), Ullstein Buchverlage GmbH, Berlin 2021.

University of California, Berkeley, „Gossip Can Have Social and Psychological Benefits.“ *ScienceDaily* (18. Januar 2012). https:// www.sciencedaily.com/ releases/ 2012/ 01/ 120117145103.htm.

Kapitel 13

J. Coleman, *Rules of Estrangement: Why Adult Children Cut Ties and How to Heal the Conflict*, Sheldon Press, London 2021.

Ders., *When Parents Hurt: Compassionate Strategies When You and Your Grown Child Don't Get Along*, HarperCollins, New York 2014.

P. Mason, R. Kreger, Schluss mit dem Eiertanz. Für Angehörige von Menschen mit Borderline, BALANCE Buch + Medien Verlag, Köln 2009.

Kapitel 16

S. H. Murray, „The Stepparent's Dilemma.“ *The Atlantic* (19. April 2022). https:// www.theatlantic.com/ family/ archive/ 2022/ 04/ stepparenting-kids-advice-nacho-disengage/629600.

STICHWORTVERZEICHNIS

Abblocken 39
Abhängigkeit 36, 37, 39, 40, 41, 42, 43, 44, 45, 47, 48, 51, 52, 55, 56, 57, 74, 75, 78, 86, 88, 198, 218, 227, 260, 261
Abhängigkeitsverhältnisse 53
Abkehr 143, 144, 145
Ablehnung 38, 117, 225
Abneigung 144, 153, 204
Absichtsbildung 100, 101, 102, 103, 106
Absichtslosigkeit 99, 100, 101
Abwehrhaltung 55, 56
ACE-Studie 19
Adoptiveltern 14, 81
Affirmationen 44
Akzeptanz 128, 136, 203, 225, 248, 249, 260
Alexithymie 74, 77
Alkoholismus 52, 78
Alkoholmissbrauch 52, 84
Ambivalenz 101, 103, 105
Angst 11, 24, 26, 33, 34, 40, 65, 66, 71, 74, 80, 102, 106, 109, 114, 116, 153, 158, 180, 211
Atmen 27, 234
authentischen Beziehungen 168
Authentizität 162, 276
Autonomie 38, 45, 47, 220

Bedingungslose Liebe 223
Bedürfnisse 37, 40, 53, 57, 59, 64, 74, 75, 76, 78, 100, 103, 134, 144, 165, 166, 167, 186, 190, 192, 195, 202, 213, 219, 222, 235
Beschämung 39, 130
Beurteilung 26
Beurteilungen 252
Bewältigungsstrategien 87, 90, 91, 178
Beziehungen im Erwachsenenalter 53, 64, 137
Beziehungsdynamiken 250
Beziehungsprobleme 11, 29, 53, 90, 114, 228
Bezugspersonen 14, 61, 119, 233
Bindungsprobleme 33
bipolare Störungen 66, 187
Borderline-Syndrom 141

chronische Erkrankungen 87
chronische Schmerzen 64
COVID-19 81
Cycle Breaker 115, 116, 119

Depressionen 9, 33, 53, 66, 81, 84, 85, 87, 99, 138, 140, 141, 143, 176, 187, 267
Distanz 37, 62, 134, 135, 142, 223, 227, 265
Drogen 21, 51, 52, 67, 80, 85, 122, 183, 223, 275
Drogenmissbrauch 19, 53
Drogensucht 52
Dysfunktionale Beziehungen 12, 285
dysfunktionale Familienmuster 66, 88, 118
dysfunktionale Muster 89, 114

Ehrlichkeit 24, 25, 47, 233, 277
Eifersucht 123
Eigenständigkeit 38, 46, 201
Einsamkeit 84
Elternrolle 199
emotionale Distanz 62
emotionale Reife 203
emotionale Unreife 57, 79
emotionale Vernachlässigung 20, 58, 59, 65, 79, 156
Epigenetik 87
Erben 244
Erbstreitigkeiten 238, 244
Erwartungen 14, 28, 34, 37, 42, 44, 46, 79, 81, 114, 127, 131, 132, 133, 168, 178, 179, 181, 186, 189, 204, 225, 236, 240, 243, 246, 248, 251, 254, 260, 261, 279
Erziehungsmethoden 122, 219, 266
Essstörungen 64, 88

Familienbeziehungen 9, 11, 48, 72, 111, 112, 157, 164, 244, 252
Familienmuster 35, 66, 70, 71, 72, 78, 88, 90, 118
Familientrauma 86
Fassaden 79
Fatshaming 79
Fehlende Ressourcen 72
Feindseligkeit 40, 144, 192

Gaslighting 79, 142, 156, 241
Gefühlsblindheit 74, 77
Geheimnisse 25, 78, 155, 197, 258, 259
Gehorsam 62
gemeinsame Erziehung 271
Generationsübergreifende Traumata 83
Generationsübergreifende Zyklen 90
Gewohnheit 42, 44, 55, 72, 98
Glaubenssysteme 111
Grenzen 9, 37, 38, 40, 44, 45, 46, 47, 62, 63, 65, 79, 88, 111, 116, 120, 121, 129, 130, 132, 133, 134, 135, 141, 142, 144, 150, 183, 207, 208, 222, 223, 226, 228, 235, 238, 253, 260, 278, 279, 286
Grenzverletzungen 12, 36, 37, 39, 41, 43, 45, 47
Großelternfamilien 80

Häusliche Gewalt 87, 88
Hochstapler-Syndrom 32, 116
Holocaust 86

Ignorieren 26, 65, 66, 73, 79, 85, 91, 102, 124, 133, 134, 135, 140, 152, 157, 220, 253, 269, 273, 275, 280
Impostor-Syndrom 32
Intrigen 89

Kaufsucht 54
Kernfamilie 256, 258, 260
Kindheitserfahrungen 19, 122, 126
Kindheitsthemen 79, 80
Kindheitstraumata 20, 80
Klatsch und Tratsch 12, 89, 197, 258, 259
Ko-Regulation 234
Konflikte 31, 56, 210
Konfliktsituationen 30
Konsequenz 104
Konterdependenz 74, 75, 78
Kontrolle 39, 47, 53, 74, 75, 76, 221, 235, 263, 269
körperliche Misshandlung 64
körperliche Vernachlässigung 64
Kritisches Denken 160

Leugnen 10, 18, 24, 54, 56, 66, 71, 75, 78, 91, 101, 102, 103, 157, 194, 195, 198, 208, 232
LGBTQIA+ 225
Loyalität 102, 145, 160, 174, 272

Manipulation 58
Medien 6, 28, 46, 63, 123, 275, 276, 285
Medikamentensucht 55
Migräne 64
Mikroaggressionen 88
Missbrauch 19, 20, 28, 49, 51, 53, 55, 57, 59, 61, 63, 65, 66, 67, 73, 79, 87, 89, 90, 92, 112, 154, 157, 176, 187
Misshandlung 19, 22, 64, 107, 109, 142, 146, 156
Misstrauen 33, 34, 53, 144
Mitgefühl 204
Muster 13, 26, 29, 33, 42, 69, 70, 71, 72, 73, 75, 77, 79, 81, 82, 89, 91, 99, 105, 106, 114, 115, 121, 202, 230, 263, 278, 285
Myome 65

Nachahmung 30
Narzissmus 141
Neid 200
Neubeelterung 189
Normen 11

Offenheit 205, 277
Opfer 117, 118, 149
Opferdasein 105
Opfermentalität 119
Opfermuster 118

Paartherapie 83, 223, 255
Panik 87
Parentifizierung 21, 87
Passiv-aggressives Verhalten 79, 114, 176
Patchwork-Familien 11, 13, 264, 265, 267, 268, 271
People Pleaser 22, 60
Persönlichkeitsstörungen 140, 141, 187
Pflegefamilien 81, 84, 145
PMS 65, 290
posttraumatisches Sklavensyndrom 88
posttraumatische Belastungsstörungen 66, 85
Privatsphäre 25, 251, 258
Problembewusstsein 86
Probleme leugnen 198
PTBS 85, 87, 187
PTSS 88

Regeln 39, 42, 47, 63, 73, 76, 115, 155, 201, 223, 238, 247, 254, 255, 265, 267, 271
Religion 120, 183, 224, 257
Religiöse Differenzen 257
Reparenting 189
Resilienz 23
Rollen 37, 45, 122, 162, 185, 201
Rollenvorbilder 72, 84, 114, 122

Scham 25, 39, 53, 62, 88, 92, 93, 101, 105, 111, 124, 130, 155, 174, 275, 277
Scheidung 49, 50, 77, 210, 230, 242
Schlafprobleme 88
Schuld 25, 50, 56, 65, 67, 92, 97, 118, 121, 130, 138, 145, 153, 154, 178, 180, 202, 211, 213, 215, 225, 232
Schuldgefühle 39, 50, 54, 58, 92, 100, 111, 124, 145, 146, 148, 149, 154, 208, 251, 256
Schuldzuweisungen 56
Schweigen 65, 80
Schwiegerfamilie 11, 144, 246, 247, 248, 250, 251, 252, 253, 254, 255, 256, 257, 261, 263, 282
Selbstfürsorge 166, 190, 287
Selbstmitleid 118, 152, 218
Selbstmord 64
Selbstregulation 23, 234
Selbstsabotage 32, 88, 141
Selbstsucht 57
Selbstvorwürfe 148

Selbstwertgefühl 88, 130, 225
sexuelle Gewalt 64
sexuelle Identität 243
sexueller Missbrauch 19, 87
Sicherheit 63, 64, 69, 76, 115, 161, 225, 281
Sorgen 10, 19, 31, 32, 33, 34, 41, 42, 43, 62, 63, 66, 73, 75, 76, 78, 92, 118, 126, 127, 128, 141, 162, 166, 167, 177, 178, 190, 198, 199, 201, 206, 207, 214, 219, 227, 228, 237, 251, 252, 276, 278, 281
Soziale Medien 46, 123
Spielsucht 51, 54
Sprache 188, 265, 266
Stadien der Veränderung 99, 100, 112
Stiefeltern 215, 266, 267, 268, 270, 272
Stimmungsschwankungen 87, 140, 187
Stressreaktivität 87
Strukturen 21, 63, 186, 267
Substanzmissbrauch 55, 58, 85, 86, 88, 180, 214, 223
Sucht 12, 49, 51, 52, 53, 55, 57, 59, 61, 63, 65, 67, 68, 90, 238, 280
süchtig 66, 212
Sündenbock 45, 202

Toleranz 98
toxische Co-Elternschaft 87
toxische Vergebung 150
Transtheoretische Modell 99
Trauer 13, 66, 150, 174, 175, 258
Traumata 12, 13, 20, 21, 22, 24, 27, 66, 74, 83, 85, 86, 87, 88, 89, 90, 91, 92, 93, 118, 120, 144, 145, 157, 177, 178, 180, 288
Trennung 59, 215, 217, 218, 272
Trigger 158, 175

Überlebensschuld-Syndrom 116, 148
Umwelteinflüsse 86
ungefragte Ratschläge 104, 246, 251, 262
Unhöflichkeit 46, 47
Ursprungsfamilie 30, 121, 125

Veränderungen 12, 19, 26, 30, 35, 37, 38, 41, 43, 45, 70, 87, 98, 100, 102, 103, 104, 105, 110, 114, 116, 117, 121, 122, 125, 128, 130, 131, 150, 217, 218, 223, 226, 260, 268, 276, 287
Veränderungsprozesse 99
Verantwortung 40, 56, 60, 73, 81, 107, 119, 126, 154, 159, 177, 193, 207, 211, 213, 217, 231, 261, 267, 269, 270
verbale Gewalt 27, 65
verbale Grenzen 37
verbaler Missbrauch 79, 89
Vergebung 150, 151, 152, 153, 160
Vergessen 18, 61, 66, 83, 148, 151, 152, 153, 177, 182
Vergleichsfalle 196
Verhaltensalter 57
Verhaltensgrenzen 37
Verhaltensmuster 10, 70, 121
Verlassenwerden 66
Verlegenheit 25
Verletzlichkeit 26, 33, 34, 61, 62, 168, 259, 282
Vermeidung 33
Vernachlässigung 12, 18, 20, 27, 28, 49, 51, 53, 55, 57, 58, 59, 61, 63, 64, 65, 66, 67, 79, 84, 87, 90, 92, 112, 156, 270
Verrat 24, 89, 173, 200, 237, 274
Verschlossenheit 53, 140
Versöhnung 152, 173
Verstrickungen 12, 21, 36, 37, 39, 41, 43, 45, 47, 48, 79, 251, 260

Vertrauen 32, 34, 53, 74, 75, 119, 151, 162, 167, 168, 184, 195, 213, 259, 267

Wahlfamilie 163, 164, 166, 286
Was-wäre-wenn 109, 123
Whistleblower 122
Widerstand 39
Workaholics 119, 125
Wut 66, 88, 140, 153, 174, 175, 176, 192, 199, 216, 231, 244, 271, 273, 280

ÜBER NEDRA GLOVER TAWWAB

Nedra Glover Tawwab, MSW, LCSW, ist Bestseller-Autorin, zugelassene Therapeutin und gefragte Beziehungsexpertin. Seit 15 Jahren praktiziert sie Beziehungstherapie und ist Gründerin und Eigentümerin der Gruppentherapie-Praxis *Kaleidoscope Counseling*. Sie unterstützt jeden Tag Menschen dabei, durch das Setzen von Grenzen gesunde Beziehungen zu schaffen. Sie ist überzeugt, dass die meisten Beziehungsprobleme durch die Unfähigkeit entstehen, Grenzen zu ziehen und sich durchzusetzen. Ihre Gabe liegt darin, Menschen zu unterstützen, gesunde Beziehungen zu sich selbst und anderen zu pflegen.

Nedra Glover Tawwab machte ihren Bachelor- und Master-Abschluss an der *Wayne State University* in Detroit, Michigan. Sie verfügt zusätzlich über Ausbildungen für die Arbeit mit Familien und Paaren, den Umgang mit perinatalen Stimmungs- und Angststörungen sowie die Beratung von Erwachsenen, die in ihrer Kindheit emotional vernachlässigt wurden.

Als Expertin ist Nedra Glover Tawwab unter anderem in Sendungen wie *Red Table Talk, The Breakfast Club, Good Morning America* und *CBS Mornings* aufgetreten. Über ihre Arbeit wurde in *The New York Times, The Guardian* und *Vice* berichtet, ebenso wie in zahlreichen Podcasts wie beispielsweise *Good Life Project, Sofia with an F* und *Life Kit*. Auf Instagram teilt sie Tipps, Werkzeuge und Überlegungen zu psychischer Gesundheit und hält wöchentlich Frage-und-Antwort-Stunden ab.

Peter Lovatt:

Tanz einfach!

Wie Rhythmus und Musik uns gesund, glücklich und stark machen

Leseprobe: www.vakverlag.de

Tanzen hilft uns, besser zu kommunizieren, kreativer zu denken und gibt uns Impulse, unser Leben positiv zu verändern. Das „Sich-Selbst-Verlieren“ in der Musik stärkt Resilienz und Selbstvertrauen und setzt auch bei depressiven oder demenziellen Erkrankungen eine positive Entwicklung in Gang. Für sein mitreißendes Buch hat der Autor eine eigene „Tanzapotheke“ zusammengestellt, die für jedes Problem den passenden Tanz bereithält.

208 Seiten, Paperback (13,5 x 21,5 cm)
ISBN 978-3-86731-249-3

Nancy Colier:

Die Self-Care-Lüge

Warum ein Schaumbad keine Lösung für deine emotionale Erschöpfung ist und wie du bekommst, was du wirklich brauchst

Leseprobe: www.vakverlag.de

Emotional ausgelaugt und immer für alles zuständig: Frauen schultern neben dem Beruf das ganze Bündel an emotionaler Arbeit, damit es anderen gut geht, auch wenn es ihnen damit schlecht geht. Der Weg aus der Falle: Echte Selbstfürsorge, die von innen kommt und nach außen wirkt. Erst wenn Frauen fest zu sich stehen, ihre eigenen Bedürfnisse erkennen und durchsetzen, dann wissen sie, wer sich wirklich um sie kümmern sollte: Sie selbst.

192 Seiten, Paperback (13,5 x 21,5 cm)
ISBN 978-3-86731-263-9

Dr. Sabine Gapp-Bauß:

Depression und Burn-out überwinden

Ihr roter Faden aus der Krise: Die wirksamsten Selbsthilfestrategien

Leseprobe: www.vakverlag.de

Die erfahrene Hypnosetherapeutin und Ärztin stellt in ihrem Buch die wirksamsten Selbsthilfestrategien vor, die sich in Krisen und Zuständen von Burn-out und Depression bewährt haben. Das Ziel ist: selbst aktiv zu werden, statt untätig auf das Wirksamwerden von Medikamenten oder Therapien zu warten. Ein Buch für Betroffene und Angehörige, das Mut macht: Es gibt ein Leben nach Depression und Burn-out!

336 Seiten, Paperback (15 x 21,5 cm)
ISBN 978-3-86731-172-4

Bestellen Sie unsere kostenlosen Kataloge unter: www.vakverlag.de